JEU DE RÔLE

SOUVENANCES D'UN BALADIN

W. E. Gutman

CCB Publishing
Colombie-Britannique, Canada

Jeu de Rôle : Souvenances d'Un Baladin

Roman vécu. Mémoire. Histoire.

©2019 W. E. Gutman
ISBN-13   978-1-77143-403-4
Première édition

Bibliothèque et Archives Canada Catalogage Avant Publication
Gutman, W. E., 1937-
Jeu de rôle : souvenances d'un baladin / écrit par W. E. Gutman.
Disponible en formats imprimé et électronique.
ISBN 978-1-77143-403-4 (couverture souple).--ISBN 978-1-77143-404-1 (pdf)
Données supplémentaires de catalogage sont disponibles à la
Bibliothèque et Archives Canada

Illustration de couverture : Rideau de velours rouge et main
© almoond | GOGRAPH.com

Ce livre est imprimé sur papier non acétifié.

Avertissement : L'auteur certifie que tous les éléments contenus dans ce livre sont véridiques et qu'ils ont été mis à jour à la veille de sa publication. Ni l'auteur ni l'éditeur ne peut être tenu responsable au cas d'erreurs ou d'omissions, ni des torts que l'interprétation ou l'usage des faits ou opinions exprimés dans cette œuvre pourraient susciter.

Tous droits réservés. Toute représentation ou reproduction intégrale ou partielle, quel que soit le procédé et sans le consentement de l'auteur est interdite et constituerait une contrefaçon sanctionnée par les lois internationales du copyright.

Publié par: CCB Publishing
              Colombie-Britannique, Canada
              www.ccbpublishing.com

DU MÊME AUTEUR

JOURNEY TO XIBALBA
The Subversion of Human Rights in Central America
© 2000

NOCTURNES — Tales from the Dreamtime
© 2006

FLIGHT FROM EIN SOF
© 2009

THE INVENTOR
© 2009

ONE NIGHT IN COPÁN
© 2012

A PALER SHADE OF RED :
Memoirs of a Radical
© 2012

ONE LAST DREAM
© 2012

UN DERNIER RÊVE
© 2012

ALL ABOUT EARTHLINGS
The Irreverent Musings of an Extraterrestrial Envoy
© 2015

MORPHEUS POSSESSED
The Conflict Between Dream and Reality
© 2015

MORPHEUS UNCHAINED
Remembrances of a Future Dream
© 2016

MORPHEUS' CHALLENGE
Beyond the Dreams
© 2019

ON NE SE RECONNAIT QUE LORSQU'ON SE DÉGUISE

PRÉFACE

Par Alan Riding*

Né à Paris de parents roumains, journaliste, iconoclaste, trublion, Juif errant, il se chamaille avec le mal, l'absurde, et le paradoxe. Il braque sa torche sur les tristes aberrances du "communisme," (il insiste à nicher cette doctrine « utopiste et impraticable » entre guillemets tant il la trouve illogique), sur les forfaits du capitalisme, ainsi que sur les crimes d'un fascisme renaissant. Marquée dès son enfance par des déplacements incessants dont l'occupation allemande en augmentera la fréquence, la vie de W. E. Gutman sera plus tard obstinément contrariée et pétrie au point de devenir l'expression d'une kinésie, d'un automatisme irréfléchi que seule la vieillesse ralentira.

Curieux, « *amoureux de cartes et d'estampes,* » esprit aventurier et contestataire, Gutman se heurte aux hommes, à leurs lois, leurs conventions, leurs croyances, leurs préjugés. Il a le génie d'inciter la malveillance chez ceux qui, très nombreux, se méfient de son journalisme gauchiste inquisiteur. On l'accuse de savourer le malaise que ses confidences inspirent ; le chagrin dont sa hargne est imprégnée passe inaperçu. Il trouve dans la puissance des mots et à l'aide d'images métaphoriques et d'indices inquiétants le moyen de justifier sa misanthropie tout en manifestant son humanisme. On ne peut s'empêcher de conclure, par ses insinuations et le défi prémédité qu'il lance, que son livre—témoignage, confession, mise en accusation— *devait* être écrit. Tout ce qu'il a subi au cours de ses quatre-vingt-deux ans d'itinérance—contrainte et poursuivie—tout ce qu'il a lu, vécu, aimé, raconté, montré du doigt, tout ce qu'il s'est aussi gardé de dire mais qu'on devine entre les lignes de ses bouleversantes souvenances, constitue le testament d'un rebelle. Œuvre inquiétante, irrévérencieuse, et introspective, elle se résume par deux épigrammes qu'il conçoit—il est encore au lycée — et qu'il insère dans une de ses compositions :

« *Les mots ont le droit 'd'être' — même s'ils blessent ;* » et

« *Pour être véridique et efficace, le journalisme ne peut se permettre d'être inoffensif.* »

Ces railleries présagent la carrière de factieux, de provocateur qu'il poursuivra.

Le lecteur s'embarquera vers des antipodes débordant de souvenirs angoissés, d'observations oraculaires, et de mises en garde qui reflètent la dimension la plus profonde du *soi*. Ses aveux sont les fruits de la prescience. Ils se revêtent d'un déjà vu. Ils signalent aussi un malaise anticipatoire envers les exigences existentielles auxquelles il devra se soumettre. Et pourtant, tout dépend de la nature imprévue des choses, bilan d'une réaction en chaîne, l'entrelacement fortuit d'événements inattendus. Couvrant huit décennies, cette chronique ambitieuse — Gutman la qualifie de « brouillon inachevable » — se fie à la mémoire, floue le long d'un passé lointain, plus nette quand elle se raccorde au présent.

Certains détails, trop vagues pour être reconstitués avec justesse, sont sans doute intervertis, décalés, peut-être même enchevêtrés. L'auteur préfère la spontanéité — l'usage réflexe de flash-backs — aux rigueurs d'une chronique linéaire. Son style est nerveux, inquiet, rétrospectif. Il se retourne souvent pour mieux reconnaitre l'ombre qui le poursuit. L'effet est à la fois insolite et ahurissant. Certains faits relatifs à son journalisme-enquêteur furent consciemment modifiés ou éliminés afin de contourner des pistes compromettantes, ou de protéger ses indicateurs. Pénibles à revivre, même par la mémoire, bien trop intimes ou trop fragmentaires, d'autres détails seront abrégés ou supprimés d'une première esquisse qu'il estime démesurée.

Gutman s'efforce de reconstruire des images émoussées par le temps, de raviver des sensations maintenant moins nettes, de humer les parfums fantomatiques d'antan, de redonner une voix à des entretiens engloutis dans l'oubli. Justifié par des évocations impérissables, vieux documents, photos ternies, anecdotes de famille, et par les sursauts de l'histoire même, son récit découle aussi de choses comprises bien plus tard. Ses souvenirs vaporeux sont mis à nu sans pédantisme ni fausse modestie, souvent assaisonnés d'un humour noir ou de réflexions acerbes. Il se porte garant de leur franchise tout en se gardant de s'en acquitter au cas où ils manqueraient de bienséance ou de vertu. Les impressions d'émerveillement et de découverte, ainsi que l'ironie glaciale qui émaille son œuvre, font penser à *Autres Rivages*, de Nabokov, et *À la Recherche du Temps Perdu,* de Proust.

La révérence que Gutman tire — à son âge ce ne pourrait être qu'un adieu — est à la fois un mémoire aigre-doux, un testament, un manifeste idéologique, une évocation apocalyptique du paradis et de l'enfer terrestres, et un augure dans lequel les hommes sont tour à tour maudits et rachetés. Les conclusions qu'il tire vexeront certains lecteurs. Il a le courage de ses convictions. Il parle de *sa* vie. Effectivement, la vie de Gutman peut être lue comme une longue mélopée chargée d'amertume, de désillusion envers Dieu, et de désenchantement dans les espèces qu'il a créé, de désespoir dans l'inconstance et les défaillances des hommes. Malgré son pessimisme et l'ampleur des tourments qu'il diffuse, **JEU DE RÔLE** est le legs d'un rescapé d'une aventure épique.

***Alan Riding** est l'ancien correspondant culturel du New York Times à Paris et l'auteur de *Et la fête continue : La vie culturelle à Paris sous l'Occupation.* 2012. Éditions Plon.

AU LECTEUR

Ce livre est avant tout un hommage à mon père, médecin, Résistant, que l'on rencontrera plus tard. C'est aussi un hymne à la France où je suis né. La France dont je me souviens n'existe que dans la mémoire de ceux, morts et vivants, qui l'on vécue. La France de Léon Blum et de Vincent Auriol. La France des grands interprètes de la chanson—Aznavour, Bécaud, Brassens, Chevalier, Cordy, Dalida, Guétary, Mariano, Montand, Piaf, Renaud, Rossi, Sablon, Salvador, et Trenet. La France du Vieux Colombier et de l'Olympia, de l'Inspecteur Maigret, de Rouletabille, d'Arsène Lupin, et de Fanfan La Tulipe. La France de Tintin et d'Astérix, de Croquignol, Ribouldingue, et Filochard ; de Bibi Fricotin et de Dédé Tapdur, de Spirou et Fantasio, de la Famille Fenouillard, et du Sapeur Camembert. La France des pataugas, de Félix Potin, de la Samaritaine, et de la lunetterie des Frères Lissac. La France des guinguettes, des bals-musette et de la java, du film noir, de Baur, Blanchar, Blier, Boyer, Brasseur, Fresnay, Gabin, Gélin, Jouvet, Larquey, Morgan, Préjean, Raimu, Roquevert, Simon, et Vanel… ; l'écran argenté sur lequel passaient les pasquinades de Bourvil, Bussières, Déry, Fernandel, et de Funès. La France de Guitry et d'Yvonne Printemps, de Mistinguett, de Cocteau et de Pagnol, d'Arletty et de Jean-Louis Barrault. La France de Marius, César, Fanny, d'Escartefigue, et du « ferry-boîte. » La France de Sidney Bechet, de Juliette Gréco, de Django Reinhard, des Compagnons de la Chanson. La France des théâtres de poche, des cirques ambulants, de la Foire du Trône. La France de Francis Carco et de Clochemerle, des pissotières, et des belles putes, très jeunes, très fraîches, encore très françaises de la Rue St. Denis, de la Place Pigalle, et des ruelles étroites en amont du Vieux Port à Marseille avec lesquelles je m'étais épanoui.

Je ne saurais m'extasier sur une France que je n'ai jamais cessé d'aimer sans incriminer la France du Maréchal Pétain, de Pierre Laval, de Charles Maurras et de l'Action Française ; des

Camelots du Roi ; de Jacques Doriot, de la Légion des Volontaires Français, et des Milices ; de René Bousquet, Robert Brasillach, Lucien Rebatet, et de la « Gestapette » Abel Bonnard ; du rapt des enfants de l'orphelinat d'Izieu ; des frères Jeantet et du journal fasciste *Je Suis Partout* ; de Louis Darquier de Pellepoix; de la Rafle du Vel' d'Hiv; du Commissariat Général aux Questions Juives; de Coco Chanel, de Jean Luchaire, de Maurice Papon, de Louis Renault, « l'Ogre de Billancourt, » de Paul Touvier, d'un grand nombre de célébrités parmi l'élite culturel français qui collaborèrent ouvertement avec les allemands ou profitèrent de leur renommée pour se laisser dorloter par l'ennemi. Cette liste ne serait complète sans y ajouter un certain Henri Chamberlin, dit Lafont, chef de la Gestapo française qui joua un rôle primordial dans notre vie, et dont je ferai le procès plus tard dans ce récit.

Ce livre ne peut s'empêcher d'être aussi un recueil des événements marquants dont je fus témoin dès ma naissance et dont j'attesterai au cours de ma carrière dans une centaine de reportages, d'éditoriaux, et de quelques livres dont l'irrévérence et l'indocilité me coûterons des amitiés, des liens de famille, des emplois et, vers la fin de ma vie, l'anonymat et l'oubli.

J'aurai quatre-vingt-deux ans en fin Septembre 2019. Je n'ai vécu en France en tout et pour tout que pendant dix ans — et pas à la file : de 1937 à 1944 ; de 1948 à 1949 ; et de 1954 à 1956. J'ai passé quatre ans en Roumanie, cinq en Israël, un au Costa Rica, quelques mois en bourlinguant entre la Barbade et les Grenadines, et le reste — plus de soixante ans — aux États Unis, dont une quarantaine à New York et dix-neuf en Californie. Je n'ai jamais cessé de rêver à cette France que je ne reconnais que dans mes souvenirs. C'est malheureux : j'ai du mal à penser, pire encore à écrire, dans ma langue maternelle. Elle est devenue, au cours des années, un idiome lointain auquel je ne me cramponne que par atavisme, par les éclats impérissables de sa tonalité, et par l'écho de mes réminiscences. Je n'aurai su mettre cet ouvrage à point (il fut conçu en américain et laborieusement traduit en français) sans l'aide d'un gros Larousse bilingue. Le lecteur pardonnera les anglicismes et les tristes entorses à la Langue de Molière qu'un lamentable manque de maitrise de ma langue natale aurait permis de s'insinuer dans sa version finale.

— **W. E. Gutman**, 2019.

PREMIER ACTE

LA SOURCE

FUTUR ANTÉRIEUR

Être Juif n'est pas une coïncidence ; c'est un destin.

Les dictons et les aphorismes sont l'apanage du peuple Juif. Nous ne saurions surmonter les cahots du hasard ou les calamités sans aussitôt faire appel, à l'improviste, aux pittoresques devises qui calment l'inquiétude, aux adages astucieux qui remontent le moral, préconisent la discrétion ou désarçonnent une logique boiteuse. Les proverbes heureux, les évocations fatalistes, utiles ou narquoises, traduisent et concrétisent, en quelques mots, l'expérience Juive.

Évite l'arbitrage de ceux qui prétendent être neutre.

Les Juifs sont prudents. On ne peut leur imposer ni les grandes lumières ni les clartés mineures ; ils les recherchent, ils les mettent à l'épreuve, et puis ils en doutent. Une fois admises, ils s'en méfient, en trouvent d'autres, plus vraisemblables, moins hermétiques, qui feront l'objet, elles aussi, d'un examen méticuleux... et qui subiront le même sort. Quand on est Juif, tout est relatif, inachevé, et à vrai dire contestable. La réalité est une gemme aux innombrables facettes ; il est impossible d'en apprécier tous leurs reflets sans en être aveuglés. Voir tout c'est ne rien voir. Alors on improvise. On passe du déclaratif à l'interrogatif. Quand on répond à une question on en pose une autre—un automatisme chez nous à qui l'existence même est toujours mise en question. Ce reflexe n'est ni avanie ni galéjade mais la synthèse d'une vision nouvelle ou d'une constatation inédite dans laquelle se mêlent le sublime et le ridicule.

Il faut si peu de choses pour créer une variante de la réalité— ou pour la doter d'une séduisante incongruité. Un jour, à Tel-Aviv—j'avais douze ou treize ans—je demande l'heure à un passant.

— Qu'est-ce-que cela peut bien te faire, rétorque celui-ci en continuant son chemin. Quelques jours plus tard, en quête de lacets de chaussures dans un bazar à Jérusalem, le commerçant me dit avec un flegmatisme étudié qu'il n'en a plus mais qu'il serait heureux de me vendre de la pâte dentifrice. J'aurai pu me cabrer. Je n'en fis rien. Ce cran, ce culot, propre à la pédagogie de mes ancêtres m'enseignera deux « leçons essentielles. » :

Le temps avale tout ; ensuite il s'annule. Savoir l'heure n'altère pas son cours ;

Sans quelque trace d'irrévérence, de malice ou de folie, l'humour n'a pas d'esprit.

J'aurai bientôt l'occasion de prendre ma revanche. En 1956, peu après mon arrivée aux États Unis, je m'engage dans la marine américaine. Un des préposés du bureau de recrutement me demande si je sais nager. Pourquoi, je réponds sans la moindre trace d'ironie, vous n'avez pas de navires ? Je ne me demande plus si le pauvre sous-officier n'avait ce ne fut que pour un instant envisagé l'amusante perspective d'une armada dépourvue de bateaux. Je connais l'âme martiale du soldat de carrière ; elle évite de se poser trop de questions. Son optique témoigne d'une âpreté, d'une étroitesse d'esprit, d'un manque d'imagination qui lui interdit la moindre abstraction. Il ne sait qu'une chose : obéir aux ordres sans y réfléchir. Mon humour pince-sans-rire me fera traiter d'« indocile » dans les dossiers de la U. S. Navy. J'aurai plus tard l'occasion d'être qualifié de rétif, de provocateur, et pire encore.

Si tu ne peux te payer un tueur à gages, contente-toi de maudire.

LE CULTE DU PARADOXE

Méfie-toi de ceux qui ne t'ont pas encore trahi.

Je descends d'une longue lignée d'insoumis, de francs-tireurs, penseurs, apprentis-prophètes, et utopistes ayant été, chacun, l'auteur d'un recueil de leçons essentielles que leur progéniture se chargera d'enregistrer et de psalmodier selon les circonstances, et avec une verve sibylline. A l'âge de trois ou quatre ans, déjà cabotin, j'apprends par cœur sept préceptes que je récite, au ravissement de mes parents, quand du monde vient à la maison. Lorsqu'un enfant ne comprend pas le raisonnement des adultes, il les singe. »

Un échec s'avère souvent avoir été un succès virtuel.

On est plus souvent injuste par imprudence que par mauvaise foi.

On vit dans l'absurdité. Seule la mort est logique.

Heureux est celui qui ne se prend pas au sérieux.

La politique est l'art d'exploiter les événements au profit des élites tout en faisant croire à la populace qu'elle profitera des leurs manigances.

Les sixième et septième axiomes, énoncés par mon père, me serviront de guide pour le restant de mes jours :

On ne naît pas. On se forge.

Quand on parle de rien, on dit trop.

A l'âge de treize ans, je retiens dès lors une vingtaine d'épigrammes — un ensemble de quolibets conçus et librement diffusés par ma famille et que l'on surnommera « Les Règles du Jeu » — chacun le fruit du génie railleur de mon clan. Certains remontent les siècles, d'autres ont un fort parfum de modernisme. Je les ai depuis retouchés, rajeunis, et réadaptés aux fantaisies de mon époque. J'envie ceux qui viendront après moi et qui composeront à leur tour les devises que je n'aurai su créer avant eux. En attendant, je leur lègue ces quelques pensées. Je les offre sans façon ou fausse modestie. Je me porte garant de leur authenticité ; je ne regrette ni leur sarcasme ni les ressentiments qu'ils pourraient susciter.

Amitié : Invitation à l'ingratitude.

Cadeau : Investissement sans garantie de réciprocité.

Canon : Dispositif utile à la rectification des frontières.

Capitalisme : Organisme anthropophage auto-reproductif qui se nourrit de ceux qu'il anéantit.

Cerveau : Organe qui permet de croire qu'on pense.

Conscience nette : Mémoire défectueuse.

Démocratie : Système politique autodestructeur qui tolère dans son sein l'existence d'idées et d'organismes anti-démocratiques.

Diplomate : Menteur professionnel accrédité par le pays qu'il représente.

Égoïste : Quelqu'un qui s'intéresse plus à lui qu'à moi.

Foi : Croyance absurde dans l'avènement de l'irréalisable.

Mendiant : Quelqu'un qui a dépendu de ses amis.

Optimisme : Espoir sans fondement dans un dénouement sans garantie.

Prochain : Celui qu'on doit aimer comme soi-même mais qui agit de sorte à rendre cette consigne pénible ou irréalisable.

Racisme : Maladie contagieuse alimentée par l'ignorance et la stupidité.

Raseur : Bavard qui parle quand je voudrais qu'il m'écoute.

Religion : L'enfant de l'Espoir et de la Peur qui explique à l'Ignorant la nature de l'Irréalité.

Spécialiste : Amateur qui sait tout sur presque rien, et rien du reste.

Tuer : Créer une disponibilité sans nommer un légataire.

Usure : Crime d'intérêt.

Vérité : Le mensonge le plus séduisant ; l'argument le plus convaincant.

◆

A dix-neuf ans je débarque en Amérique, seul, avec les cinquante dollars que ma mère avait cousus dans la doublure de mon manteau, et armé d'un carquois plein de flèches passe-partout. L'avatar de l'agitateur « Gracchus » Babeuf remplacera bientôt le cabotin Guitry de mon enfance.

◆

Mes aïeux, originaires dira-t-on de Burgos en Espagne, les Guzman (un patronyme qu'ils eurent la prudence de modifier quelques générations plus tard, cette fois-ci réfugiés en Allemagne) ont certainement aussi eu la prévoyance de se convertir quand Ferdinand et Isabelle leur rendirent la vie impossible. Grand centre culturel et commercial Juif depuis le 11ème siècle, Burgos avait déjà connu la défection du tristement célèbre Salomon Halevi, rebaptisé Paul de Burgos. En 1390, Halevi, fils de rabbin, rompt avec Moïse, s'agenouille devant Jésus, devient archevêque, et mènera désormais des atroces persécutions contre les Juifs. Il passera quarante-cinq ans à les tourmenter, les déposséder, et les soumettre à des conversions forcées.

L'abjuration des Guzman, acte répandu parmi les « *judíos* » durant le règne de leur « très catholiques altesses royales, » et malgré les avantages qu'elle favorise, suscitera—on l'affirmera plus tard—l'épigramme dont on se souviendra le plus :

Se convertir est une saloperie dont seuls les Juifs sont capables.

Malgré son cynisme et son cachet pur-Guzman, cette médisance est probablement apocryphe—à moins qu'elle ne fasse allusion à

Halevi et, bien plus tard, à l'apostat Cardinal Jean-Marie (Aaron) Lustiger, l'archevêque de Paris de 1981 jusqu'a sa démission en 2005.

Les Guzman expient leur abjuration (et renoncent au zozote Castillan) dès leur expulsion d'Espagne. Un test d'ADN récent indique une présence de quelques générations d'ancêtres en Irlande, en Finlande, et en Russie septentrionale. De là, ils se dirigent vers Worms dans le Palatinat où ils remplacent aussitôt le *z* avec un *t*. Les hommes laissent pousser leur barbe et leurs papillotes, ils adoptent le kaftan et le couvre-chef en fourrure ; les femmes s'immergent dans leurs bains rituels et poursuivent leurs commérages. On les accuse de déicide, de sorcellerie, de meurtres rituels (ils se gorgent du sang d'enfants chrétiens qu'ils ravissent), de propager la peste, de contaminer les puits. Traqué, persécuté, massacré, le clan Gutman se désagrège peu à peu et se remet en marche. « *Une petite promenade nous fera du bien...* » Certains se dirigent vers la Pologne, d'autres vers la Tchécoslovaquie, l'Ukraine, et enfin la Roumanie où naissent mes parents.

C'est en Roumanie, pendant un bref séjour durant mon enfance, que j'assimile mes premiers paradoxes. J'en ferai désormais des articles de foi :

L'homme se croit maître alors qu'il n'est encore qu'un apprenti.

La distance entre la franchise et le cynisme n'est que d'un pas.

Pareil aux surfaces verticales, l'esprit « debout » amasse moins de poussière.

Riposte avant ; préviens après.

♦

J'imagine mes ancêtres assis autour d'une grande table garnie de mets traditionnels : des *latkes*, du *gefilte fish*, de la *kishka*, des feuilles de vigne farcies, des tranches épaisses de *mamaliga* (polenta, un des legs de l'ancienne colonie latine en Dacie) des bocaux de crème fraîche, et de gros tronçons de fromage de Brăila. Au milieu de la table, d'où se dégagent des odeurs affriolantes, se dresse la pièce de résistance : une énorme soupière débordant de *tcholent,* une potée de pommes de terre, haricots, carottes, orge, ail, champignons, et oignons frits. Ils boivent du cidre, du *schnaps,* de l'eau-de-vie de prunes. À Pourim, ils savourent des *hammentashen,* petites tartes d'abricots ou de framboises travaillées en forme d'oreilles — celles de l'infâme vizir persan, Hamann, par lesquelles, selon le Livre d'Esther, il fut pendu pour punir son complot génocidaire contre les Juifs.

Les Juifs célèbrent leurs victoires ou leur immuabilité en festoyant. Ils se lamentent de leurs brimades, des catastrophes et de la mort, et ils expient leurs pêchés en jeûnant. Notre histoire est comblée de festins et de jubilés, de sacrifices, d'abstinence, et de châtiments. Toute épreuve est un augure, le témoignage de Dieu contre nos dévergondages, contre l'impiété de « son » peuple bien aimé. Nul désastre, aucun supplice, aussi inscrutable et cruel soit-il ne peut être contesté parce que tout malheur est une sentence : la volonté de Yahvé. Viscéralement anticipés, on supporte les bouleversements, le chagrin et la misère parce qu'ils prévoient une rédemption imminente. Dieu a décrété que les Juifs ne peuvent pas défier leur destin en répudiant les lois de Moïse sans attiser les braises de la géhenne. Cela explique pourquoi nous vivons encore dans un état d'angoisse gardé — les assimilés de la Diaspora d'une façon subliminale, les nouveaux Cananéens avec plus d'urgence et, envers les Palestiniens qu'ils continuent à avilir, avec remords inexprimés.

◆

Jusqu'à quand, Seigneur ? J'entends presque mon bisaïeul, le rhétoricien Abraham, demander à haute voix, son châle de prière autour de ses épaules, ses grands yeux bleus tristes fixés vers le ciel, son poing droit martelant doucement sa poitrine. Il ignore que son petit fils et sa famille périront, qu'ils deviendront une simple statistique dans l'inventaire nihiliste de la « Solution Finale. »

— Te fatigues pas, pépé. Nous sommes le peuple élu, je réplique en franchissant les générations qui nous séparent. Mon père, qui a bien saisi l'amertume de ma boutade, sourit et se verse un autre verre de digestif. Maman me regarde comme elle le faisait jadis, une mère-poule qui s'émerveille à l'éclosion de sa nouvelle couvée de poussins. C'était un regard plein d'amour qui m'avait gêné quand j'étais gamin et dont la tendresse me fut arrachée quand elle mourut encore jeune d'un cancer foudroyant.

— Tout est convention, sauf la douleur, elle soupira avant de s'éteindre. La veille, pendant un atroce moment de lucidité, elle avait murmuré :

— Vivre avec la mort dans l'âme, c'est mourir vivant.

Dans *Tous les Fleuves Vont à la Mer*, Elie Wiesel, Prix Nobel, un cousin lointain de mon père, avait écrit :

> « *Pourquoi ma ville m'enchante encore ? Est-ce parce que dans ma mémoire [Sighet] est impliquée dans mon enfance ? Dans tous mes romans elle sert d'arrière-plan et de point de repère. Dans mes fantaisies je me vois en elle.* »

À ses dires mon père ne ressentit aucun enchantement pour sa ville. Il ne s'y voyait ni en fantaisie ni en réalité. Sighet, où il fit aussi naissance, était l'incarnation d'un héritage pingre, d'une enfance malheureuse, d'une adolescence empoisonnée par la disette, et de rêves auxquels ses parents avaient depuis longtemps renoncés.

Un idéal brisé est irréparable ; on vit dans l'absurde et on meurt dans la plus pure logique.

Son arrière-grand-père, Abraham, avait quitté la Pologne et s'était installé à Sighet, petite bourgade en Transylvanie, près de la frontière hongroise. Le fils d'Abraham, Fabien — le grand-père de mon père — avait perdu sa mère, Sarah quand il était encore jeune. Selon les mœurs (et les mauvaises langues), après trente jours de deuil, de lamentations théâtrales, et de dialogues à sens unique avec Dieu, Abraham se remarie. Sa nouvelle épouse, une jolie orpheline qu'il avait assidûment baisée quand Sarah faisait les emplettes, lui donne trois enfants. Ils envoient Fabien, un jouvenceau de treize ans, faire son apprentissage dans une fabrique de savon et de bougies à plusieurs kilomètres de Sighet. Il gardera désormais des souvenirs amers de sa jeunesse et évoquera, les larmes aux yeux, les affronts qu'il avait subi sous la tutelle de sa marâtre.

— Quand je rentrais à la maison pour une courte visite, elle me faisait manger des restes et m'obligeait de dormir dans le grenier pendant les grandes chaleurs et les longues nuits d'hiver. Elle m'infligea des abjectes corvées et semblait prendre plaisir à m'amoindrir devant ses enfants. Tout comme son homonyme biblique, et jusqu'à sa mort, survenue entres les cuisses de sa jeune femme, mon père Abraham fléchit devant la méchanceté de cette Xanthippe. Il ne me porta jamais secours et me bannira, comme Ismaël, sous quelque prétexte honteux, vers un désert ou l'amour et la tendresse ne poussent pas.

Calomnie ou cri du cœur ? La vérité s'avérera bien plus alléchante.

Les hommes se soumettent plus aisément aux coutumes qu'aux lois.

♦

Conscient de son héritage, amarré à son sort, mon père, diplômé de la Faculté de Médecine de Paris et ancien maquisard, ne cherchera et ne trouvera aucun réconfort dans le contrat qui donne aux Juifs leur identité, qui favorise leur survie — leur religion. Enfant, il se soumettrait à ses protocoles compliqués, ses mandats rigoureux sans en ressentir la moindre extase ou en tirer un bien-être spirituel.

— J'envisageais l'arrivée des jours saints non-pas par croyance mais parce que je prévoyais des repas moins fades, plus nourrissants que d'habitude.

Comme tous les enfants Juifs de Sighet, il avait porté des « peyes, » il se rendait tous les jours à la « héder, » l'école hébraïque où il avait appris à lire le Pentateuque et les autres livres sacrés — formalités auxquelles il ne s'était soumis, disait-il, que par piété filiale.

— Les pauvres témoignent de leur amour en nourrissant et vêtant leurs enfants. Les caresses, les baisers, les étreintes sont prodiguées avec extrême parcimonie. Les enfants se rachètent en obéissant à leurs parents, en se soumettant à leur destin commun avec modestie et bon gré. La faim, le chagrin atténuent le don d'aimer sans réserve. J'ai fait ce qu'on m'a dit de faire. Le conformisme et l'indifférence, j'ai vite compris, permettent aux enfants de supporter presque tout : l'ennui, les règles arbitraires, les coutumes assommantes, les longues heures d'étude, l'encombrement, le manque total de vie privée, l'angoisse, l'insomnie, les plaisirs fugaces, même l'envie de prendre ses jambes au cou et de déguerpir. »

— L'as-tu jamais fait ? je lui demanderai.

Mon père n'était pas type à prendre fuite. Il aurait jugé une telle évasion un ignoble forfait.

Un lâche c'est quelqu'un qui pense avec ses jambes.

— Mais non. Nous dépendions l'un de l'autre comme un parasite dépend de son hôte. Nous nous abreuvions tous du même puits ; nous nous allaitions des mêmes réserves de sentiments réciproques. Nous nous soutenions contre le vaste et inimaginable univers qui s'étendait au-delà de notre petite ville. Non, je ne me suis jamais enfui. Mais j'y ai pensé. Je rêvais aux endroits découverts dans mes lectures. Tard dans la nuit, à la lueur blême d'une lampe à pétrole, je feuilletais des albums d'images. Fasciné, je convoitais les merveilles que je découvrais de page en page : Le Prater à Vienne, le Colisée de Rome, la Tour Eiffel, les gratte-ciels de New York, le Grand Mur de Chine. J'attendais avec impatience de m'affranchir de la suffocante monotonie qu'était ma vie. Je gagerais enfin mon indépendance en troquant l'ambiance austère du temple avec l'air oxygéné de l'université. Ce fut un long raccourci qui ne mena à rien.

— Que veux-tu dire ?

— J'ai du mal à l'expliquer. Je crains que tu ne comprennes pas.

J'avais compris bien mieux qu'il ne s'imaginait, avec une clairvoyance et une sensibilité que seule une synergie d'esprit peut inspirer. *Tel père, tel fils.* J'avais moi-même pris des raccourcis. J'avais aussi méprisé la raison, rejeté les conventions, et contourné un cap que je me sentais incapable de naviguer. Craignant la défaite, je m'étais éloigné du « bon chemin » et taillé mon propre sentier. Je me vanterais souvent que j'aimais le risque quand c'était la peur du devoir, des obligations, des responsabilités, l'horreur des routines, et mon manque de confiance dans la fermeté de mes desseins qui me pousseraient d'un château en Espagne à l'autre.

Mon père s'était voué à la médecine pour échapper à l'abrutissante uniformité de sa vie. Très médiocrement instruit, peu doué pour le commerce, indiscipliné et irrésolu, j'avais choisi le journalisme non pas par velléité mais par immodestie, par hardiesse, et par désespoir, tout en me cramponnant aux aubaines que je m'étais créés par forfait. La nécessité, dans mon cas, fut pour ainsi dire la mère de l'invention. J'avais la bosse des lettres ; non, j'étais séduit par la polémique et je m'inventerai petit à petit — je me *forgerai* : mi diariste, mi agitateur. Le plaisir je j'éprouverai à mettre des vérités inconvenantes en vitrine dépassait de loin le besoin (ou l'obligation) d'instruire le public. Je me servais des faits comme des accessoires. Je me fiais à l'atmosphère, la couleur, les sensations que j'insérais dans mes rubriques. C'est le désarroi ou l'acrimonie qu'elles suscitaient qui me trouvait plume en main. Je ne ressentais ni révérence vers le Quatrième Pouvoir, ni amitié pour mon auditoire. Ma mission était simple : Inciter le malaise, redire aux distraits et aux suffisants que l'empereur est nu, qu'il l'a toujours été, et les convaincre qu'il faut faire défiler ce salaud en public, à poil, tant qu'on le croit vêtu de brocarts d'or et de soies tissées d'argent.

Pour être crédible et efficace, le journalisme ne peut se permettre d'être inoffensif.

Un jour, j'écris une plaquette dans laquelle j'examine le lien entre l'essor de la politique de droite et l'appui qu'elle donne à la peine de mort durant les crises économiques et la recrudescence du mécontentement populaire. J'ose dire que « nul ne se cabre contre l'austérité avec autant de véhémence que les richards et les gros plein d'soupe. » J'ajoute que les fanas de la potence, chaise électrique, chambre à gaz, ou piqûre létale doivent sûrement porter au plus profond de leur âme l'épouvante d'être eux-mêmes des assassins (je me reprocherai d'avoir été si naïf). Je dénonce le capitalisme en l'appelant un dogme qui sacrifie les masses à l'autel du revenu personnel — une forme d'anthropophagie licite. Ces convictions ne m'empêcheront pas, dans un contexte différent, de peindre le « communisme » comme une doctrine qui sacrifie l'individu à l'autel du parti en racolant les mécontents pour en faire des malheureux.

— Comment réveiller la conscience des endormis, je demande un jour au rédacteur-en-chef, si ce n'est qu'en écorchant leurs paupières, en aspergeant de l'acide dans leurs prunelles ? Si les hommes refusent de traquer le mal, de le dévisager, et de l'anéantir, pourquoi demanderait-on à « Dieu » de s'en mêler ? Le rédacteur riposta en déchirant mon opuscule. J'apprendrai désormais que la « liberté de presse » n'appartient qu'à ceux qui possèdent et contrôlent les imprimeries.

Plus tard, dans mes romans, j'éventerai des vérités que seule la fiction peut se permettre d'exhumer, d'ébruiter. Je payerai cher pour mes délits. On me licenciera, je m'embrouillerai avec des amis, j'attirerai le courroux de mes collègues et l'hostilité de plusieurs membres de ma famille, et je servirai de cible à la rage et aux menaces d'un bon nombre de lecteurs — non pas par égard pour les causes mal vues que je soutenais, certaines par conviction, d'autres par hostilité envers mes censeurs — mais pour le plaisir que mes aiguillades me donnaient. Je craignais de perdre la modeste renommée que je m'étais épuisé à cultiver. Peu à peu, je disposais d'un public que je me ferais une joie d'outrager. Les peines que je me donnais afin de protéger ces atouts ne produiraient guère les résultats escomptés. Au lieu de faire mon métier, j'alimentais une convoitise insatiable de riposter, de mordre quand un aboiement aurait suffi. Aussitôt qu'un de mes articles avait déclenché les contrecoups prévus — choc, colère, méfiance ou horreur envers le pot-pourri de scandales que j'éventais — que je me hâtais de vitupérer contre mes critiques. Je ne prenais pas de prisonniers. Un fantasme de jeunesse, dirait-on un pacte Faustien, attellera le dilettante à un automatisme assommant. Je persisterai par curiosité, pour voir où tout cela me mènerait. Je ne poserai mes armes que lorsque l'âge, la décrépitude, et la nausée envers les hommes transformeront l'agent provocateur en ermite exténué.

♦

Le lycée, le bachot, et une longue formation professionnelle avaient par degrés libérés mon père des carences de son adolescence et l'avaient simultanément relégué à une espèce de servitude qui exigerait des sacrifices et un dévouement bien plus accablant que les disciplines de son milieu religieux. Honnête, soucieux de sa réputation, il passera le restant de sa vie à se soumettre au serment Hippocratique. Il aurait fait un excellent astronome, tailleur ou forgeron s'il avait choisi l'un ou l'autre de ces nobles métiers. Une propension inébranlable vers le devoir l'aurait poussé à scruter le cosmos jusqu'à la cécité, à réaliser les tenues les plus exquises, à façonner jusqu'à l'essoufflement des fers de cheval dignes de Pégase. Quand ma mère mourut en 1973 à l'âge de cinquante-neuf ans, mon père lança un cri déchirant. Il maudit l'imperfection du corps humain et les défaillances de la médecine, et il prit sa retraite. Ses blasphèmes, que j'entends encore, récapitulent la facture émotionnelle qu'a dû régler un homme qui consacra sa vie à soigner ses patients tout en étant convaincu de la futilité de l'existence.

— La race humaine est un aléa absurde et une calamité. Si Sisyphe ne s'acharnait pas à pousser son rocher, il se foutrait de notre gueule. Mais que dis-je...Sisyphe c'est nous. Le dévouement et la mansuétude, il avait découvert, meurtrissent le cœur et endurcissent l'âme. Le « long raccourci » dont il avait fait allusion l'achèvera.

Une fourmi ne se demande pas pourquoi elle n'est pas née papillon.

♦

Mon père, inversement à Élie Wiesel [décédé en 2016], ne tirait de ses origines ni mysticisme, ni orgueil. Attristé par la mort de ses parents et de ses deux frères à Auschwitz, ahuri par la barbarie du Shoa suivant des siècles de pogromes, il avait d'abord raisonné que les Juifs sont peut-être prédestinés au martyre. Il rejeta rapidement cette idée et conclut par la suite que la souffrance est universelle et aveugle, et qu'elle s'annonce dès leur naissance aussi bien pour les hommes que pour les bêtes. Quoiqu'il se considèrera toujours Juif, cet état d'esprit sera improvisé, dépourvu de simagrées, démunie du spiritualisme que son père et grand-père avaient attelés à leurs croyances.

— Je ne me suis jamais demandé pourquoi je suis Juif. La question est grotesque. Je suis né et je me suis forgé. Mon tout est plus grand que la somme de mes parties héréditaires.

Ce fut cette rupture avec le fatalisme de ses parents — renforcé par son évocation du monde, « *un absurde bourbier où l'on patauge, égaré et tourmenté jusqu'à la mort* » — qui le poussa à secouer les derniers vestiges de religiosité. Il abjurerait aussi les eaux ténébreuses de la Kabbale dans lesquelles il s'était immergé et presque noyé. Comme son père avant lui, il avait passé des heures, « *à errer, stupéfié à travers ses champs de mines fantasmagoriques.* » Stimulé au début, éreinté quelque mois plus tard, il s'était détourné de « *cette arcane, cette affolante distraction auxquels s'adonnent les désœuvrés, les monomanes, et les candidats à la folie.* » Il affirmera que, « *toute doctrine qui banalise l'action ou l'inaction réfléchie, qui promet d'adoucir l'angoisse, et de s'engage à guider les hommes vers les grandes lumières par l'intermédiaire de l'occultisme, n'offre qu'un faux espoir et ne mène qu'à l'amertume.* »

Il avait ajouté, « *Un vrai homme ne se soumet pas aux caprices de son 'créateur' ou de ses larbins. Un 'mensch' prend ses risques ; il se moque des cotes misées contre lui.* » J'avais reconnu dans cette âpre réflexion un reproche qu'il visait simultanément vers son père, le théosophiste qui combattait l'ennui et se refugiait contre ses propres inadaptations dans les régions vaporeuses de la Kabbale, *et* vers son fils — moi — qu'il poussait à se tenir droit et à ne reculer devant personne.

La peur d'échouer invite la défaite.

Je reconnais Krishna admonestant Arjuna dans cette cinglante devise.

◆

Septuagénaire quand ma mère mourut, trahi par l'inabordable

Jeu de Rôle

Kabbale, écœuré par le « *caractère efféminé du mysticisme,* » mon père trouvera quelque réconfort dans « *la virilité, la droiture du pragmatisme.* » Il se détournera aussi de la féconde littérature Yiddish qu'il avait aimée quand il était jeune, et qu'il accusera plus tard de « *masochisme.* » Les contes hassidiques, leur recherche du plaisir dans la douleur, leur nature fantomatique, leur mysticisme fiévreux, et leur fatalisme envers le mal, exaltaient et étayaient la mentalité « *chtetl* » [hameau Juif] dont il s'était si difficilement soustrait. Il continuera à lire la Bible, pas pour se remonter, mais pour médire ses héros — les saloperies de Lot et de ses filles ; l'abracadabrant séjour de Jonah dans le ventre d'une baleine ; l'assassinat d'Urie le Hittite, le mari de Bethsabée, sous les ordres de son amant, le roi David ; le massacre des philistins par Josué à Jéricho ; le viol de Tamar par son demi-frère Amnon ; l'ignoble lâcheté d'Abraham devant le pharaon en prétendant, pour sauver sa propre peau, que Sarah, sa femme, était sa sœur ; l'égorgement d'un négrier du pharaon par Moïse — « *tous des bandits,* » disait-il, en contestant l'Ecriture et ses préceptes, en mettant en relief ses mensonges, ses outrances, la violence, la cruauté, le dévergondage, la bestialité de l'homme, l'insupportable inhumanité de Dieu. Ayant depuis longtemps compris que l'homme est égoïste, stimulé par la convoitise, et dominé par son instinct de préservation, et que les « édits divins » sont des aberrations, il cherchera et trouvera dans les anciens textes des projectiles qu'il lancera pour bafouer les croyances et traditions de son enfance. Vilipendé, accusé d'hérésie et d'antisémitisme, mon père trouvera dans le mépris et l'ostracisme de ses coreligionnaires des preuves supplémentaires de vanité et d'intolérance dont il se vengera en montant d'autres offensives ... qui provoqueront d'autres agresses au vitriol par ceux qui se disaient jadis ses amis.

Quelques semaines avant sa mort (j'avais à peine cinquante ans ; il en avait quatre-vingt-trois), attestant sa métamorphose, peut-être bouleversé par la mienne, il m'avait mis en garde contre l'imprudence et les solutions expédientes :

— L'auto-examen n'est pas un spectacle public. On fait ça chez soi, en tête-à-tête avec sa conscience, à l'abri des influences partisanes, et purgé de toute connaissance artificielle.

Les vérités auxquelles mon père faisait allusion étaient d'une ampleur plus vaste que celles que je m'efforcerai de divulguer dans mes écrits. J'imagine la peine qu'il a dû ressentir quand la douceur sédative de la foi fut irrévocablement remplacée par le vide glacial de la raison. Je dois croire qu'il est mort en plein conflit avec le monde mais ayant fait la paix avec lui-même.

Peu après la mort de mon père, par curiosité, je me mis à lire le Zohar, l'œuvre maitresse de la Kabbale. Séduit au début par son style cryptique et son caractère hallucinatoire, à la fois ébloui et stupéfié, je me lasserai bientôt de sa circularité, de ses contradictions, de son affolant ésotérisme, des pirouettes mentales qu'elle exige, des énigmes qu'elle s'efforce d'enfouir dans les dédales de la raison.

La pensée ne peut s'éloigner de son point d'origine. L'esprit est incapable de se scruter. Quand on se perd dans l'infini, c'est le vide qui nous englouti.

Égaré, je m'inclinerai devant l'étonnante richesse de ses invraisemblances. Ce bref séjour ne fût pas en vain. Je saisirai la majesté de l'idéal mosaïque, la profondeur de l'éthique Juive. Je noterai aussi l'influence de la Kabbale sur Pic de la Mirandole, sur Baruch Spinoza (qui posa des questions gênantes quant à l'identité et crédibilité des auteurs de la Bible, sur sa véracité historique et innombrables contradictions), sur Gottfried Leibniz et Emanuel Swedenborg, Franz Kafka et Jorge Luis Borges, Walter Benjamin, et Jacques Derrida, entre autres. Je dois croire que ma courte randonnée dans son promenoir dédaléen m'aura permis de me rechercher et, n'ayant trouvé que ma quintessence humaine, d'absoudre mon athéisme. Bien plus tard, un rabbin auquel j'eu la malveillance de me confier (je l'avais prié d'expliquer l'existence du mal et l'inertie de Dieu envers ses ravages) me qualifia d'« intellectuel. » Ce n'était pas un compliment. Il me regardait avec un mélange de pitié altière et de mépris. Au lieu de répondre à ma question, il me lança un défi :

— Il existe une région austère et cruelle où Dieu n'est pas permis de vivre ; elle s'appelle l'intellect. Un intellectuel est incapable de saisir Dieu. Et pourtant Dieu doit vivre dans cet endroit qui, par définition, ne peut l'inclure. L'esprit doit s'efforcer à percevoir ce qui est impossible d'être révélé.

L'imagination n'invente rien ; elle n'entrevoit que la virtualité d'une éventualité.

JOURNALISTE ... OU FOSSOYEUR

Ce que tu ne vois pas avec tes yeux, n'invente pas avec ta bouche.

Le jour se lève sous un ciel lourd de nuages couleur d'étain. Grelottant, je m'agrippe au bastingage. Je m'étais réveillé tôt pour voir la Statue de la Liberté, prêt à verser des larmes rituelles, à me livrer comme un pèlerin devant un lieu saint à son ampleur olympienne, à son regard de sphinx. La morne grisaille du port de New York, ses quais en béton, ses hangars de bois délabrés, ses fumées noires l'éclipsent brusquement et je la perds de vue.

Le titan en cuivre oxydé n'éveille aucune émotion. Je le trouve raide, dépourvu de la splendeur mythique qu'on lui attribue. Cette constatation me déroute. Je me souviens des prototypes, l'un sous les marronniers du Jardin du Luxembourg, où je jouais quand j'étais gosse, l'autre perché sur un socle de pierre surplombant la Seine dans l'Île des Cygnes. L'icône qui domine l'entrée du port de New York me paraît monstrueux, maussade.

— *America, America,* s'exclame un vieil homme. Il est tout près de moi — trop près — les poings serrés contre la poitrine, comme le font les croyants face à un miracle (ou un désastre), hochant la tête, enivré, comme si ses yeux et son âme n'arrivaient pas à assimiler l'étonnant tableau qui se déroule devant nous. Cachectique, une barbe cendrée ajoutant des années à son âge, il semble humer l'inconcevable énormité du panorama New Yorkais. Son front ridé me parle d'une vie subie, d'espoirs détournés, de peurs vaincues, et enfin, de rêves exaucés.

J'aurais donné n'importe quoi pour connaître son extase, goûter son ivresse, comprendre ses sentiments, pour sacraliser ma propre ascension à la Terre Promise.

— Yes. America, je réponds sans joie, triste de me trouver à ses pieds. Mythifiée, convoitée, et crainte comme un fruit défendu, l'Amérique n'était qu'un îlot fabuleux au milieu d'un immense archipel de caprices enfantins le long duquel je naviguais durant mes lectures et mes rêveries. Hier encore, dans l'immensité ininterrompue d'un océan bleu-acier, l'Amérique évoquait une éventualité aléatoire. Hier encore, j'étais à l'aube d'un lendemain derrière lequel je pouvais me cacher, une actualité imminente entreposée parmi d'autres fantaisies puériles et nébuleuses. C'est un présent irréductible qui m'accueille, maintenant que le colosse de Bartholdi disparaît dans un tourbillon de brume, d'ombres, et de vaisseaux-fantômes tanguant dans les eaux noires de la rade.

L'homme me prend par le poignet. Il reprend son incantation.

— *America, am I dreaming ? J'ai tant souhaité vivre ce moment.*

— Écoutez, monsieur, j'ai hâte de lui dire, c'est l'aventure qui me pousse vers ces rivages. Je n'ai guère besoin de sanctuaire. Oui, je suis nomade, vagabond, Juif errant séduit par la balade, matelot « *amoureux de cartes et d'estampes,* » grisé par l'avant-goût d'un appareillage imminent, gouvernant son vaisseau non pas vers le port le plus proche mais vers les latitudes les plus lointaines d'une traversée sans fin. Je suis tout ça, je l'admets. Comme mon père avant moi, je bourlingue à la recherche d'un lien, d'une cohérence que seuls l'inconstance et les renouvellements perpétuels peuvent m'assurer. Mais prenez garde, je ne suis ni réfugié, je vous l'affirme, ni décombre, et je vous défends de me considérer comme tel. Lâchez-moi s'il vous plait.

Mais je ne dis rien. Je n'en ai pas le cœur. Une insolence gamine coule encore dans mes veines mais, tourmenté par l'insondable réalité dans laquelle je me vois impliqué, je veux me détourner de ce naufragé qui, comme des millions avant lui, avait franchi le portail doré du rêve américain.

Il me relâche et je me dirige vers le centre du pont, le léger manteau que mes parents m'avaient acheté une quinzaine auparavant piètre défense contre le froid arctique d'un matin de janvier. La silhouette cyclopéenne de Manhattan se dresse devant moi, une carcasse monochrome, irréelle comme un décor de théâtre, grotesque dans son envergure, et rendue encore plus inabordable quand mes souvenirs de mon Paris bien-aimé inondent mes yeux. J'accuse le vent ; je ne veux pas faire croire que ce sont des larmes de joie.

♦

Montmartre. Une porte cochère, une cour revêtue de gros pavés. Madame Muhl, la concierge, est là, cramoisie, ronchonneuse mais sensible à la galanterie. Un tablier bleu de travail cerne son opulente rondeur. Une vague odeur d'oignons frits émane de ses aisselles poilues.

— Bonjour Madame.

— Bonjour jeune homme. Alors, l'école ça va ?

— Tout va très bien, merci. Et chez vous ?

— Bof, comme vous voyez. Mille corvées, peu de temps. Je n'ai que dix doigts.

Joséphine Muhl pose son balai entre ses énormes seins et me montre ses mains calleuses.

— Regardez-les !

Je m'apitoie et lui offre du chocolat. Elle rougit comme une écolière et me gronde gentiment.

— J'suis au régime. Mon foie, vous savez. Mais elle accepte mon offrande et la dévore, et le sucre déclenche une nouvelle crise d'irascibilité, dirigée cette fois-ci contre son mari, Maurice, un gendarme de forte carrure et au cœur d'or, qui gonfle les pneus de la bicyclette de leur fils, Lucien, un garçonnet de six ans.

— Y en a qui ont la belle vie, hein, Joséphine proteste, les mains sur les hanches, les sourcils arqués. Il n'est pas d'service aujourd'hui. Il pourrait quand même s'fatiguer ses gros muscles, l'andouille, et m'aider un peu, non ? Pas lui.

— Faites-pas attention, réplique Maurice. C'est d'la comédie tout ça. Elle devrait monter sur les planches, la Fifine. Elle a assez d'talent pour deux, n'est-ce pas ?

Maurice étend ses bras, trace deux demi-cercles imaginaires dans l'air, ses mains velues dessinant une énorme paire de fesses. Vexée, Joséphine se mordille les lèvres, baisse la tête, devise son mari et secoue un doigt vengeur. Mais la honte cède à la bonhomie et Joséphine se calme. Enhardi, Maurice oriente la pompe à bicyclette vers le postérieur de son épouse.

— On n'peut tout d'même pas laisser tout c'talent se dégonfler, hein ?

Le petit Lucien pousse un cri de joie :

— Vas-y papa, fais-le.

Joséphine s'esquive, lève son balai et menace Maurice.

— Fais gaffe mon amour. Maurice fait semblant d'avoir peur.

— Qui aime sa p'tite Fifine ? Son p'tit Momo, non ?

Madame Muhl s'attendrit. Les époux posent leurs armes et s'embrassent. Maurice s'empare du généreux derrière de sa femme et déclare :

— Si c'n'est pas du talent ça, alors….

— Et si tu tiens à ta vie… Cet homme est incorrigible. J'suis capable de… Oh là là !

Je me retire par prudence et grimpe quatre étages le long d'un escalier en colimaçon dont les marches de bois affaissées par plus d'un siècle de trépignements grincent lugubrement à chaque enjambée. A chaque étage, un palier étroit donne sur deux appartements dotés de pièces minuscules et d'une tuyauterie excentrique. Cette escalade vertigineuse me fait penser à un gosier d'où s'échappe un mélange de sons et d'exhalaisons hétérogènes. Je peux sentir les plats du Vendredi de Catherine Vauclair, vieille fille maigriotte qui insiste à se faire appeler Mademoiselle — soupe de choux, gésiers, et poireaux grillés. J'entends la voix tremblotante de Madame Jabois qui chantonne *Mon Homme* quand elle patauge deux fois par semaine dans son baquet de laiton Empire. Celle de Monsieur Vacheron tonne comme un orage d'été quand il gronde Monique, sa fillette de huit ans, pour la moindre infraction. Son voisin, Sylvie Lefèvre, méchamment lésée pas la nature, nie avec véhémence les imputations de son mari qui la soupçonne d'infidélité avec le commis-boucher. Eugène Lefèvre sait que son épouse en est incapable mais les soupçons affûtent sa libido et les époux mettent fin au simulacre en se soûlant et faisant l'amour debout contre un mur dans leur cuisine.

Les matins évoquent le doux parfum de croissants frais, les fins d'après-midi l'arôme de baguettes à peine ôtées du four. Les radios bourdonnent, récapitulent les résultats sportifs, offrent les derniers succès musicaux ou font l'analyse d'un récent désastre ou d'une guerre lointaine. On peut entendre les enfants Golaud répéter les vers d'Alfred de Vigny d'un ton assommant, tandis que les effluves de l'aïoli de Madame Morabito se mélangent aux vapeurs des gros rouges et des bières piquantes.

« *J'aime le son du cor, le soir, au fond des bois,*

Soit qu'il chante les pleurs de la biche aux abois,

Ou l'adieu du chasseur que l'écho faible accueille,

Et que le vent du nord porte de feuille en feuille. »

C'est dans ce Babel olfactif et sonore que vit aussi Wanda, sa présence trahie par son parfum saumâtre — Mitsouko de Guerlain — et par les ululements qu'elle lance dans les bras de ses amants. Elle a un nom polonais presqu'entièrement dépourvu de voyelles et tout le monde l'appelle Mademoiselle Vanda, ou « l'anglaise, » quoiqu'elle soit originaire du Kansas, qu'elle a passée par Tanger et une douzaine d'autres locaux Byroniens, tous finalement abandonnés en faveur de Paris.

Je la prie de m'aider à perfectionner mon anglais. Je lui parle de Chicago, de la pègre, des cowboys et des indiens, d'Hollywood, des gratte-ciel New Yorkais, et du majestueux Mississippi. Mais Wanda est trop grise pour m'enseigner quoique ce soit, ou alors elle demande que je la baise en échange des leçons d'anglais qu'elle s'était engagée de me donner. Je me demande quel goût peut bien avoir une américaine du Kansas mais je repousse ses avances. Un mélange de pitié et d'écœurement — elle est maigre et porte un sourire chevalin — rend un tel commerce peu probable.

Il y a des femmes dont on a faim, même après, d'autres dont on est rassasié bien avant.

Seuls les frères Bredoux, Bernard et Bertrand, anciens combattants de la Grande Guerre, célibataires et pensionnés, vivotent dans un silence troublant au milieu de la dissonance et des vapeurs omniprésentes de notre immeuble. Ils sont bons enfants, au sourire doux et aux vérités simples, toujours prêts à consoler, à encourager. Je les vois encore lire des journaux près de la fenêtre — France Soir et des vieux numéros du Petit Parisien — dégingandés, courbés par l'âge, une vague odeur de moisi exsudant de leurs cardigans couleur taupe. Ils avaient été généreux, partageant leurs pommes vertes de Normandie et leurs confitures de Bretagne. Ils m'avaient offert un petit buste en plâtre d'Hector Berlioz, un porte-cigarettes en ivoire, un stylo-plume-or, une édition illustrée du *Voyage Au Centre de la Terre*. J'avais protesté gentiment mais ils avaient insisté.

— Tout ça ramasse d'la poussière. Ils avaient ri, cligné de l'œil l'un à l'autre. Vous nous rendez service.

C'était là un sous-entendu qui, dans sa subtilité, contenait le secret d'une finalité imminente que je n'avais pas la sagesse de déchiffrer. Je continuerai à faire des courses pour eux les jours de pluie ou quand le rhumatisme les alitait. Ils n'ont jamais parlé de la Grande Guerre. C'est la marque d'un noble soldat de ne pas évoquer les horreurs qu'il a souffert ou dont il fut la cause. Il ne peut que les revivre en s'en souvenant. Je ne leur ai pas posé de questions. Toutes les guerres, j'avais depuis longtemps compris, se ressemblent : évitables, souvent injustes, vulgaires, toujours tragiques.

Bernard et Bertrand, j'apprendrais par la suite, se suicidèrent quand la vie, triste et banale, ne valait plus la peine d'être vécue. On les trouva dans leurs lits, leurs médailles et leurs rubans au fond de pots de chambre dans lesquels — soigneusement et avec une irrévérence recherchée envers l'état-major, la République, et la postérité — ils avaient chiés une dernière fois. C'était une scène digne de Louis-Ferdinand Céline : le blasphème exalté par le mépris.

◆

Loin du vacarme, des parfums, et des puanteurs, dans une chambre de bonne perchée sous le toit, je me trouve enfin chez moi. C'est dans le calme berceur de cette mansarde modestement meublée que je m'abandonne après le travail et l'école. Libéré du monde des hommes, je me précipite vers la lucarne, écarte le petit rideau de chintz pour mieux savourer ma ville, bouche-bée, comme un garçon qui convoite une femme mûre. Devant moi s'étend un entrecroisement de ruelles. Je lis dans leurs cadences comme d'un journal intime, et je m'amuse à deviner le secret de leurs pantomimes. Plus loin, en aval, Paris s'offre à moi, une tapisserie de coupoles dorées, de parcs verdoyants, d'esplanades, et de vieux clochers, et je suis ébloui par l'aquarelle exquise qu'elle dévoile quand le crépuscule la drape d'une voûte étoilée rose lilas et bleu pervenche. C'est alors que je me tourne vers mes livres. Je me perds dans leurs pages. Je veux apprendre tout ce que l'on sait et, si possible, savoir tout ce qui est inconnaissable. Cette convoitise, je m'en aperçois vite, est aussi futile qu'assommante. Les voix qui animent les mots à travers lesquels je m'achemine (ou sont-ils les échos de mes propres pensées ?) me posent d'autres questions. La curiosité est un immense vestibule le long duquel se range un nombre infini de portes. La plupart nous sont interdites, même si on y frappe à coups de poings. Je me convaincrai que ce n'est qu'en cherchant qu'on risque de trouver. En sondant l'inexploré, je constaterai plus tard, ce qui me stimule n'est pas le « savoir ; » je m'en fiche de l'utilité des faits. C'est la façon dont ils éveillent mon imagination, l'entendement qu'ils suscitent qui me pousse à aller plus loin. Le « savoir » est en vain s'il ne permet pas, le temps venu, de remuer, de galvaniser, d'émouvoir, de choquer, d'exaspérer.

« ... *Toute action ... doit aboutir à la connaissance,* » dit Krishna à Arjuna, son fidèle ami et disciple, dans la Bhagavad-Gita. Je ne peux m'empêcher d'ajouter que toute connaissance doit aboutir à l'action.

Je découvre le surréalisme ; il me plait spontanément. Le mouvement culturel fantasque des années 1920 m'aurait totalement échappé s'il n'avait pas été bafoué, une trentaine d'années plus tard, par des puristes et des nigauds qui l'on traité de simagrée, de « fumisterie, » « d'avarie spirituelle, » et de « canular perpétré par des artistes insignifiants dont le seul but est de scandaliser la société. »

Avoir du talent et de l'imagination ne suffit pas pour être Arp, Dali, Duchamp, Ernst, Klee, Magritte, Miró, Picabia, Picasso ou Tanguy. Il faut aussi posséder un grain de folie.

Plus tard j'écrirai :

On embrasse une nouveauté mal vue pour emmerder le courant dominant ; on l'abandonne quand elle devient monnaie courante.

Une des visées du Surréalisme — de libérer les hommes de leur joug utilitaire et d'harmoniser l'absurde avec la pensée consciente — gagne le soutien immédiat du rétif, de l'apprenti-démolisseur d'idoles que je deviens. Les travaux que je lis, les peintures, sculptures, et compositions musicales dites « avant-garde » que je découvre produisent une euphorie instantanée. Je m'abandonne à leurs sorcelleries ; elles répondent à mon esprit flibustier.

◆

Pour l'enfant, amoureux de cartes et d'estampes,

L'univers est égal à son vaste appétit.

Ah ! que le monde est grand à la clarté des lampes !

Aux yeux du souvenir que le monde est petit !

C'est Baudelaire qui m'initie au Surréalisme poétique. La parfaite harmonie de ses vers me grise. Lus et relus avec enchantement, *Les Fleurs du Mal* et *Les Paradis Artificiels* semblent justifier mes instincts les plus viscéraux. Baudelaire se méfie des hommes ; il méprise Dieu. Il habite un tohu-bohu primordial, il s'enfouit dans la sensualité, dans le pêché, dans le néant. Ses vers grouillent de monstres et de créatures pitoyables d'un bas-monde bien trop allusif au notre. Il se désavoue, pour nous mettre à l'aise, pour nous séduire, pour nous prendre au piège. Tel que Saint Sébastien, il affiche les affreuses balafres qui strient sa poitrine, non pas pour émouvoir mais pour scandaliser. Il éveille ensuite nos propres démons, les vampires qui somnolent ou s'agitent au plus profond de notre être, ceux dont nous ne pouvons jamais nous débarrasser.

« ... *Nos péchés sont têtus, nos repentirs sont lâches ;*

Nous nous faisons payer grassement nos aveux,

Et nous rentrons gaiement dans le chemin bourbeux,

Croyant par de vils pleurs laver toutes nos taches... »

Solitaire, le poète se retrouve dans l'anonymat des foules, parmi les clochards et les mendiants, les estropiés, les putains, les ivrognes, les charognes. Dans les visages noircis de tristesse, il découvre le drame insondable de la vie ; dans les sourires éphémères — un pétillement d'espoir suspendu. Sa voix est celle de ceux qui aiment, qui souffrent, qui savourent le plaisir tout en calomniant son état transitoire, de ceux qui languissent dans la misère et se meuvent d'un espoir brisé à l'autre. Privé d'amour, affamé de tendresse, Baudelaire noie son spleen et son chagrin dans l'alcool et le hachich. Il disparaît jeune et la mort met fin à ses mirages et ses cauchemars.

« *Ma jeunesse ne fut qu'un ténébreux orage,*

Traversé çà et là par de brillants soleils ;

Le tonnerre et la pluie ont fait un tel ravage,

Qu'il reste en mon jardin bien peu de fruits vermeils. »

Je le retrouve plus tard dans les écrits de Thomas de Quincey (*Les Confessions d'un Mangeur d'Opium*), dont il s'était sûrement inspiré et, plus tard encore dans *Les Portes de la Perception* et *Le Ciel et l'Enfer* d'Aldous Huxley.

Si Arthur Rimbaud et Edgar Alan Poe, les contemporains de Baudelaire, confèrent à la folie une tonalité lyrique, c'est Jean Cocteau, l'homme alchimique qui me fit grimper l'escalier sinueux du Surréalisme, qui me guida à travers ses portails obliques et ses lévitations, et m'accueillit dans son étrange et merveilleuse Chambre du Milieu. Les contes de fées de Cocteau, ses fantasmes imprégnés d'opium et ses incantations hallucinatoires confèrent un caractère unique à l'ambiguïté et au paradoxe.

« *Je suis un mensonge condamné à toujours dire la vérité.* »

Je somnole avec Cocteau dans ses champs parfumés de pavot et je me réveille d'un songe dans lequel je me vois courir après mon ombre. Cocteau secoue les hommes de leur torpeur tout en les menant aux bords de la démence. Il s'hérisse contre l'intolérance, l'hypocrisie, le manque d'imagination, les idées fixes. La raison, il insiste, ne peut faire concurrence à l'intuition ; l'impondérable ne peut être compris qu'en faisant appel à l'imagination, non pas à la logique. Il dira :

« *La vie est une dégringolade horizontale.* »

Ce que nous ne pourrions comprendre que sous l'effet de l'opium, du haschich ou de la mescaline, certains membres du Club des Haschischin, parmi eux Victor Hugo, Alexandre Dumas, Charles Baudelaire, Gerard de Nerval, Honoré de Balzac, Théophile Gautier, Guillaume Apollinaire, Constantin Brancusi, Salvador Dali, et Éric Satie, purent saisir à l'aide de stupéfiants.

Mes amis se rebiffent. Mon idylle avec Debussy et Stravinsky, avec les polémiques de Tristan Tzara, les espiègleries de Man Ray, et la métaphysique de Giorgio de Chirico les inquiètent. Perdus dans l'obscurantisme poujadiste des années 1950, hostiles à toute culture, ils me croient victime d'un complot, d'une supercherie, d'un enlèvement.

> ***Les hommes se démènent, ils se bagarrent, ils sont tellement occupés à se trahir afin de tolérer l'insupportable, qu'il leur est difficile d'échapper aux duperies auxquelles ils sont assujettis. En s'efforçant de justifier leurs berlues, ils dupent les autres.***

Le Surréalisme sillonne les dédales inexplorés de la conscience mais il n'est ni sibyllin ni frivole. Il est le langage spirituel du guérilléro, l'idiome du résistant.

♦

Je dévore Dumas. Je deviens d'Artagnan, Edmond Dantès, et Cagliostro. Je me bats contre les despotes, les aristocrates, et le clergé. Je me sauve de cent cachots, j'échappe à la potence, j'esquive les horribles cabales, et rend la liberté aux bons et aux justes.

La passion du voyage sera affûtée par les récits de Pierre Benoît, Joseph Conrad, James Fenimore Cooper, James Hilton, Jack London, Pierre Loti, Herman Melville, James Michener, Alexandra David-Neel, Marco Polo, Robert Louis Stevenson, et Jules Verne.

Je découvre Franz Kafka, le magicien, Kafka, « *le suprême littérateur du drame cosmique de l'homme moderne,* » le virtuose du cafard et du cynisme, le vaccin qui immunise les rêveurs contre un espoir sans fondement, les idéalistes contre la lubie.

L'éternité, c'est long, surtout vers la fin.

Stupéfié, j'arpente ses labyrinthes suffocants, je m'égare comme ses personnages à travers des complots impénétrables, disposé même *d'être* Joseph K s'il le faut. Kafka anime en moi un dégout de l'illogisme, du despotisme, de l'odieuse banalité de la bureaucratie, la grossière indifférence des péquenauds, l'intellect rachitique et les mesquineries de la petite bourgeoisie, et l'insolence et la fausse majesté des classes privilégiées qui durera le restant de mes jours.

Cet amalgame de répugnances envers les préceptes stupides, la niaiserie, et le dogmatisme du credo incontesté (ce que Maïmonide qualifie de « coutumes dégénérées et de croyances insensées ») sera soutenu huit siècles plus tard par Friedrich

Nietzsche. Ce n'est qu'après avoir lu et relu *Ecce Homo*, *Le Crépuscule des Dieux*, *Ainsi Parla Zarathoustra*, et *L'anti-Christ*, et après avoir disséqué chaque phrase sinueuse jusqu'au dernier paragraphe de ses ouvrages tourmentés que son génie terrifiant fit irruption et éclaira une vaste région inculte de mon esprit. C'est l'humanisme passionné, son inquiétude envers les leçons oubliées de l'histoire, qui aiguisent ce besoin de « *dire aux gens,* » d'effaroucher les snobs et les conformistes, de mettre en cause les pouvoirs établis, de prophétiser—de souhaiter même--les bouleversements, le déclin, et la chute d'une société décadente sans me soucier de leur inévitable avènement. Nietzsche salue l'énorme puissance et le lyrisme de la controverse, l'élégance des mots affûtés à piquer au vif, à enhardir les hommes, à exposer l'infamie de leurs doctrines, de les traîner dans la fange de la honte et du déshonneur. Ceux dont la seule loyauté est envers la vérité, je me rendrai compte peu à peu, n'ont pas d'amis. Les licenciements, les emplois refusés, les perspectives renoncées et, plus tard, les menaces en seront témoin, La « vérité, » j'apprendrai par la suite, n'est que le mensonge le plus séduisant, l'opinion la plus convaincante, et que le besoin de la mettre à jour est à chaque fois contrecarré par ceux qui ont intérêt de l'enfouir.

Baruch Spinoza m'apprend à me méfier des superstitieux, des fanatiques, des doctrines qui se dressent contre la raison :

> « *Quand la Bible prétend que Dieu se fâche avec les pêcheurs ou qu'il s'intéresse aux ébats des hommes, ce qu'elle proclame dans des termes simplistes et catégoriques c'est que son but n'est d'enseigner ni la philosophie ni la sagesse, mais d'asservir l'humanité et de paralyser la raison.* »

Attelés à des croyances rigides, dépourvus de sa souplesse intellectuelle, ses contemporains l'évitent et le repoussent. Accusé d'hérésie, Spinoza, le *marrane* hollandais d'origine portugaise, est excommunié par les Juifs, calomnié par les chrétiens. Je croyais pouvoir l'émuler, mériter l'alléchante antipathie qu'il avait attirée sur lui. Une étude plus sérieuse de son éthique me convaincra que je ne possédais ni son intellect, ni son raffinement. Je me contenterai désormais d'affirmer que toute vérité qui doit son existence à des croyances aveugles … est un mensonge.

Voltaire, le libre-penseur dont le code moral est fondé sur la tolérance et la générosité, me tiendra longtemps compagnie. Hostile à toute métaphysique, il me met en garde contre un monde débordant de fausseté, contre les périls de l'immodération et d'un l'idéalisme déplacé. Un adepte de la religion « naturelle, » il rejette la doctrine « révélée, » qu'il qualifie de pernicieuse et qui lui vaudra l'éternelle inimitié de l'Église :

> *« Ceux qui peuvent vous faire croire à des absurdités peuvent vous faire commettre des atrocités.*[1] *»*

Convaincu qu'il est plus utile d'être honni que de passer inaperçu, je m'imagine, bêtement, que mes écrits mériteront d'être un jour mis à l'Index. Cet honneur, réservé à des esprits bien plus brillants, m'échappera. Je parviendrai néanmoins à attirer la colère d'un grand nombre de lecteurs. Un *Big Brother* muet mais astucieux me gardera longtemps dans sa ligne de tir.

La définition de George Orwell de la liberté, *"le droit de dire aux gens ce qu'ils ne veulent pas savoir,"* me plaît intuitivement. Je m'accorderai ce droit pendant de longues années.

Mes mentors, mes gourous sont tous là, soigneusement groupés par ordre alphabétique, tous prêts à transmettre des idées inédites, à animer, amuser, émouvoir le néophyte que je suis. Je les consulte quand mes devoirs sont faits, ou en attendant qu'une petite amie grimpe quatre étages pour me rendre visite.

---

[1] Je me souviendrai de cette maxime en pensant aux conneries débitées par Donald Trump et aux barbaries qu'elles inspirent.

C'est dans mes livres, dans leur humour, impudence, et excentricités que je me vautre. Et c'est à eux que je me rends quand les filles rentrent chez elles et que mes convoitises maintenant assouvies s'inclinent devant mes études et se livrent aux dividendes d'une nuit de sommeil, enfin seul, dans mon très petit lit.

♦

Je réaménage ma chambre. Je pousse le lit sous la lucarne afin d'admirer Paris comme d'un nid d'oiseau pendant que je fais l'amour à des jouvencelles aux baisers goût de muguet tandis que des nuages couleur antimoine glissent contre un ciel de lavande.

Âgée de quinze ans, rouquine et délicieusement vicieuse, Ginette Muhl, la fille de la concierge me fait déguster des plaisirs que seule une nymphe fraîchement dépucelée oserait entamer. Désinvolte et généreuse, elle m'accorde tous les caprices ; elle se livre à toutes mes fantaisies. Nous exécutons tout un répertoire d'acrobaties en écoutant *Daphnis et Chloé*, et nous nous perdons dans des paroxysmes simultanés quand le tumulte joyeux de la Bacchanale s'élève vers son apogée. Ruisselant de sueur, comblés de plaisir, nous nous allongeons, nos têtes reposant sur le gros oreiller de duvet, et je lis à haute voix quelques passages des romans érotiques de Guillaume Apollinaire—*Les Aventures d'un Jeune Don Juan* et *Les Cent Mille Verges*—parodies des bouffonneries françaises qui circulaient en secret dans l'Angleterre Victorienne.

J'empreinte ces livres de mon parrain, Ernö, un anesthésiste qui amuse les chirurgiens pendant des opérations avec ses récits sybarites. Ginette aime beaucoup les exploits du prince roumain, Mony Bibescu, dont les pulsions sexuelles et la recherche du super-orgasme le mènent des bordels parisiens aux hammams de l'Orient. Stimulés, nous recommençons.

Une fois par mois, quand Ginette rend visite à sa *mémé* en Alsace, c'est une étudiante, Isabelle—« la belle »—sang bleu et pudique, la nièce d'un membre de la Chambre des Députés, qui prend sa place. Raffinée, dotée d'une éducation que seul le vieil argent infatigablement ravitaillé peut assurer, Isabelle trouve le ballet de Ravel trop long, alors on se contente du poème tonal de Debussy, les dix minutes éthérées de son *Prélude à l'Après-Midi d'un Faune*. Dix minutes, c'est tout ce qu'Isabelle peut m'accorder. Un jour, mes récitations des passages les plus grotesques dans *Justine* et *Juliette* du Marquis de Sade, suivies des girations que j'exige, assis au bord du lit, elle à califourchon, tandis que je la contrains à écouter *Le Rite du Printemps*, donnent à Isabelle la nausée. Elle dégueule sur moi et mes sentiments pour son petit cul patricien s'émoussent. [Je me marre même aujourd'hui quand j'écoute Le Rite du Printemps. L'irrévérence taquine du compositeur, sa musique endiablée et la chorégraphie érotique de Nijinski plaisent aux jeunes spectateurs mais scandalisent le grand-monde venu en tenue de soirée pour assister, en 1913, à Paris, à la première représentation du ballet païen de Stravinsky. Une émeute s'ensuit et des dizaines quittent la salle interloqués, écœurés]. Je permets à Isabelle de venir me voir de temps en temps parce qu'elle se déplace de son faubourg olympien, Le Vésinet, la pauvre, jusqu'aux escarpements plébéiens de Montmartre pour se faire foutre, et parce qu'une telle obligeance chez une fille de sa classe, je me dis, ne peut être récompensée qu'en la soumettant à mes convoitises les plus scabreuses. Quelques années plus tard, poussé par la promesse (ou l'illusion) d'une nuit d'amour, je franchis un océan et traverse tout un continent. C'est alors que je me souviens d'Isabelle et que je lui demande pardon mentalement. Le prix de telles expéditions, je me rendrai compte, dépasse de loin les résultats prévus.

L'accouplement nous envoie aux anges. Ensuite, il nous renvoie sur terre où, heureusement, on peut prendre une douche.

Je perdrai Ginette et Isabelle à la suite d'une indiscrétion avec Lyse, que j'avais racolée dans un kiosque sur la Place Blanche où j'achetais des bandes dessinées.

L'amour fait et défait les liaisons par métier et meurtrit les cœurs par vocation.

Lyse aime l'accordéon, moi aussi, mais agrémenté d'une friture et d'un grand boc de bière sur la terrasse d'une petite guinguette, au crépuscule, sur les bords de la Marne, pas pour servir d'accompagnement à nos bamboches. Alors on se prend en silence, bercés par la pluie ou le roucoulement des colombes perchées sur les gouttières. De souche modeste, comme Ginette, Lyse donne son tout, n'importe quand, n'importe où et sans la moindre affectation. Elle aime rire. Je lis Verlaine et elle se blottit au creux de mon épaule comme un chaton, son regard fixé sur mes lèvres. Avec un doigt mouillé fourré entre ses cuisses, elle s'égare lentement et, les yeux fermés, elle s'envole sur les ailes du sortilège.

> *« Elle jouait avec sa chatte*
>
> *Et c'était merveille de voir*
>
> *La main blanche et la blanche patte*
>
> *S'ébattre dans l'ombre du soir... »*

Il y en aura d'autres. Rien n'en reste, sinon le souvenir de leur existence et, se mêlant aux exhalaisons du port de New York, un parfum paramnésique de muguet et de lavande dans mes narines.

♦

Le paquebot glisse vers le quai, gémissant contre les empilages. Dans sa réalité naissante, New York se resserre autour de moi, la parodie terrifiante de mes utopies d'enfance et le prélude d'un exil dans un pays auquel je ne m'accoutumerai que dans l'ampleur de ses primes et abondances mais à nulle de ses conventions — sociales, culturelles, ou politiques.

Un vol de mouettes s'abat derrière la poupe et disparaît. Je regarde la gargantuesque cité qui s'étend devant moi. Je me demande ce que je fais là. J'ai terriblement envie de rester à bord, de me cacher dans la cale, de retraverser l'Atlantique, de retrouver mes parents. Je grelotte. J'ai le mal du pays. J'envisage le suicide. J'ai à peine dix-neuf ans.

♦

Deux ans plus tôt.

— Mesdemoiselles et messieurs. Le président de l'École Supérieure de Journalisme nous dévisage pendant un bon moment. Nous vous enseignerons bien de choses. Le journalisme n'en est pas une.

Je me souviens avoir distraitement fixé mon regard vers le plafond, imaginant des chérubins souriants aux fesses roses survolant un festin où se prélassent des dryades sensuelles et des satyres virils qui, brûlant de désir, se dissimulent derrière un taillis. Je ressens les premiers indices d'une érection imminente mais la solennité du moment et un pantalon très étroit contrecarrent cette tumescence.

En face, sur la Rue de Rennes, baignée dans la lumière dorée des premiers jours d'automne, marquée par le temps et l'histoire, l'Église Saint-Germain-des-Prés s'élève, fière dans son austérité romanesque. Sur le trottoir, jongleurs, troubadours, et acrobates qui n'achèveront jamais la renommée à laquelle ils aspirent, se fient à la bonne volonté des badauds. Au coin, à la terrasse des Deux Magots, les habitués sirotent des expressos aromatisés dans des tasses petites comme des dés à coudre et dégustent des vins blancs dans des verres cannelés. Les sièges qu'ils occupent avaient jadis accueillis Ernest Hemingway et Gertrude Stein, Samuel Beckett et F. Scott Fitzgerald, Aldous

Huxley et James Baldwin, Jean-Paul Sartre et Simone de Beauvoir, entre autres. Je m'y installe de temps à autres, mal à l'aise, sachant que le génie est incessible, même par osmose.

La voix retentissante du président met fin à mes rêvasseries.

— Nous vous ferons éplucher l'histoire, décortiquer les sciences-po, ruminer la sociologie. Vous apprendrez à mener des interviews, obtenir — non, arracher — des renseignements, refouler les idées préconçues, surveiller vos opinions, et dominer vos phrases en supprimant les mots superflus. Nous vous enverrons sur les Grands Boulevards, les traboules du vieux Paris, les musées, les théâtres, les Halles, les marchés du Dimanche, les postes de police, les grandes gares, les bordels, et les morgues. Si vous n'avez pas le feu au cul, l'amour des lettres, une passion pour la pensée écrite, vous vous êtes trompés d'adresse. Comprenez : le journalisme est une vocation, comme la guerre et le sacerdoce. Si les Muses vous font de l'œil, nous vous aiderons à en faire des amantes fidèles. Nous ne vendons ni l'inspiration ni le respect pour la vérité, ni la hardiesse de la poursuivre là où elle se cèle. La vérité est comme un scorpion : elle s'aplatit sous un rocher pour mieux se dissimuler. Vous serez chargés de déblayer la rocaille et de mettre à jour l'abominable bestiole. C'est tout. Le bureau du caissier est à gauche au fond du couloir. Bonne chance et bon après-midi.

Personne n'applaudit. Nous restâmes tous assis, immobiles, et pantois, frappés par ce discours incisif, une vague inquiétude serrant comme un étau l'échine d'une douzaine d'adolescents, tous rêvant d'un scoop magistral, d'un reportage sensationnel, d'un éditorial désarmant.

Mon père aurait souhaité que je fasse la médecine mais des notes honteuses en math, physique, et chimie mirent fin à cet espoir. Mon oncle maternel, un grand avocat qui défendait des clients qui méritaient la potence, m'avait souvent poussé à faire le droit. Ses plaidoyers, ses grands gestes, son jeu de manche, l'apparat de ses arguments-matraque, et son affirmation que même un scélérat a le droit d'être défendu, m'avaient paru absurdes. Je repousserai son conseil et sa profession. Quelques années plus tard, il me grondera gentiment, alléguant que j'étais le seul « procès » qu'il avait perdu.

— Quelle sorte de victoire aurais-tu remportée si j'avais ignoré mes instincts, refoulé ma conscience, et capitulé à la contrainte ?

Mon oncle sourit avec une fierté avunculaire et secoua la tête.

— Je l'ai toujours pensé et je le répète : T'aurais fait un sacré avocat.

♦

Toujours assis, engourdi et médusé dans la grande salle de l'École Supérieure de Journalisme ce doux matin de Septembre, je me trouvais soudainement convoqué devant un tribunal de conscience ; la mienne. Les attestations étaient maigres et les pièces à conviction peu convaincantes. Les compositions fougueuses que j'avais rédigées au lycée m'avaient rapportées quelques prix—les Mémoires d'Outre-Tombe de Châteaubriant, les Lettres de Madame de Sévigné, un recueil de poèmes d'Alfred de Musset—et l'admiration prudente de mes instituteurs. J'avais reçu des bonnes notes en littérature, histoire, et géographie, mais pour le reste on m'avait qualifié de cancre. Animé par des sentiments de miséricorde, le directeur du lycée avait envoyé une lettre de recommandation élogieuse à l'école de journalisme. L'ambassade de France à Tel-Aviv en fit de même :

> « *L'ambassadeur recommande tout particulièrement W. E. Gutman à la bienveillante attention de la Direction de l'École Supérieure de Journalisme. M. Gutman, ancien élève du Collège Français de Jaffa s'est distingué au cours de ses études par son assiduité et ses résultats excellents en français. Très digne d'intérêt, il semble être un sujet devant brillamment réussir dans le journalisme...* »

Mais la direction, flairant une vaste exagération, avait agi avec circonspection, sinon méfiance, et je fus inscrit à titre provisoire.

Je m'incline à la réalité. Je n'ai pas grand choix. Je me souviens avoir haussé les épaules et lancé en l'air une pièce de monnaie imaginaire.

— Pile, c'est le journalisme ; face, je deviens fossoyeur, un destin que mon oncle ne cessait de prédire quand j'étais encore en primaire. Pour mon oncle, qui n'avait jamais représenté un seul client honnête, et qui a craint la mort jusqu'au jour où elle le réclama, un fossoyeur évoquait un métier vampirique et vil digne des plus basses couches de la société. En avoir un dans la famille serait une honte. Je reconnaîtrai plus tard que j'avais injustement jugé ses réprimandes métaphoriques. Mon oncle était un brillant avocat et un intellectuel. Cela ne l'empêchera pas d'avoir eu le plus grand respect pour le travail manuel. Mes ses prémonitions avaient peu à peu eu l'effet prévu.

— Tiens, quelle drôle de pièce. Pas de face. Alors je fais le journalisme. C'est un gagne-pain comme un autre, » je raisonne avec plus d'incertitude que de conviction.

Un gagne-pain ? À peine. On a tout juste de quoi vivre. Les nerfs à vif, les reporters se nourrissent à l'improviste, ils passent des nuits blanches et des journées entières dans un état de léthargie pendant lesquels ils séparent les rumeurs des faits, les sous-entendus de la réalité confirmée, et ils écrivent, comme Russell Baker, le grand journaliste du New York Times l'a remarqué —

> « ... *sous l'influence du désespoir, dans un monde où les heures s'effritent. L'horloge marque toujours deux minutes avant minuit et le travail est soit inachevé ou plus souvent à peine entamé bien que les manchettes étaient dues avant-hier, et même si on n'a rien à dire. Ce n'est pas un travail pour tout le monde. Quand on est redevable au grand public et qu'on n'a pas une seconde de plus*

pour réfléchir, il faut s'habituer à se rendre ridicule. Les gaffes font partie de notre destin. »

Baker avait raison. J'ai depuis eu l'occasion de mal interpréter les événements, d'ignorer des indices aveuglants, de faire des fautes d'orthographe et de déformer les propos des autres. Balisé par le concept que le dépistage de la vérité implique une réévaluation de ses propres convictions, j'ai souvent eu l'occasion de changer le fusil d'épaule.

L'AUTRE PARIS

**La mémoire triche, le souvenir trahit ;
il répète tout ce qu'on lui raconte.**

La mémoire met en marche la machine à voyager à travers le temps. Le passé s'impose ; il exige qu'on l'apaise. Les souvenirs ensevelis, ceux que la paresse ou les scrupules fossilisent, surgissent d'un vaste ossuaire mal entretenu. Les autres, ceux qui s'abritent en lisière de la conscience, les sous-entendus compromettants, les fantaisies érotiques, les vieilles rancunes, les remords, et les rêves lésés sont mis à jour avec plus de prudence. On les retrouve souvent en lambeaux. Alors on les cueille entre le pouce et l'index comme une immondice. La tentation de tout avouer est atténuée par la galanterie de ne rien dire. *Ma mémoire du futur m'échappe.* Tout est passé. Ses racines s'altèrent de la sève qui abreuve l'avenir.

> *Il y a des souvenirs qui trottent avec des semelles de bois, d'autres qui flânent sur des patins de velours. La mémoire est parfois décousue, parfois courte, souvent bornée, mais elle est toujours déformante.*

♦

Il était une fois un autre Paris, celui qui m'accueillit quand je suis né. Un bel appartement, au 2 (ou 22 ?) rue du Pont Neuf, qui doublait de cabinet médical. Des fenêtres fin-de-siècle donnant au loin sur la toiture du Louvre, le Palais de Justice et le sublime profil de Notre Dame. Tout près, la façade festonnée de La Samaritaine où, selon mes parents, ils m'avaient « acheté en solde. »

Ma naissance, infiniment plus prosaïque, aura lieu dans une clinique privée du 16ème arrondissement où les femmes chics avaient leurs bébés ou les avortaient selon leurs caprices. Mon parrain Ernö, l'anesthésiste amateur du Marquis de Sade, et mon

Jeu de Rôle

père, étaient là pour témoigner d'un accouchement qui ne suscita, cette fois-ci aucune plaisanterie. L'affaire faillit tuer ma mère. Femme diminutive et délicate, elle supportera avec stoïcisme les avilissements de la guerre et les agonies d'une santé précaire. Je n'aurais pas survécu si je n'avais pas reçu une raclée maison compliments de l'obstétricien de service. Ce sera ma première et dernière fessée. Une grossesse difficile et un accouchement presque fatal convaincront mes parents de ne plus avoir d'enfants, tout au moins pour l'instant. Les événements prouveront la sagesse de cette discrétion quand, trois ans plus tard, la France capitulera aux hordes allemandes.

♦

Le 3 juin 1940 Paris est bombardé. Bilan : 254 morts et 300 blessés. Le 7 juin, la Wehrmacht lance un triple assaut, l'un de 3.000 chars en direction d'Amiens et Rouen, le second en direction de Paris, le troisième vers Dijon. Le même jour, craignant d'autres bombardements, le Général Vuillemin donne l'ordre d'évacuer la capitale. Le Général Weygand, héro de la Première Guerre et commandant des forces armées françaises, juge bon d'évacuer les enfants âgés de moins de seize ans. Le jour suivant--au diable les enfants--il ordonne au lieu l'évacuation du gouvernement, « sauf les membres du Conseil dont la présence est indispensable. » Ce décret sera plus tard comparé à la lâcheté du Sénat romain devant l'invasion Barbare.

L'évacuation de Paris a lieu dans une pagaille inimaginable. Des dizaines de milliers de Parisiens déguerpissent de la capitale en auto. Les trains vers le sud sont bondés. Des milliers campent dans les gares. Les traînards regardent avec angoisse un ciel noircissant. L'écrivain André Billy observe :

« Nous fûmes frappés, traversant la Seine-et-Marne, par la lumière insolite où baignait le paysage et qui, comme décomposée, paraissait tourner au gris de plomb, au noir métallique. Tous les français en déroute sur les chemins de l'Île-de-France ont vu ce

phénomène qui leur sembla comme un avertissement cosmique, le présage d'immenses malheurs. »

Ce que ce ruban de dix millions de français s'acheminant péniblement sur la grande route avait vus étaient les réservoirs de pétrole du Havre qui flambaient.

Le Ministère de l'Air réquisitionne 600 camions pour transporter son personnel, leurs familles, et leur mobilier, alors que les requêtes de camions pour évacuer les blessés du front sont sourdement ignorées. Les ronds-de-cuir s'enfuient et abandonnent des tonnes de documents qui tombent dans les mains de l'ennemi. Des milliers de fantassins français battent retraite et sont renvoyés de Paris et remis en chemin vers le sud – à pied. Présageant la chute imminente de la capitale, 25.000 se rendent aux allemands au nord de Paris.

Depuis le 10 mai, un flot ininterrompu de réfugiés déferle de la Belgique, puis des régions du nord de la France, et s'abat sur Paris. Cet enchevêtrement de civils et de militaires présente une cible facile aux avions allemands. Le gouvernement essaye, sans succès, de refréner la débandade qu'il avait provoqué en circulant l'effrayante rumeur qu'une « cinquième colonne » invisible mais omniprésente avait infiltrée et subvertie la France.

Au sud de Paris, la débâcle produit des embouteillages. Les escadrilles allemandes s'efforcent de faire sauter les ponts. Le long des routes, des centaines de cadavres calcinés débordent des accotements. Ceux qui survivent l'assaut, hommes et femmes à bicyclette, d'autres poussant des brouettes chargées de bagages ou tirant des carrioles surchargées d'enfants et de vieillards, avancent, l'échine arquée contre leur lourd fardeau, les yeux scrutant avec inquiétude les nuages noirs qui tourbillonnent autour d'eux. Affolées, des femmes se tordent les mains. D'autres font la navette entre les ahuris, les épuisés, et les abattus, offrant quelque espoir, partageant leurs provisions. Les enfants sanglotent sans répit, hoquetant ou émettant des gémissements lugubres. Les hommes, des patriarches parmi eux, maudissent leur sort et secouent leurs poings :

— Ah, les sales boches. Ils payeront cher !

Oui, mais ça prendra presque cinq ans.

Le 14 juin, les allemands franchissent les anciennes portes de Paris. Le tricolore tombe, d'énormes drapeaux — le swastika sur un champ rouge, blanc et noir — sont hissés sur les palais ministériels.

Paris s'effondre. Un silence affreux semble planer sur les grands boulevards, les ronds-points, les rues jadis animées de la vieille Lutèce. On dirait que la ville a perdu son âme. De la Place Pigalle aux Champs Élysées, à la Place de la Concorde, des petits groupes de parisiens saluent et accueillent l'envahisseur. Un grand nombre se porte volontaires. D'autres offrent leur corps pour du pain ou du vin ou de l'argent afin d'expier la capitulation zélée de la France en un acte collectif de suicide symbolique.

D'autres parisiens pleurent en silence, une rage secrète brûlant leurs yeux tandis que les allemands, les *Fils des Ténèbres* réincarnés, se pavanent librement dans la magnifique Ville Lumière maintenant assombrie. Je n'oublierai jamais leurs larmes ; elles me donnent encore envie de pleurer. Je me souviens avoir cherché la main de mon père et de m'être blotti contre lui. Il m'avait pris dans ses bras mais son sourire trahissait une profonde amertume et un soupçon d'épouvante.

J'avais trois ans.

◆

Il ne suffit pas de comprendre l'histoire. Il faut s'y habituer.

Les révisionnistes ont courte mémoire ; ils sont crétins ou malveillants. On les entend répéter, une soixantaine d'années plus tard que la « cinquième colonne, » un terme originaire de la

Guerre Civile en Espagne, était un mythe. Tout aussi étourdis et non moins malavisés, les apologistes prétendent que le succès de son équipe d'espions, de propagandistes, de politiciens arrivistes et déchus, d'aristocrates anti-communistes, de prélats antisémites, de gros industriels, de pacifistes, et d'agents provocateurs discrètement secrétés à travers les frontières ou parachutés la nuit dans les campagnes — est exagéré.

Si l'envergure et les exploits d'une cinquième colonne furent sans doute embellis (comme le furent la prouesse et l'efficacité de la Résistance), on la qualifie de « caricature hystérique exploitée par les communistes afin de soutenir la rumeur que les réactionnaires complotent à faire tomber la France, » elle est loin d'être un mythe. Affaiblie par la guerre 1914-18, la France s'était écroulée bien avant l'occupation allemande de 1940. Ce n'est pas que son dispositif militaire était inférieur, c'est que l'état-major manquait de couilles, de ténacité. On se demandera si la France était asthénique ou si elle avait été subornée par les visées hégémoniques allemandes que les services de propagande du Troisième Reich avaient adroitement commercialisées, et qui aideront à accélérer la décrépitude intellectuelle et morale des classes dirigeantes françaises et d'un grand nombre de vedettes de théâtre et de cinéma, d'artistes, et de sommités de la littérature et du journalisme français.

Des éléments de l'armée française seront séduits par la grotesque fanfare du Führer. *Le Triomphe de la Volonté*, monté par la cinéaste, Leni Riefenstahl, un film exaltant le rassemblement du Parti Nazi qui devint le leitmotiv de la dictature hitlérienne, remporte un grand prix à Paris en 1937, l'année de ma naissance. Un grand nombre d'officiers français de haut rang enivrés par les passions que le documentaire éveille, envoûtés par les gigantesques étendards et le regard ensorcelé des cohortes d'Hitler qui défilent devant lui, soutiennent ouvertement la consécration de l'idéologie nazie *« dans les pays en arrière dans l'application de tels principes nobles... »*

Cet engouement est partagé avec enthousiasme par l'Église Catholique dont l'antisémitisme historique s'harmonise parfaitement avec les objectifs de l'Allemagne et dont la collaboration très souvent dépasse les revendications de l'occupant. La défaite de l'Allemagne, le Vatican avait insisté, détruirait les systèmes autocratiques qui « *forment la première ligne de défense contre le bolchevisme, et qui retardent la communisation de l'Europe.* » Une victoire par la France, l'Église avait soulignée, mènerait tout droit à son déclin et au trépas de la civilisation — un objectif, l'Église ajouta « *auxquels les Juifs se consacrent.* »

Cette supputation absurde et criminelle sera exploitée non seulement par les sans-scrupules et les traîtres, mais aussi par les riches entrepreneurs qui profitent d'une alliance avec Hitler et avec le Pape — les « arche-ennemis du bolchevisme. »

◆

On ment, on trompe, on vole, on tue en se persuadant que les hommes méritent d'être dupés, dévalisés, et massacrés.

On dit que le monde est à la merci des banquiers et des gros industriels. Le mérite de cet axiome n'est jamais mieux confirmé qu'en temps de guerre. Les seigneurs du capital et les marchands d'armes s'enrichissent dès le premier coup de feu. Avec le concours des grands usuriers et du gouvernement du moment, ils prévoient des « dangers » et provoquent un effroi collectif qui justifie le pillage du trésor national. Créés pour servir de gendarmeries spéciales — les troupes de choc — contre les soulèvements populaires, le nazisme et le fascisme dépassent le rôle prévu par leurs auteurs intellectuels et mettent le feu au monde. Les magnats européens et américains, dont les subventions généreuses accélèrent le triomphe du « socialisme national » allemand et italien, regretteront leur générosité. Mais leur résipiscence est fictive ; ils avaient misé sur un cheval perdant. Ils recouvrent leurs pertes et manigancent d'autres bains de sang au nom de la « sécurité nationale, » un vil euphémisme signifiant tout simplement la défense du capitalisme, des grandes entreprises, et de leurs actionnaires.

♦

Parmi ceux qui prennent part à la liquidation de la France sont des gros commerçants qui croient que l'heure d'une « Internationale Blanche » est arrivée et qu'un pacte avec Hitler et Mussolini protégera le pays contre la « menace rouge. » L'un d'eux, le parfumeur multimillionnaire, François Coty, déclare en 1934 dans un éditorial écrit en son nom par un nègre et intitulé, « *La France avant tout ! Unissez-vous avec Hitler contre le bolchevisme* » :

> « *Dénoncez les politiciens myopes et malavisés, et la secte malveillante anti-française qui alimente l'Internationale socio-financière et qui perfidement attribuent à Hitler et Mussolini une redoutable belligérance contre la France...* »

La secte malveillante à laquelle Coty fait allusion est composée de « youpins. » Nous payerons cher pour cette évocation en France et dans l'ensemble de l'Europe.

La France s'écroule. Les français résistent avec une vaillante imprudence ou alors ils collaborent avec l'ennemi, ils survivent bon gré, mal gré, et se protègent contre tout ce qui les prive de bifteck et frittes, vin et tabac. Chacun conçoit sa propre stratégie de survie, élabore sa tactique du jour selon son esprit, sa conscience ou ses convoitises. Le journaliste Alain Laubreaux écrit :

> « *J'accueille notre chute. Une victoire aurait causé un grand malheur à notre nation.* »

Ceux qui ne se tortillent pas de gêne envers cette sinistre rhétorique l'applaudissent. D'autres se font une raison : la défaite est un genre de châtiment divin cruel mais salutaire envers un peuple qui, depuis 1936, vénère l'hédonisme ou se soustrait à ses devoirs. Peu de français préconisent la Résistance. Un grand nombre, parmi eux des écrivains, artistes et comédiens célèbres, réchappent à l'occupation en se vautrant dans l'opulence et la splendeur, et, au cas échéant, en fraternisant avec l'ennemi. Tous trouveront les arguments justifiant une intimité honteuse avec les allemands qui, étant donné leur célébrité, ils auraient très bien pu ne pas cultiver. Entre ces extrêmes, la France tergiverse et lutte contre le chaos et l'incohérence. Gilles Ragache s'exclame :

« *Le pays était engourdi, rendu stupide.* »

En six semaines, plus de 100.000 français meurent sur les champs de bataille. Le double sont blessés. Tandis que la plupart des cinq millions de conscrits ne tirent pas un seul coup de feu et ne font face à un seul allemand, 500.000 subissent les épreuves les plus dures de la guerre. Leur sacrifice permet aux civils les plus indécis de fuir vers le sud.

On s'y attendait : la « sécurité nationale, » le principe fondamental et le cri de rassemblement de l'élite réactionnaire, incite les politicards de la droite à lancer des révisions quotidiennes qui représentent des amputations radicales sur la démocratie, notamment contre une presse indépendante qui adopte les causes libertaires et que l'on accuse de servir de porte-parole au « communisme. » La plupart de ces révisions sont orientées contre les Juifs.

Promulguée le 3 octobre 1940, une loi défend aux Juifs de détenir des fonctions publiques. Le jour suivant, un addendum autorise l'internement des « *youpins* étrangers. » En mars 1941, Xavier Vallat, un monarchiste qui se consacre à l'aryanisation de l'économie française, est nommé chef d'une commission chargée des « affaires Juives. » Il déclare avec le sang-froid d'un psychopathe que son antisémitisme « est aussi modéré qu'il est raisonné. » Il s'explique :

> « *Il y a un problème Juif partout où il y a trop* [sic] *de Juifs. Le Juif est parfaitement supportable à la dose homéopathique. Mais à partir d'un certain degré de saturation cet étranger est inévitablement dangereux parce qu'il est inassimilable, se considère comme nécessairement supérieur à ceux qui l'hospitalisent et prétend les commander.* »

En 1947, Vallat, un antisémite impénitent, est condamné à dix ans de prison. (On le relâche en 1949 et il reçoit l'amnistie en 1954. De 1962 à 1966 il est rédacteur du journal d'extrême droite, *Aspects de la France*).

Trois mois plus tard, deux nouveaux édits ferment les écoles de médecine et de droit aux Juifs. La licence des dentistes, pharmaciens, et sages-femmes Juives est révoquée. En mai 1942, les enfants, à partir de six ans, sont obligés d'afficher sur leurs manteaux une étoile de David jaune portant en lettres noires gothiques le mot « Juif. » En juillet la fréquentation des restaurants, cafés, théâtres, cinémas, salles de concerts, épiceries, piscines, plages, musées, bibliothèques, et événements sportifs sont interdits aux Juifs. En décembre, un nouveau décret ordonne les Juifs à avoir leurs cartes d'identité et d'alimentation tamponnées « *Juif.* »

◆

La débâcle et la retombée politique de la France produisent un vide et nourrissent un cynisme facilement exploité par les loupés, les opportunistes, et les petits escrocs qui n'ont rien à perdre en accolant les objectifs des allemands. L'un deux, Henri Lafont, jouera un rôle court et tragique sous l'occupation. Poussé par la gratitude, par le besoin d'expier ses crimes, par la pitié ... ou par prévoyance, Lafont sauvera la vie de mon père et sans doute la mienne et celle de ma mère. La France d'après-guerre s'entêtera, poussée par une hypocrisie moralisatrice et une cruelle malveillance, à juger cet altruisme d'un œil méfiant. Les détails de ce chapitre angoissant, comme on le verra plus loin dans ce récit, seront interprétés tout autrement — et sans préjudice contre mon père — par ses défenseurs les plus fidèles, ses camarades Résistants et maquisards.

93, RUE LAURISTON

Les changements de pouvoir réjouissent ceux qui croient avoir quelque chose à gagner, jusqu'au jour où ils s'aperçoivent qu'ils ont tout perdu.

La décision d'exterminer les Juifs par des déportations massives vers l'Est n'est pas encore prise au début de l'Occupation. Un premier document daté du 19 août 1940 propose l'expropriation et l'expulsion des Juifs en zone occupée. Une ordonnance du 27 Septembre désigne les Juifs « membres d'une secte religieuse, » non pas d'une race. Deux mois plus tard, les chefs d'entreprise Juifs sont limogés et remplacés par des « substituts aryens. » Plus de 80% des revenus acquis par les sociétés Juives sont saisis.

Les français veulent apaiser les occupants. Ils créent des liens sociaux, commerciaux, et romantiques. Ils ouvrent des restaurants exclusifs et des bordels de luxe. Ils forment des milices pronazies et anti-Juives, et recrutent des brutes qui se font un plaisir de servir les allemands. Le zèle du gouvernement et l'enthousiasme avec lequel le petit bourgeois soutient la mission d'Hitler en échange de sa tutelle, mènent à un remarquable degré de complaisance et d'accommodement. Cette débauche ouvre une porte béante aux débrouillards.

◆

Les âmes à vendre qui n'ont pas d'acheteurs sont les premières à bafouer celles qui ont des acheteurs mais qui ne se vendent pas.

Henri Chamberlin « Lafont » a 45 ans. Il souffre d'un stage avancé de syphilis quand mon père l'examine. Dit « bel homme »—il a plutôt une gueule de boxeur amoché, de forçat— arnaqueur charismatique et maquereau à temps partiel, Lafont est recommandé par une connaissance mutuelle, Aristide (Titi) Babin, un brigadier affecté à la Préfecture de Police où la sœur de

Jeu de Rôle

Lafont tient un snack-bar. Mon père, stagiaire à la Salpêtrière, gagne quelques sous en auscultant les flics et en faisant des examens d'urine et des prises de sang.

Orphelin de père à onze ans, abandonné par sa mère peu après, Lafont connaît une enfance malheureuse. Il vit de larcins et se retrouve dans une maison de correction, un sort qui loin de le réhabiliter, l'endurci, l'aigri. Il fait son service militaire sans incident. Renvoyé à la vie civile, il vole, il fait la prison, puis le bagne à Cayenne, d'où il s'évade. Plusieurs fois condamné pour vol et abus de confiance, interdit de séjour, il réussit sous un alias à monter un commerce et devient un mécène de la police. Son identité est découverte en 1940. Écroué puis libéré à l'Occupation, il se met au service des allemands. Il se rend peu à peu indispensable à la Gestapo, au début comme indicateur, ensuite comme chef d'équipe. Il s'installe rue Lauriston et monte un cartel composé de malfaiteurs qu'il fait libérer de prison. En 1941, il s'associe à l'ex-inspecteur de police Pierre Bonny, celui que le ministre Henri Cheron avait appelé « le meilleur policier de France. » L'équipe Bonny-Lafont, dont les forfaits sont mémorisés sur une plaque qui orne la façade du 93, rue Lauriston, vit graviter autour d'elle un étrange univers de débauchés, de psychopathes, de putains, et de proxénètes. Elle fait le marché noir, le trafic d'or et de bijoux volés aux Juifs. Elle procède à de vastes pillages.

Travaillant de près avec la Gestapo, Lafont et Bonny transforment leur siège de la rue Lauriston et de la Place des États Unis en chambres de torture. Leurs acolytes commettent des meurtres crapuleux, ils font chanter les personnes traquées, et font la chasse aux Résistants. Jacques Delarue *(Histoire de la Gestapo,* Fayard, 1962) écrit :

« *Ces criminels utilisaient les sévices corporels comme méthode d'interrogatoire et profitaient de l'immunité que leur conférait leur ausweis* [laissez-passer] *spécial et leur permis de port d'arme, pour commettre d'innombrable délits : vols au cours de perquisitions, fausses perquisitions aux domiciles de personnes riches, trafic de toutes sortes. »*

Pascal Ory (*Les collaborateurs*, Le Seuil, 1976) signale qu'à son zénith,

« *Monsieur Henri roulera en Bentley, s'entourera d'orchidées et de comtesses, et ses derniers mots seront hantés de rêves mégalomaniaques caractérisés.* »

Grâce à la tactique qui consiste à « mouiller » les gens, aux générosités intéressées, à leur fortune, au charlatanisme de Lafont, et à la sympathie qu'il pouvait inspirer, les deux complices cultivèrent des relations partout, même avec des hautes personnalités. Plusieurs les courtisaient pour faire sauter des amis de prison. Car les scélérats interrompaient parfois leurs forfaits afin de rendre des services, ce qui lui assurait des tolérances ou des soutiens.

◆

L'état de Lafont est sérieux. Des doses massives de sulfate, remède en vogue à l'époque, et des soins homéopathiques d'une honnêteté et efficacité douteuses, ne font rien pour empêcher une lésion primaire presque guérie quand il se rend chez mon père d'envahir son appareil circulatoire et de déclencher une infection secondaire. Mon père loue un microscope, détecte la présence de longs filaments, les spirochètes, qui confirment la terrible maladie et qui menacent de compromettre le cerveau et de créer des épouvantables ravages neurologiques. Il a fallu un acte de foi de la part de mon père, et quelques millions d'unités de pénicilline dans les fesses de Lafont, une fois par semaine pendant un ou deux mois, pour le déclarer hors-danger. L'antibiotique avait été découvert en 1928, huit ans avant que mon père reçoive son diplôme médical. Le mercure et l'arsenic étaient encore très populaires et la cure-miracle de Flemming n'était pas répandue en Europe. Mon père me dira qu'il avait pris des risques avec un traitement jugé « exotique » par un grand nombre de ses confrères.

— Je n'oublierai jamais ce que vous avez fait pour moi, jure Lafont.

— Il chialait comme un bambin. Je l'ai supplié d'être plus prudent, de ne pas fourrer sa queue n'importe où sans prendre de précautions. Il a ri, me serra très fort dans ses bras et déclara, Docteur, demandez-moi n'importe quoi, je suis à vous. J'étais ému mais je me suis très vite rendu compte que son exubérance était celle d'un homme auquel on avait accordé un sursis. Ni lui, ni moi n'aurions pu imaginer, quand nous nous quittâmes, le sort qui l'attendait. En le sauvant d'un bourreau, je l'avais livré à un autre.

Mon père ne reverra Lafont qu'une seule fois. Lafont l'avait invité chez lui pour fêter l'anniversaire de Babin.

— Son appartement grouillait de belles putes, de voyous tirés aux quatre épingles, et de toute la flicaille qu'un pot-de-vin peut suborner. Je ne le reverrai que cinq ans plus tard dans des circonstances bien moins festives. C'est à travers Babin que je pris connaissance de sa nouvelle vocation.

♦

Paris est écrasé et les allemands tiennent les français par la gorge ; les bonnes occasions se multiplient pour les filous, les collabos, et les aventuriers. La « Gestapo auxiliaire, » dont les principales occupations sont le marché noir et le lessivage de devises, recrute des racketeurs, des gendarmes, et des espions. Des détenus sont clandestinement libérés de prison et chargés de mettre en vigueur la loi de la pègre.

Alléchés par l'odeur de l'argent facile, un nombre de Juifs, parmi eux les anciens chiffonniers et futurs multimillionnaires,

Joanovici et Szkolnikoff (le dernier fut assassiné en Espagne après la Libération), vont travailler pour Otto Brandel, an agent de l'Amiral Franz Wilhelm Canaris, chef des services secrets allemands (l'Abwehr). Ils participent à des combines qui produisent plus de quarante milliards d'anciens francs. Canaris conspire contre Hitler ; il est exécuté en 1945, quelques mois avant la fin de la guerre. Pendu la première fois juste suffisamment pour saisir le « goût de la mort » et une deuxième fois définitivement, il aurait été transpercé et suspendu à travers sa poitrine par un grappin de boucher.

Le mariage entre le commerce et l'espionnage devient si rentable qu'une douzaine de « bureaux » surgissent un peu partout dans les quartiers cossus de la capitale. Après la guerre, l'espion belge, George Delfanne, nommé Masuy, avoue pendant son procès que « *l'idée de m'enrichir en exploitant la situation ne m'est pas venue tout de suite à l'esprit. Je me suis laissé attirer au fur et à mesure que les bonnes occasions se présentèrent.* » Bientôt, un tas de marchands, de banquiers, et de courtiers frappent à sa porte et font l'antichambre du matin jusqu'au soir. Le manager de l'Hôtel Claridge propose à Masuy une combine : vendre dix tonnes de grains de café vert escamotées.

Le Général Karl Heinrich Von Stülpnagel donne l'ordre à Masuy d'écraser les premiers réseaux de la Résistance. Plus de deux mille personnes sont interrogées dans son bureau, avenue Henri-Martin. Les interrogatoires sont suivis d'une forme de torture inventée pas un médecin russe, « l'épreuve de la baignoire. » Le supplice connaîtra une infâme résurrection dans les chambres de tortures américaines — le *waterboarding*.

Masuy se vante : « *Appliquée par les russes, cette méthode est grossière et barbare. Dans nos mains elle devient un outil de psychologie. Vous ne vous rendez pas compte combien la peur d'être torturé délie les langues et rend la torture inutile...* » Grâce aux renseignements de Masuy les allemands réussissent à confisquer cinquante-quatre émetteurs de radio et vingt tonnes d'armes, et de détruire au moins sept réseaux de Résistants, parmi eux — ce qui comblera le Maréchal Philippe Pétain de joie — dix francs-maçons. Il déclare :

— Un Juif n'est pas responsable de sa naissance. Un franc-maçon l'est ; il choisit consciemment.

Les saisies affaiblissent la Résistance.

♦

Masuy est surnommé « l'ennemi le plus implacable de la Résistance, » mais c'est la bande de tueurs de Lafont qui sème la terreur. Décrit par la presse française d'après-guerre comme un « voyou pittoresque, » Lafont s'échappe de prison avec plusieurs agents allemands et un groupe de délinquants recrutés par l'Abwehr durant leur réclusion. Lafont demande et reçoit la mise en liberté de vingt-deux détenus de la prison de Fresnes, dans la banlieue parisienne. Il s'installe dans un bel appartement au 93, rue Lauriston. Il porte maintenant les gallons d'argent d'un capitaine SS. Il se spécialise dans le rapt, la torture et, en cas de besoin, l'assassinat. L'équipe Lafont est responsable pour la dissolution d'un réseau de la Résistance et, plus tard, l'enlèvement de Geneviève De Gaulle, la nièce du général. Cette dernière est dénoncée par un collègue d'école pour 100.000 francs.

Accompagné de ses fidèles disciples, parmi eux le footballeur Villaplane, et soutenu par un détachement de tueurs-à-gage algériens, Lafont organise des raids audacieux contre le Maquis, le dispositif de saboteurs qui recrutera bientôt mon père.

Peu après la Libération en 1945, Lafont est livré à la police par son fidèle associé, Joanovici. Ce dernier réussi à se dépêtrer, est mis en liberté et continue à jouir sans entraves les fruits de ses escroqueries. Un grand nombre « d'imbéciles fanatiques » dont les mains étaient couvertes de sang pendant l'Occupation sont alignés contre un mur et criblés de balles pour avoir obéi aux « ordres. » Henri Lafont est exécuté pour les avoir donnés. Il refuse le bandeau et demande que « le soleil brille sur mon visage jusqu'à la fin. » Il prie le peloton de « bien viser. Donnez-moi une mort rapide et sans souffrance. » Un témoin remarque :

— Même un vaurien sait mourir comme un héros. »

Les hommes peuvent négocier n'importe quoi sauf leur passé.

HABACUC ET L'ÉCOLIER

Un don pour les langues est le tribut des peuples vaincus.

Rien ne transforme les hommes en polyglottes comme la guerre, l'annexion, la colonisation, les déportations, l'exode. Né à Sighet, en Transylvanie, une province réclamée et revendiquée selon les conflits du moment par les duchés et les principautés austro-hongrois, mon père maîtrise le roumain, le magyar, et le yiddish dès sa naissance. Il comprend l'hébreu, pratiqué tous les jours à la *héder* et pendant les prières, ainsi que l'allemand, enseigné à l'école publique et parlé par une minorité ethnique allemande qui considère les autres idiomes indignes d'être étudiés. Il apprendra le français et l'anglais mais c'est le yiddish, la riche garniture d'hébreu et d'allemand moyenâgeux, sa résonnance, ses inflexions, et sa vive imagerie qu'il apprécie le plus.

— Le yiddish est le langage des légendes et des épigrammes pittoresques. Dans sa tonalité, j'entends les douces berceuses de ma mère, les propos vifs, les réflexions habiles, les répliques bien envoyées, les boutades taquines, et les mots d'amour si pleins de tendresse qu'ils éloignent toute trace de rancune et sèchent les larmes les plus amères. Le yiddish a un « son, » un fumet, un goût sur la langue et au fond du gosier, un timbre que je ne retrouve dans aucune autre langue. Ce dialecte a aussi le génie du blasphème adroit :

Que tes vœux ne se réalisent que quand tu ne pourras plus en profiter !

Ou du reproche accablant :

Quand on veut à tout prix salir quelque chose, on peut salir même Dieu.

♦

Si les souvenirs de mon père seront imprégnés de nostalgie, il fut prudent de ne pas s'extasier sur son enfance. Son père n'avait pas la bosse du commerce ; la famille vivotait.

— Il n'avait pas de profession. Il tenait un petit débit, il fabriquait des bougies mais ce travail le gênait. Il passait de longues heures à la synagogue, le nez enfoui dans ses livres sacrés, la Torah, le Talmud, la Kabbale. Ou alors il errait en ville, pensif et affublé de costumes achetés à crédit et rarement réglés. Nous étions neuf dans une maisonnette de quatre pièces, deux adultes et sept bouches affamées, sept enfants qui ne cessaient de grandir, sept paires de pieds à chausser, des rubans et jupons pour les filles, Helen, Malku et Lilli, des pantalons, redingotes, et châles de prière pour les garçons — Yosi, Favish, Leibi et moi. Faute de mieux, nous consommions beaucoup de pommes de terre : soupe le matin, galettes salées ou enduites de confiture de prune à midi. Le soir on dévorait des épaisses tranches de pain noir badigeonnées d'oignons frits et de *schmaltz* — graisse de volaille fondue. La viande était chère ; nous en mangions rarement. Je ne me souviens pas avoir été rassasié à la fin d'un repas.

Cuirassé contre le monde profane, égaré dans un univers d'abstractions inscrutables et de mysticisme, soutenu par un régime assommant de prières et de rituels religieux, le père de mon père paraissait insensible au désespoir de sa famille. Sa femme et ses enfants subirent les pénuries et les déceptions avec un stoïcisme et une docilité qui faisait mon père pleurer de rage.

— Pourquoi te laisses-tu faire, Maman ?

— Tais-toi, mon fils. La vie c'est comme ça. Il faut accepter son sort. Nous sommes dans les mains du Seigneur. Ne t'en fais pas. Tout ira mieux, tu verras.

C'était peu après sa bar-mitsvah que mon père, en un instant d'insoumission, coupa ses *peyes,* les bouclettes de cheveux qui garnissaient ses tempes depuis son enfance, répudia le fatalisme de sa mère, rejeta le concept de la prédestination, renonça à un Dieu dont il doutait déjà l'existence, et affronta les obstacles insurmontables de la jeunesse et d'un antisémitisme enraciné et omniprésent. C'est à cette époque qu'il décida de devenir médecin, « afin de traiter les maux manifestes de l'homme et arracher ma famille des serres de la pauvreté. » Mon père me dira plus tard que ce n'était pas une question de reconnaissance filiale :

— Les enfants ne doivent rien à leurs parents ; ils n'ont pas demandé de naître ; je réagissais avec colère envers l'absurdité Sisyphéenne de la vie. Indomptable et bagarreur, incorruptible et trempé d'une volonté d'airain, il passera le restant de sa vie à affronter l'intolérance, à dénoncer l'hypocrisie et l'injustice. Ces joutes le tiendraient dans un état permanent d'inquiétude et d'amertume envers ceux dans lesquels il avait mis sa confiance. Quand il mourut en 1987 à l'âge de quatre-vingt-trois ans, veuf depuis quatorze ans, le père qui m'avait enjoint de ne jamais capituler, était devenu une épave, un misanthrope, un ermite rongé par la mélancolie et la désillusion.

♦

Un jour, à Sighet, en rentrant chez lui après avoir fait des courses, mon père surprit un collégien en train de malmener un garçonnet qu'il avait coincé contre un mur tandis qu'il tirait sur ses bouclettes avec tant de force que le petit hurlait de douleur. Prenant plaisir du mal qu'il infligeait, le collégien tira plus fort et cracha sur lui.

— Ordure, sale youpin ! Ça t'apprendra à circuler sur mon trottoir. Je devrais frotter ton nez de vautour dans le cul d'une truie. Toi et ta race infecte, vous méritez d'être supprimés.

— J'ai vu de toutes les couleurs, et ensuite je n'ai plus rien vu tant mes larmes m'aveuglaient. Je sentais mon sang bouillonner dans mes veines et bien qu'il soit plus grand et sûrement plus fort que moi, je fis pleuvoir sur lui une rafale de poings, de pieds, et de coudes qui l'étalèrent, saignant, dans le caniveau, tout prêt d'un gros tas de fumier. Le petit a huit ou neuf ans. Il tremble de peur.

— Je l'époussette et sèche ses joues avec mon mouchoir. Je lui demande ce qu'il aurait pu faire pour mériter une telle volée.

— Je rentrais chez moi après la *héder* tout en lisant un passage difficile que le *Rebbe* veut que j'apprenne par cœur. Je n'ai pas vu *domnu* (« monsieur » en roumain) et je me suis heurté contre lui sans le vouloir.

— *Domnu* ne t'embêtera jamais plus, je le jure.

— Vous croyez, demande le garçonnet tout en regardant son persécuteur avec épouvante.

— J'en suis sûr. Rentre chez toi. A propos, quel est le passage que tu dois apprendre ?

— Le prophète Habacuc, premier chapitre, versets huit et neuf :

« *Ses chevaux sont plus rapides que les léopards, plus agiles que les loups du soir, et ses cavaliers s'avancent avec orgueil ; ses cavaliers arrivent de loin, ils volent comme l'aigle qui fond sur sa proie. Tout ce peuple vient pour se livrer au pillage ; ses regards avides se portent en avant. Et il assemble des prisonniers comme du sable.* »

Mon père n'oubliera ni l'incident ni la prophétie, mais il lui faudra quinze ans pour saisir la portée de son surréalisme oraculaire, de ses allusions apocalyptiques.

Le jour suivant le directeur du lycée convoque mon père.

— Tu as failli le tuer, Ari.

— Il l'a voulu.

— Peut-être. En tout cas il est à l'hôpital. Tu lui as brisé le nez ; sa mâchoire est disloquée, un de ses tympans est perforé, et ses couilles sont en compote…

— Vraiment ? Et alors ?

— Et alors, figures-toi que son père est le Colonel Petrescu, le gouverneur militaire. Il prétend que tu as agressé son fils sans provocation. Il exige qu'on te renvoie. Je n'y peux rien. On ne badine pas avec le colonel.

— Je l'emmerde.

— Je fais ça à contrecœur, avec tristesse. Tu es un de mes meilleurs élèves. J'ai réussi à te faire transférer au lycée de Cluj, si toutefois tu parviens à gérer ta colère et cesses de jouer les preux.

— Mais, monsieur le directeur, vous ne comprenez pas… Capables de tendresse, les yeux bleu pâle de mon père pouvaient aussi s'embraser. Il ne tolérait ni les mensonges ni les explications absurdes. Une fois fixés sur eux, peu de gens supportaient son regard désarmant. Il aurait fait un mauvais politicien. Le directeur, un homme séant et aimable, ne se laissa pas dévisager.

— Non, Ari. Je regrette mais ma décision est prise. Justifier un mal a tendance à créer d'autres injustices. Laisse tomber. Oublie. Bonne chance.

Ils s'embrassèrent et se dirent adieu.

Quand mon père rentra chez lui et raconta à sa mère ce qui c'était passé, « elle martela sa poitrine, lança ses bras en l'air, et regarda d'un air suppliant le plafond, là où on cherche Dieu quand on a soudainement besoin de lui — pour le glorifier ou le maudire. »

— Cluj, Cluj, elle balbutia, c'est un autre monde.

— Un très petit monde à quelques kilomètres de Sighet. Ce n'est pas la mer à boire, *mamale*. Je te rendrai visite aussi souvent que possible. Ne te fais pas de mauvais sang.

— Mais comment vas-tu vivre, où vas-tu dormir ? On ne connaît personne à Cluj. Comment vas-tu te nourrir ? Qui repassera tes chemises ?

— Le directeur m'a réservé une petite chambre à l'école en échange de quelques services. Le dîner est inclus.

— Qu'en pensera *tatale* ?

Il paraît que *tatale* prit les choses avec un fatalisme éclairé. D'après mon père, il se sentit soulagé d'apprendre qu'il aurait une bouche de moins à nourrir.

Puisque Dieu permet aux hommes de nier son existence, c'est qu'il a l'esprit démocratique ou qu'il n'existe pas.

Deux ans plus tard, mon père obtient son bachot. Il s'inscrit et est accepté à l'école de médecine de Prague. Tel qu'il l'avait fait pendant le lycée pour subvenir à ses besoins, il travaille « pour les cours, les livres, deux repas chiches par jour et une chambre de bonne minuscule dépourvue de fenêtre et empestée de punaises. » La collation du soir est prise au lit, « en étudiant et en attendant que le sommeil calme la faim. »

Mal à l'aise avec l'allemand, la langue dans laquelle les cours de médecine sont offerts, il obtient un transfert à la Faculté de Médecine de Paris pour l'année suivante et rentre à Sighet pour passer l'été au sein de sa famille.

— Cet automne, à la gare, *tatale* m'offrit une paire de phylactères neufs, une calotte brodée argent, et un châle de prière blanc et bleu.

Jeu de Rôle

— Il ne faut pas aborder le jour avant de faire appel au Seigneur, *tatale* dit à mon père en tapotant sa joue, un regard mortifié animant ses grands yeux bleus. Ma mère me donne un sac plein de sandwiches, de galettes, et de fruits. Elle me serre très fort dans ses bras et murmure, « il ne faut pas aborder le Seigneur quand on a l'estomac vide... »

« DRÔLES DE JUIFS »

**L'athée vit dans la certitude,
le croyant dans un doute plein de promesses.**

Le Paris carte-postale que mon père avait convoité depuis son enfance s'étale devant lui comme une séduisante paire de cuisses, exposant ses trésors et prodiguant des jouissances inimaginables. Prague lui avait donné un avant-goût de la grande ville mais Prague, belle à regarder, avait un tempérament Prusse dépourvu de frivolité. Sublime et profane, raffinée et sensuelle, Paris le séduit aussitôt. Cette idylle, hédoniste pendant sa jeunesse, soutenue par les souvenirs et la nostalgie, dure toute sa vie. Il meurt « en exil à Babylone » — New York — une ville qu'il compare aux Temps Modernes de Chaplin « assourdissante, agitée, insomniaque, une machine à mouvement perpétuel incapable de susciter la moindre intimité. C'est un endroit formidable si on a vingt ans, de l'acide dans les artères, et des transistors au lieu de nerfs. »

Plaisirs remis, plaisirs augmentés.

L'érotisme sous-entendu de cet aphorisme évoque pour mon père une corne d'abondance et de délices. Paris est une séductrice irrésistible mais son chant de sirène, dans l'intérêt de ses études médicales, sera pendant un temps mis en sourdine. Contraint de travailler, il gagne ce qu'il peut. Deux fois par semaine, il est garçon d'ascenseur de nuit dans un hôtel cossu du 16ème arrondissement. Le matin il est plongeur dans la cuisine de l'hôtel en échange d'un petit déjeuner et d'un bain chaud. Une fois par mois il vend son sang. Entre les classes d'anatomie et de biologie, il est répétiteur à domicile ; il décharge des camions aux Halles ; il entraîne des malheureux qui se croient boxeurs dans un gymnase qui pue la bière, le pipi, et la sueur, et où les rêves de gloire dans le ring sont récompensés par la défaite, le défigurement, l'hébètement, la démence, la misère, et la mort prématurée.

Il se fait figurant et décroche un rôle quelconque dans un film d'époque. Il porte « une tenue crasseuse et une perruque poudrée si vieille, galeuse et puante qu'elle a sûrement appartenu au Roi Soleil. » Il n'avait pas de rôle parlant mais il joua plusieurs personnages dans des scènes diverses dont une le voyait « à cheval parmi d'autres gradés de cavalerie. Ma monture, une mule incontinente aux jambes arquées, se faisait un plaisir de me desseller et je me suis souvent retrouvé dans un tas de merde. J'ai finalement demandé d'être transféré à un peloton d'infanterie. Dans une des nombreuses scènes de bataille filmées en gros plan, je devais mettre fin à l'agonie d'un fantassin Hesse d'un coup de baïonnette. La lame escamotable était enrayée et j'aurais mis le pauvre bougre en brochette si l'épaisse ceinture cloutée qui cernait sa poitrine n'avait pas absorbée mes coups. Dans une autre scène, mortellement blessé, je devais serrer mon cœur et tomber en arrière. Le régisseur trouva mon mimétisme peu convaincant et me fit mourir plusieurs fois de suite. À la fin du tournage et pendant quelques jours, j'avais mal un peu partout. Je n'ai jamais vu le film. »

Je n'oublierai pas cet aparté. Proféré sans simulacre ou arrière-pensée, il m'avait paru d'une grande richesse métaphorique : La vie, n'est-elle qu'une mise en scène ? Sommes-nous les décombres défigurés de l'imagination d'autrui ? Imaginez le personnage d'un roman qui, une fois pourvu de forme, de substance, d'émotions, de volonté, de convoitises, et de souvenances imaginaires, intente un procès contre l'auteur pour l'avoir frivolement conçu, pour lui avoir causé de la peine en le créant imparfait, car l'imperfection est l'apanage de l'homme, pour l'avoir extirpé du néant de son inexistence et l'avoir engendré capable de rêves irréalisables.

Je n'en ai jamais parlé avec mon père. Il considérait ce genre de galipettes frivoles et inutiles.

— Vous avez grandement besoin de vous dégourdir les jambes, il avise quelqu'un qui l'emmerde avec des suppositions cagneuses—il les appelle des *suppositoires*. Ça vous évitera de trop fatiguer vos méninges. Promenez-vous le long de la Seine. Vous y découvrirez une architecture ravissante, vous croiserez des belles femmes, et vous prendrez conscience des vertus de la symétrie. La symétrie, c'est tout. Elle réjouit. Elle rachète.

Les suites d'un tel sarcasme inciteront la rancune, suivie de mésententes qui empoisonneront le restant de ses jours. J'ai hérité (ou l'ai-je adoptée par égard ?) l'irrévérence de mon père et, comme lui, j'en payerai le prix. La franchise et la spontanéité, contraires à l'hypocrisie et à la discrétion, s'avéreront tragiques dans mon cas. Elles me coûteront des amitiés, des liens de famille, des perspectives de travail. À plusieurs reprises elles susciteront des menaces de mort.

♦

Le 13 mai 1936, avec l'assentiment de ses professeurs et les compliments de la Faculté de Médecine de Paris pour sa thèse, *Contributions à l'étude du Cancer du Sein chez l'Homm*e, mon père, Armin Gutman, âgé de trente-trois ans, le fils aîné d'un petit fabricant de bougies de Sighet, devient le Docteur Armin Gutman. Muni de son diplôme, il rentre en Roumanie pour quelques semaines de vacances. Il visite Bucarest. On le présente à ma mère, une brunette aux yeux couleur de noisette, aux traits art-déco, et à la nature douce, quatorze ans sa cadette. Ils se marient en Septembre et partent pour Paris peu après. Je naîtrai un an plus tard.

♦

Si mon père avait depuis longtemps abandonné tout simulacre religieux — un processus accéléré par les irrésistibles envoûtements de Paris et attisé dans les cendres de l'Holocauste — il se considère foncièrement Juif. Cette constatation, un vestige de l'atavisme et des conséquences indélébiles d'une formation Juive orthodoxe, est entièrement profane et dénuée de mysticisme. Il s'accepte comme on accepte d'avoir les yeux verts ou les pieds plats. Un raseur lui demande :

— Êtes-vous fier d'être Juif ?

— Je ne suis fier que de mes exploits. Je n'ai honte que de mes échecs. J'accorde le reste, y compris le droit aux crétins de me poser des questions saugrenues.

Bien que livré des croyances et du zèle religieux de son enfance, mon père trouva le milieu Juif factice dans lequel ma mère était née bizarre, sinon grotesque. Bucarest, une enclave raffinée et de culture latine dans une région inondée d'influences allemande, hongroise, slave, tzigane, et turque, était à des années-lumière écartée de la provinciale Sighet. Les Juifs de Sighet constituaient un noyau monolithique et homogène. Ceux de Bucarest étaient divisés, hétérogènes, ceints par leurs attitudes et conventions religieuses, par leur éducation, profession, et rang social. Cultivée et prospère — mon grand-père maternel était un juriste, ingénieur chez Siemens, et poète ; sa femme une dame instruite et pleine d'esprit ; son fils un jeune avocat doué — la famille que mon père adopta en épousant ma mère était d'un tout autre monde. Délestés de tout accoutrement Juif, peut-être pour se défendre contre un antisémitisme enraciné, peut-être parce que le conformisme et l'ascension sociale tenaient plus d'importance que la survie d'une identité ethnique et spirituelle, ils formaient un contraste marqué avec le Juif campagnard que mon père ne cessera d'être.

♦

La famille de ma grand-mère maternelle s'était assimilée très tôt. Née dans un ménage de la haute classe moyenne à Iasi, la capitale de la Moldavie, elle fut élevée, comme le sera ma mère, par les Sœurs de Notre Dame, un ordre enseignant allemand reconnu pour son programme astreignant et la sévérité de son système disciplinaire.

— Elles étaient méchantes, ma mère se souviendrait ; ma grand-mère confirma les dires de sa fille : Elles semblaient éprouver un plaisir cruel à frapper nos doigts avec une règle en métal pour la moindre infraction. Si nous ne nous tenions pas bien droites à nos pupitres, elles nous arrosaient de vilenies. Et si en croisant nos jambes nous avions le malheur d'exposer un mollet, elles nous obligeaient de nous mettre à genou dans le préau devant les autres élèves. Il était interdit d'éternuer, un acte qu'elles considéraient « grossier » en bonne société. Cette ordonnance fut si brutalement mise en rigueur que ma mère, jusqu'à sa mort, étouffera ses éternuements.

◆

Malgré ses airs courtois, Iasi a un long passé antisémite. Les Juifs avaient toujours servi de cible aux hostilités populaires. On les soupçonnait de traîtrise, on les accusait de fomenter des luttes intestines, on se méfiait de leur érudition, on en voulait à leur aisance, et on redoutait leur influence dans une ville considérée comme le deuxième centre chrétien en Roumanie. Un honneur national meurtri et des revers économiques trouveront un remède pratique contre les Juifs, d'abord par les diffamations, ensuite par la violence. L'université d'Iasi, la plus ancienne en Roumanie et, par imbrication, toutes les institutions pédagogiques sous son intendance, favorisent cette tradition. Un de ses illustres anciens élèves, le « Capitaine » Corneliu Codreanu, se proclame le sauveur de la Roumanie contre le « fléau Juif » et fonde la Légion de l'Archange Michel — le précurseur de la sinistre Garde de Fer. Stimulé par le succès du fascisme dans les années 1920-30 et furieux d'avoir perdu des territoires sous le traité russo-allemand de 1939, Codreanu et ses larbins hissent « l'amour de la patrie » vers de nouveaux sommets de ferveur anti-Juive.

En Juillet 1940 des soldats roumains massacrent cinquante Juifs dans la ville de Dorohoi, au nord de Iasi, parmi eux cinq enfants. Six mois plus tard, la Garde de Fer assassine cent-vingt-cinq Juifs à Bucarest et les empalent sur des gros crochets à viande. On ne s'étonnera pas si la plupart des Juifs roumains, y compris la famille de ma mère, adoptent, sans pour cela les promouvoir, les accoutrements du Christianisme.

♦

Ce qui manque chez la famille de ma mère de zèle religieux est équilibré par un curieux mélange d'idolâtrie, de parodies de liturgie chrétienne, et de protocoles Juifs corrompus, ainsi que par des excursions clandestines vers la divination et la géomancie. Ils visitent des églises « pour s'inspirer, » mais ne mettent jamais les pieds dans les synagogues, ils se croisent, achètent et ornent des arbres de Noël, et organisent des dîners de Pacques pendant lesquels des œufs à la coque délicatement décorés sont ensuite fêlés, trempés dans de l'eau salée et grignotés en souvenir de la « résurrection » du Christ.

— À leur manière, mon père racontait, ces drôles de Juifs jeûnaient le jour de Yom Kippour mais buvaient de grandes quantités de café turc, fumaient à la chaîne des cigarettes aromatiques, et consultait le Tarot. À Pessah ils prenaient part à des *seders* où l'on servait du pain *et* du pain azyme, vraisemblablement afin de mieux pousser des médaillons de porc et des queues de langouste sur leurs fourchettes.

Mise en évidence pour toute éventualité sous un crucifix en ivoire, et partageant les honneurs avec une vieille icône russe, une statuette de Saint Antoine ornait la tablette de cheminée, prête à porter secours en cas d'urgence. S'il fallait recouvrer un objet perdu, et à condition qu'il fût égaré sur les lieux, la besogne était confiée à un verre en cristal retourné et posé sur un carré de dentelle.

> ***Quand ils ont le courage d'affronter le diable, les hommes brûlent les sorcières ; quand ils le craignent, ils se tournent vers la sorcellerie.***

La superstition semblait dominer leur existence. D'innombrables règles prévenaient tout un assortiment de malheurs. On s'en protégeait en récitant des formules occultes et ayant recours à des sortilèges. C'est en se soumettant à des tabous draconiens qu'on pouvait s'assurer la bénédiction d'une douzaine d'esprits invisibles et tout-puissants : Touchez du bois avant de fêter une bonne nouvelle ; crachez trois fois avant d'admirer un bel enfant pour en éloigner le « mauvais œil. » La défiance ou le manque de précautions pouvaient déclencher des influences néfastes : « Brisez un miroir et sept ans de malheur vous devancent. N'offrez jamais du savon ou un objet tranchant ; posez-le d'abord sur une surface neutre. Qui se mord la langue s'apprête à dire un mensonge. Si ton oreille gauche te démange, quelqu'un parle de toi ; si c'est l'oreille droite, tu recevras des nouvelles de très loin. Un picotement au nez présage une querelle. »

— Et si ton cul te démange, mon père ajoutait, tu as soit des hémorroïdes ou des vers ; on guérit ça bien plus facilement que vos fétichismes saugrenus.

Tout le monde fait semblant de rire mais quand le rire se calme, ma grand-mère ou mon oncle gronde mon père pour s'être moqué « de puissances cosmiques et de conventions au-delà de ses facultés. » L'usage spontané d'expressions familières en Yiddish éveille des regards mortifiés parmi ceux qui considèrent cette langue « dissonante et vulgaire. » On l'implore de ne pas s'en servir « en société » et on l'implore de ne pas écouter la musique liturgique Juive — le *hazzanût* — qu'il aime comme un enfant aime les contes de fées et les berceuses. Il obéit à ces ignobles injonctions par amour pour ma mère mais il éprouve de la rancune et ne les oubliera pas. La naissance de l'État d'Israël des cendres de l'Holocauste infusera la famille de ma mère d'un nouveau sentiment d'identité Juive qui durera, avec quelques superstitions insurmontables, le restant de leur vie.

LE VAUTOUR ET MARIANNE

**Si tu refuses de coucher avec Messaline, elle fera tomber ta tête ;
si tu acceptes, c'est Claude qui la coupera.**

Sa conscience talée, son âme mutilée, Paris tombe avec un empressement frôlant la hâte. La reddition invite la complaisance, elle encourage la collaboration, les accommodements, la finasserie. Beaucoup de parisiens se jettent dans les bras de l'ennemi, certains à contre cœur. D'autres font preuve d'un enthousiasme affiché envers lui. Les énergies et ressources qu'on aurait dû réunir pour freiner l'occupation, à voire provisoirement, sont prodiguées afin d'assurer la clémence des allemands. Les cyniques ont proposé que si les français avaient vraiment cru ou agit conformément à l'image d'hardiesse et d'invincibilité que leur histoire avait si tenacement promue, ils auraient repoussé les allemands ou ils les auraient noyés dans une mer de sang français. La défaite expose le mythe et met en relief une France abattue et pusillanime.

« La solidarité s'achève, » Aldous Huxley propose dans sa dystopie satirique, *Ape and Essence*, « soit en faisant face résolument à un ennemi externe, ou en disposant d'une minorité opprimée au sein de votre société. » L'ennemi externe fait irruption et s'insère, encouragé par des renégats et profiteurs. Tolérée à peine, bien que déjà victime d'une forme d'outrances subtiles, la minorité devient très vite l'objet d'un complot néfaste consacré à son extinction.

> « *Vous savez, je n'ai jamais été antisémite. J'ai été en opposition absolue avec Hitler. C'est à ce sujet que j'ai eu une terrible discussion avec lui en 1941. Je lui ai dit que c'était une erreur de dresser la Juiverie mondiale contre nous. C'était comme si nous avions une quatrième puissance mondiale contre nous : l'Angleterre, la France, la Russie et les Juifs.* »
> **—Joachim Von Ribbentrop au procès de Nuremberg.**

Au début on attaque les synagogues et centres d'études Juives. Les allemands accusent les Juifs de se faire la publicité en pillant et brûlant leurs propres maisons de prière, quoique les services de renseignement allemands confirment que ces agressions sont commises par des provocateurs français — avec la bénédiction de la Kommandantur.

Deux Juifs berlinois, Wilhelm Biberstein et Leo Israélovicz, préposés d'un détachement allemand dont la mission est de « résoudre le problème juif, » parviennent à convaincre des organismes Juifs à joindre leurs biens et centraliser leurs activités afin de « faciliter un dialogue avec l'état-major allemand. » En même temps, Biberstein et Israélovicz aident la police française à créer une liste d'adhérents Juifs méticuleusement dressée par ordre alphabétique, par nationalité, et par profession. La liste se prouve utile : Trois descentes par la SS récoltent un grand nombre de Juifs. Un mandat signé par Adolf Eichmann, qui enverra quatre millions de Juifs aux crématoires du Troisième Reich, exige la déportation des Juifs français. Une impasse logistique et un manque de transports, retardent le départ du premier convoi.

Un autre décret impose le recensement des Juifs dans la zone libre, mais une heureuse coïncidence — sabotage, désordre, et bévues bureaucratiques — empêchent les allemands de mettre la main sur cet inventaire. On le retrouvera dans un garage après la Libération. La SS demande l'arrestation, par la police française, de vingt-huit mille Juifs âgés de seize à cinquante ans. La rafle, qui dure deux nuits, n'en récolte que douze mille, dont trois mille hommes, cinq mille huit-cents femmes, et trois mille cinq-cents enfants. Le rapport allemand où ces chiffres sont enregistrés, proclame :

« Les personnes arrêtées proviennent en majeure partie des couches les plus basses de la race Juive. Un nombre important de Juifs apatrides avaient eu vent des rafles et avaient pu se cacher. Des

fonctionnaires de la police française auraient dans plusieurs cas renseignés sur les rafles projetées des personnes qu'ils devaient arrêter, notamment des Juifs apatrides fortunés. »

D'autres rafles ont lieu dans le secteur libre. Au départ, seuls les Juifs étrangers ou apatrides (comme mes parents) sont visés. Mais les allemands s'expliquent : Ces rafles ont pour but d'éliminer *tous* les Juifs, y compris ceux de nationalité française (comme moi). En 1942, vingt-sept mille Juifs sont déportés. Un an plus tard le nombre dépasse cinquante mille.

En France, Israélovicz est accusé d'avoir aidé la Gestapo lors de certaines arrestations. Ayant effectué sa besogne, les Nazis le déportent à son tour. Il est envoyé à Auschwitz le 17 décembre 1943 (*sous le nom de Léo Ilkar*). Il est ensuite transféré à Monowitz au printemps 1944. Reconnu par des déportés qu'il avait dénoncé, il est assassiné trois jours après son arrivée par un Kapo français du nom de *Herbert*, en réalité, un Juif polonais qui pense avoir reconnu en Israélovicz celui qui l'avait vendu aux Nazis.

◆

La vie sous l'occupation est dure et dangereuse. Mais elle n'est pas sans distractions pour ceux qui peuvent se permettre d'ignorer les couvre-feux et les autres ingérences sur les libertés personnelles. « *Verboten aux Juifs et aux chiens,* » le Casino de Paris rouvre ses portes quelques semaines après l'occupation. Le temple des délices terrestre, les Folies-Bergère, en fait de même, comme le font une douzaine de boîtes de nuit et une centaine de bars où la « haute société, » les vedettes, écrivains, et philosophes arrosent la victoire de Hitler avec du Champagne et du caviar. Plusieurs bordels chics, le domaine exclusif des officiers allemands, offrent l'adhésion à une clientèle sélecte française qui a moins besoin de baiser que de sceller des liens d'affaires et de s'assurer la protection de leurs très serviables hôtes allemands.

Le cabinet médical de mon père, qui prospère avant la chute de Paris, ferme ses portes. Des amis lui prêtent de l'argent. Il les rembourse en vendant ses instruments médicaux, ses vêtements, quelques meubles, et du bric-à-brac. C'est à cette époque que la Résistance le recrute. Au début on lui confie la livraison de messages chiffrés. Ce commerce se déroule dans les grands parcs parisiens. J'accompagne mon père à trois ou quatre reprises. Je me souviens l'avoir surveillé d'un œil inquiet tandis que j'assistais à des spectacles de guignol ou lançais des petits bateaux à voile dans les bassins du Jardin des Tuileries. Les bancs publics du Jardin du Luxembourg et du Parc de Vincennes servaient aussi à ces rencontres.

♦

En trois temps, comme la valse, la mémoire choisit, enregistre, et efface.

Je me souviens mal de cette période. Les menus détails que je parviens à reconstituer, comme les fragments d'un rêve impénétrable, sont effilochés, hors de contexte ou de séquence. Tout ce qui me reste est une vision périphérique de mon enfance, quelques moments aléatoires qui se détachent, décousus et surréels du fond ténébreux de l'oubli. Cette simple évocation m'attriste et me donne envie de pleurer.

Je me souviens d'un soir passé au cinéma. Une sirène hurle, annonçant un raid aérien. Nous décampons à toutes jambes. Il pleut. Une foule rassemblée devant le théâtre scrute un ciel noir avec effroi. J'entends des chuchotements, ensuite des cris. Le français et l'allemand se mêlent dans un tourbillon de commandes monosyllabes, de protestations, de suppliques. La peur crispe le visage de mes parents. Je la devine sur leur haleine, je la sens dans la sueur froide qui les inonde. Le raid est une ruse, un stratagème de la Gestapo dont le but est de semer la panique et d'attirer les insurgés dans leurs pièges. Mon père me prend dans ses bras et se met à courir. Ma mère le suit. À bout de souffle, ils s'abritent sous une porte cochère. Un sifflet de police perce la nuit. Le cœur de mon père bat contre le mien. Le son de pas hâtifs diminue et s'éteint. Nos propres pas, mesurés et constants, résonnent sur les pavés d'une rue maintenant déserte tandis que nos ombres s'étirent et rétrécissent sous la lueur blême des lampadaires.

Saisir sa chance est plus difficile que d'échapper à la guigne.

Je me retrouve assis en culottes courtes sur des divans Louis XV dans des vestibules étroits et mal chauffées ; j'attends que mes parents sortent d'un bureau ou d'une chambre de séjour. L'angoisse et l'épuisement creusent leurs fronts. Nous redescendons vers une rue morne et grise, la tête baissée, le col de nos manteaux relevés sous des chapeaux qui éveillent la méfiance tout en nous conférant l'anonymat.

Je me souviens aussi de courses interminables en Métro, souvent à l'improviste, mais je ne saurais dire exactement où et pourquoi. Je comptais les stations et marmonnais leurs noms avec une cadence hypnotique née d'ennui ou d'émoi.

Châtelet

Réaumur-Sébastopol

Strasbourg-St. Denis

Gare de l'Est

Gare du Nord

Barbès Rochechouart

Marcadet-Poissonniers

Porte de Clignancourt

Sur la paroi d'une des stations, une grande affiche attire mon attention. Marianne, la voluptueuse effigie d'une France libérée du joug monarchique, semble être dévorée par un énorme oiseau de proie noir, un vautour aux yeux saillants, au bec crochu, une calotte perchée sur sa tête, des tresses de cheveux en tire-bouchon qui pendent de ses tempes. Je scrute ce manifeste sans le comprendre.

— Regarde, papa, regarde l'oiseau drôle. Pourquoi mange-t-il la dame ?

— Oh, il ne la mange pas, mon père réplique avec mépris. C'est la « dame » qui s'enfonce dans son gosier afin de le suffoquer. Mais ça donne à l'oiseau la nausée. Elle a très mauvais goût ... comme le foie. Alors il la régurgite. Mon père fait une grimace. Il sait qu'il suffit de dire le mot « foie » pour m'écœurer. Je développerai par la suite une répugnance pour les abats et plus tard pour la viande en général.

— La dame est faite en foie ?

— Non, c'est qu'elle ... n'a pas de foi. Le calembour m'échappe.

— Ça fait mal à la dame d'être vomie ?

— Oh, pas du tout. Elle ne sent rien. Même sa fierté est indemne. Un sourire sardonique illumine les traits de mon père. Imprudemment, il dévisage les autres voyageurs, quêtant quelque signe approbateur. Durs comme la pierre, ils regardent droit devant eux, leurs yeux fixés sur un vide protecteur de leur propre création. Comme les trois singes de l'antiquité japonaise, ils ne voient rien, n'entendent rien, ne disent rien. Dégoûté, mon père lâche un chapelet de jurons qui attirent des regards obliques débordant de gêne, de frousse, et de courroux moralisateur.

On peut négocier avec les autres ; on ne marchande pas avec soi-même.

♦

Un jour, faisant des courses avec ma mère, je donne un coup de pied dans les bottes d'un soldat allemand.

— Sale boche ! Le regard épouvanté de ma mère me hante encore.

— Excusez-le, ce n'est qu'un enfant. Il n'a pas fait exprès. Il n'a que quatre ans. Je vous en prie, ne lui en voulez pas...

Je revis cet inimaginable moment, la scène incongrue d'un soldat allemand qui me prend dans ses bras.

— Tu sais, j'ai un petit garçon de ton âge à la maison et je l'aime beaucoup. J'espère le revoir très bientôt. Ne dis pas ces choses. Quelqu'un pourrait se fâcher. L'expression de ma mère change aussitôt. La terreur et l'incrédulité font place à la gratitude alors que le soldat me pose doucement au sol.

♦

En temps de guerre, la clémence de l'ennemi, aussi rare qu'elle soit, est difficile à mesurer contre les horreurs qu'il est capable de commettre. Quand la paix revient, l'amertume, la rancune, et la tentation de régler les vieux comptes conspirent à enchâsser le mal que les hommes font. Les mauvais souvenirs et la haine s'entre-bouffent et infectent les méchants.

— Oui, mais tout ça c'était une heureuse coïncidence, aussi inconcevable qu'elle fut imprévue, disent les mauvaises langues.

— Les circonstances dans lesquelles cette « coïncidence » eut lieu les rendent d'autant plus louables, je riposte.

— Tu solennises une anomalie parce que tu peux maintenant t'en vanter. Les mauvaises langues s'acharnent. Elles m'en veulent d'avoir survécu une « heureuse coïncidence. »

— Cette « anomalie » fut un geste étonnant de clémence, même si un autre m'avait plus tard ôté la vie. Le débat continue. Je ne saurais l'emporter tant que l'amertume allaite les hommes.

> *Quand on frappe le cœur avec des mea culpa, c'est le poing qui en jouit, pas le cœur.*

Et puis :

> *Reconnais les exceptions, elles prouvent la fausseté des règles. Méfie-toi des slogans et des clichés.*

Les convictions, Nietzsche avise, sont plus dangereuses que les mensonges ; elles sont les prisons dans lesquelles nous nous enfermons. Tiens-toi droit, il dit. Sois la voix solitaire d'insoumission parmi les soumis. Et dans le pire des mondes, que la tolérance et l'altruisme te serve de guide. La tolérance et l'altruisme seront mis à l'épreuve quelques années plus tard quand, en reportage en Allemagne, j'apprendrais ce que beaucoup d'allemands regrettent encore--d'avoir perdu la guerre.

MÉTRO SAINT-PAUL

L'altruisme et la tolérance sont rarissimes entre 1940 et 1945. La Gestapo commande l'arrestation de onze mille enfants Juifs. La police française, toujours obligeante, s'exécute. Ils sont brutalement réveillés, tirés de leurs lits en pleine nuit, saisis dans les rues, arrachés des bras de leurs parents, et internés dans des centres de détention. Peu après, les enfants sont expédiés dans des wagons de bétails vers les camps de l'est où ils sont abattus.

Par miracle, huit cents survivent — les plus âgés, les plus robustes, les plus chanceux.

— Une incompétence et un manque total de discipline retardèrent son essor. Nous n'avions qu'un objectif nébuleux et la volonté de le réaliser, mon père dira à propos de la Résistance. Nul parmi nous ne savait comment fonctionne un service secret. Les fantaisies qui nous inspiraient — romans feuilleton et films noirs — étaient bêtes et dangereuses. Nous avons perdu beaucoup de temps en nous organisant. Plusieurs missions mises en péril par un désordre général et un réseau de communication primitif furent ajournées ou avortées. Au mépris des règles cardinales de l'espionnage qui exigent, entre autres, que les agents s'identifient par des initiales ou des pseudonymes, on nous avait donné des noms de stations de Métro. J'étais connu comme Saint-Paul — quelle ironie pour un Juif — parce que je prenais souvent contact avec mes camarades dans le quartier israélite de la Rue des Rosiers. Quelques succès modestes, les fruits du hasard, confondirent pour un temps les allemands.

Au début, la Résistance acquiert un caractère politique plutôt que militaire. Elle se donne beaucoup de mal à recueillir des renseignements et à ébruiter des ragots inventés pour mettre les allemands dans un état de vigilance et de distraction. Instituteurs, avocats, écrivains se réunissent pour créer des publications clandestines. L'une d'elles, *Résistance*, lance son premier numéro le 15 décembre 1940. Un mois plus tard — on soupçonne une dénonce — la police allemande fait une descente sur un entrepôt, détruit les presses, et exécute sept hommes. Trois femmes sont déportées ; on ne les revoit jamais plus. D'autres tracts ont un meilleur sort et passent à travers les mailles du filet de plus en plus étroites de la police allemande. Le journal socialiste, Libération Nord, édité dans le sous-sol d'une imprimerie spécialiste de brochures religieuses, distribue cinquante mille exemplaires par semaine jusqu'en août 1944.

En 1941, la Résistance, ses rangs augmentés par des anciens officiers, des soldats de fortune, et un nombre d'intellectuels, parmi eux des communistes et des gens de lettre chrétiens, se transforme en guerrier. Cette année, Staline proclame :

Dans toutes les régions occupées par l'ennemi doivent être créés des détachements d'irréguliers, à pied ou à cheval, chargés de faire sauter les ponts, de rendre les routes inusables, de détruire les lignes à haute tension, de paralyser les communications téléphoniques, d'incendier les gares ferroviaires, et d'attaquer les convois. C'est la lutte pour la liberté de notre patrie qui va s'unir à celle de l'Europe et de l'Amérique afin d'assurer l'indépendance et les libertés démocratiques. »

Le défi, lancé aux russes et enregistré pas les communistes le monde entier, ne sera pas ignoré par la Résistance.

— Nous n'avions pas assez d'armes, dira mon père. Notre arsenal était minable : matraques, couperets, canifs, machettes, pioches, revolvers rouillés, vieux fusils de chasse. En dernier recours, et témoignant d'un plaisir marqué, certains de nos hommes se contenteraient de leurs mains. Nous obtiendrons une puissance de feu plus considérable en ajoutant des explosifs, des engins incendiaires, et quelques mitraillettes, certaines enlevées aux allemands que nous avions liquidés, d'autres procurées en Angleterre et parachutées derrière les lignes ennemies. Nos ordres étaient d'engager les allemands si les conditions l'exigeaient et de nous « disperser comme le mercure » qui s'éparpille et qu'on ne peut saisir.

Les ordres sont souvent enfreints et des groupes dissidents réalisent plusieurs assauts pleins d'audace. Deux aiguilleurs d'Hitler en France, le Général Schaumburg et le Dr. Ritter, sont assassinés par une phalange Juive commandée par un jeune homme de dix-neuf ans, Marcel Rayman. Rayman est exécuté en 1944. Malgré une pénurie d'armements, quelques triomphes mineurs sont souvent nivelés par des échecs spectaculaires. On craint que certains éléments de la Résistance sont en train de former une « armée rouge » en France ; Londres suspend les cargaisons d'armes, ce qui empêche des raids modestes et isolés d'infliger des dégâts plus sévères. Un document circulé par le Comité Central du Parti Communiste en 1944 confirme les soupçons de Whitehall. Cette inquiétude est sans mérite. La présence des troupes américaines et britanniques en France aura un effet inhibant et les communistes ne parviendront qu'à exercer une influence souvent criarde et contrariante mais jamais dominante dans une France habituée à un climat politique incohérent.

♦

On a tenu bien de propos sur la Résistance. Des opinions et des faits, certains encore classés, d'autres toujours à la veille d'être exhumés, donneront à chaque génération du fil à retordre. Le verdict final dépendra de la manière dont on observe l'histoire — avec amnésie sélective ou mémoire révisionniste. Le jugement final dépendra du rôle que certains anciens-combattants auraient joué dans la Résistance. Si ce jugement se confond en hommages ou apologies, extase ou calomnie, le dernier chapitre se doit de conclure que cet instrument mineur de la libération de la France, n'était ni homogène ni cohérent. En fait il était dépourvu d'un véritable esprit de corps ; il était paralysé par la zizanie, il avait tendance à la dissimulation, et était souvent en proie à la paranoïa. Un grand nombre de résistants ont fait preuve d'un courage étonnant et d'un altruisme sublime. D'autres ont fléchis sous la lâcheté ou l'avidité, trahis leurs compagnons, et vendus leurs compatriotes aux allemands sans éprouver le moindre remords. Mon père remarquera plus tard dans un article publié dans un hebdomadaire Juif de langue hongroise :

> « *Beaucoup de personnes ont servi la Résistance avec honneur. D'autres en profiteront, l'exploiteront impitoyablement. Nous représentions un microcosme de la société : inadaptés, insoumis, intellectuels, hors-la-loi, prêtres, socialistes, et marxistes, idéalistes et opportunistes, patriotes et rescapés, déserteurs, officiers décorés, et quelques fous à la recherche de la raison.* »

Des hommes et des femmes meurent comme des héros ; des sang-bleus déguerpissent. L'étranger donne sa vie pour en sauver une autre ; les amis se trahissent. Dans les camps de mort — Auschwitz-Birkenau, Buchenwald, Dachau — des êtres affamés offrent leur dernière miette de pain à un enfant. D'autres étranglent leur voisin pour voler sa maigre ration. Certains couchent avec des officiers allemands pour une cuillérée supplémentaire de soupe. D'autres encore deviennent des kapos — surveillants Juifs impitoyables sur lesquels on peut compter pour battre, torturer, et même tuer leurs coreligionnaires.

— C'est comme ça, dira mon père. N'essaye pas de comprendre. Il n'y a pas d'explication.

TRAHISON, SECOURS, FUITE

« La police est telle que les turcs préfèrent la peste
et les anglais les voleurs. »
— Nicholas-Sébastien Roch de Chamfort (1741-94)

Selon leurs desseins, l'exercice du libre arbitre expose les hommes soit à la révérence ou la honte. Les « Brigades Spéciales, » un ramassis de crapules et de vagabonds engagés par la police française pour faire ses sales besognes, acquièrent, pendant quatre ans, un sinistre renom. Leur cruauté dépasse de loin le barbarisme des Croisades et les autodafés de la « Sainte Inquisition. » Les méthodes qu'elles utilisent pour arracher des aveux sont si horribles que, durant son procès, un membre d'une brigade avoue avoir été « épouvanté par le sadisme de mes camarades. » Véreuse et dérisoire, cette confession tardive par un salaud qui plaide pour sa vie en impliquant ses « camarades, » est le leitmotiv de l'histoire de la France, ancienne et moderne. Les français s'entre-tuent depuis des siècles : Les pogromes contre les Cathares — environ un million de morts ; les Guerres de Religion ; le massacre de la Saint-Barthélemy ; la Révolution de 1789 ; celle de 1848 ; la Commune ; l'Affaire Dreyfus, un scandale qui met feu aux passions politiques et religieuses, et qui menace d'entraîner la France vers une guerre civile. Cinquante ans plus tard, exploitant le désordre et les réjouissances de la Libération, les français s'égorgent un fois de plus. Certains règlent des vieux comptes, d'autres massacrent des collabos avec un emportement qui frôle l'extase. Compromis, leurs jours comptés, ceux qui avaient vécu une double vie traquent les témoins nuisibles et les éliminent. Plus de neuf mille collabos sont exécutés ; mille cinq-cents sont mis à mort à la suite de procès sommaires ; quarante mille sont condamnés à diverses peines de prison, certains faussement dénoncés par des vauriens qui avaient eux-mêmes servis les allemands.

Jeu de Rôle

Si la haine était un combustible, on n'aurait plus besoin de carburant.

Dans les « confessionnels » des Brigades Spéciales, un vieillard est tenu à jeun pendant neuf jours. Il meurt au cours du dixième. Les mains d'un Résistant sont liées et pressées contre la surface métallique glacée d'un congélateur et puis arrachées. On brûle le scrotum d'un autre avec des cigarettes. Un fil de fer est relié aux menottes d'un troisième ; un second est inséré dans son anus ; les deux extrémités sont ensuite branchées dans une prise de courant. Dans une cellule voisine, un présumé communiste est mis à nu et pendu par les pouces tandis que des poids lourds sont suspendus de ses orteils. Le phallus d'un jeune prêtre accusé d'avoir hébergé des Résistants dans sa paroisse est immergé dans de l'acide sulfurique. Il rend l'âme peu après. Un étudiant est sodomisé avec un manche à balais à plusieurs reprises et forcé de boire l'urine de ses tortionnaires. Les supplices exotiques sont suivis de tourmentes non moins obscènes : On arrache les cheveux des détenus ; on les bat, on leur donne des coups de pieds dans les couilles ; ils sont fouettés, lacérés. On leur brise les os. On leur crève les yeux. On leur coupe les oreilles et la langue et, pour stimuler la mémoire, on grille ces affreuses rognures dans une poêle et on les sert aux autres prisonniers. Des centaines de français succombent à des agonies indicibles infligées par leurs braves *concitoyens*.

On peut, si on a le courage—ou la folie—porter plainte devant un tribunal fantoche présidé par trois juges anonymes (les « juges » confèrent derrière un rideau). Les demandeurs, auxquels un mandataire est interdit, plaident leur propre cause. Ils ne gagnent jamais et leurs bourreaux ne sont presque jamais traduits en justice. C'est du pur Kafka.

♦

Les Brigades Spéciales n'aiment pas les *youpins*. Leur haine atteint la démence quand les membres de cette « sale race » travaillent pour la Résistance. De nombreux Résistants Juifs sont colletés et liquidés. Un jour, mon père donne de tristes nouvelles à ma mère. Je les vois blottis l'un contre l'autre sur le canapé dans la pénombre du couvre-feu. Mon père chuchote, son front est plissé et les yeux de ma mère débordent de larmes.

— Ils ont arrêtés Jacques. Il n'a pas chanté. On l'a abattu. Pierre est à Drancy. On l'expédiera sûrement vers l'est.

Ma mère se penche vers moi et me regarde avec un mélange d'amour et d'affolement.

— C'est bientôt notre tour. Je le sens. »

— Penses-tu. Mon père écarte ce terrible pressentiment. Tout ira bien, ne t'en fais pas. Mais ses mots sonnent faux et ses serments manquent de conviction. Exténué, rongé d'inquiétude, il se dirige vers la fenêtre et se perd, fixant longuement son regard dans le vide. Ma mère soupire tristement. Je pousse mon petit camion en laiton sur le parquet, évitant leurs yeux afin de ne pas trahir mon propre effroi.

Confrère et ami d'enfance, le docteur Samu Moldovan est tiré de son lit en pleine nuit, transporté à la Préfecture, torturé et abattu par la flicaille française. Un autre collègue et camarade d'école, le docteur Salzberger, est déporté à Buchenwald où il meurt de faim. D'autres vivent tranquillement et font des affaires sous l'occupation. L'un d'eux, le cousin de mon père, l'anesthésiste, achète et dirige une clinique privée dans le 16ème arrondissement après la guerre ; l'autre un vieil ami, un interniste dont le cabinet, Place de la Nation, prospère jusqu'à sa mort dans les années 60.

— Pourquoi s'en sont-ils tirés alors que tant d'autres n'ont pas eu cette chance, je demande à mon père après la guerre.

— Inutile de spéculer.

— Toi, on t'a certainement dénoncé, n'est-ce pas ?

— Sans doute.

— Tu sais qui ? Soupçonnes-tu quelqu'un ?

— Peut-être.

— Des amis ou des connaissances ?

— Les connaissances se trahissent rarement. Ils n'ont pas grand-chose à gagner. Les amis sont moins fiables. L'amitié recèle souvent un mélange de forces—rivalité secrète, jalousie, rancune, vengeance remise à plus tard pour une innocente gaucherie, une gaffe anodine qui peut, selon les circonstances, affaiblir, aigrir l'estime et la tendresse.

— Alors qui ?

— Laisses tomber. Je laisse tomber mais je me pose encore des questions.

La méfiance est plus pénible pour celui qui se méfie que pour celui dont on doute.

♦

Une semaine plus tard, en fin d'après-midi, quelqu'un frappe à la porte. Je suis dans ma chambre. Mon père prend le café dans la cuisine. Ma mère se dirige vers le vestibule, le cœur battant.

— Qui est-ce ?

— Police. Ouvrez ! L'injonction est suivie d'un autre martèlement. Ma mère manie gauchement la clé dans la serrure, tire le loquet, et ouvre la porte.

— Oui, de quoi s'agit-il ?

— Laissez-nous passer. Ma mère obéit. Deux hommes trapus en imperméables de cuir noir et chapeaux-feutres, une main enfoncée dans leurs poches, écartent ma mère. Une fois dans le hall, ils sortent leurs pistolets. Des Luger, j'en suis sûr. Le Luger a une gueule diabolique, un air de sang-froid, d'arrogance, et d'efficacité teutoniques que l'on oublie jamais.

— Que voulez-vous ?

— Le docteur Gutman, où est-il ? Je sors de ma chambre. Je passe par la cuisine. Mon père est pâle, ahuri. Ses mains tremblent. Quelques gouttes de café se répandent sur les dalles.

— Mon mari n'est pas là. Il est en province. Il sera de retour dans quelques jours. Revenez la semaine prochaine. Je lui dirai que vous lui avez rendu visite.

— Pas vrai, maman. Papa est dans la cuisine. Viens voir, il a renversé du café.

Les deux voyous se regardent, un sourire cruel arquant leurs lèvres. Le Luger au poing, ils se précipitent vers la cuisine où ils trouvent mon père tel que je l'avais vu, figé de peur, une main tremblante tenant encore la tasse.

— Posez-la sur la table, » un des voyous aboie. Mon père cède et reçoit un coup de poing qui brise son nez. Sang rouge et café noir s'immiscent sur la dalle blanche de la cuisine. Ma mère sanglote. Elle essaye de s'interposer mais on la repousse, cette fois-ci âprement.

— Papa, papa.

Mon père me regarde avec tendresse et pitié tandis qu'on le traîne quatre enjambées à la fois en bas de l'escalier. Il disparaît dans une Citroën noire. J'avais quatre ans. On m'avait enseigné à dire la vérité, cette salope de vérité que je pourchasserai implacablement le restant de ma vie. Mon père n'en reparlera jamais mais c'est avec une tristesse inconsolable et des remords sans fin que je revis cette innocente trahison.

♦

Ma mère passe toute la nuit et une partie de la matinée suivante en essayant de contacter Lafont, un ancien client de mon père et maintenant chef de la Gestapo française.

— Henri Lafont. Passez-moi Henri Lafont. C'est urgent.

Les lignes téléphoniques sont surchargées. On la met en attente, elle est transférée, débranchée, dirigée vers d'autres services, conseillée de rappeler plus tard, demain, la semaine prochaine.

— Mon dieu, Lafont est notre seul espoir, ma mère pense à haute voix, la corde du téléphone enroulée autour de son poignet. Je vous supplie, dites-lui que c'est de la part de Madame Gutman, la femme du docteur Gutman. Je suis sûre qu'il m'écoutera s'il sait de quoi il s'agit. Quelques minutes s'écoulent. Un regard soulagé anime ses yeux. Elle a épuisé toutes ses larmes.

— Henri Lafont ?

— Oui.

« C'est Madame Gutman. Vous vous souvenez de nous ?

— Oui Madame, bien sûr. Que puis-je faire pour vous ?

— On a arrêté mon mari. Ma mère se remet à pleurer.

— Merde ! Où êtes-vous ?

— Chez nous, rue du Pont Neuf.

— Je ne suis en rien dans cette affaire. Je le jure. Tenez bon. Je vais prendre quelques renseignements. Je vous rappelle tout de suite. Un quart d'heure plus tard le téléphone sonne. C'est Lafont.

— Il est à Fresnes. Ne vous en faites pas, je m'en occupe. Vous avez ma parole d'honneur. Ne bougez pas, je serai chez vous dans quelques minutes.

♦

Il faut imaginer deux Juifs en France occupée assis sur la banquette d'une voiture blindée allemande en compagnie d'un traître — maintenant un officier du Troisième Reich — en route vers la redoutable prison de Fresnes pour arracher un Résistant des griffes d'une police française subornée. Absurde. Une histoire à dormir debout et pourtant vraie. Cette aventure ne marquera pas le dernier chapitre d'une épopée qui nous mènera, pas à pas, très près de la catastrophe. Une odyssée encore plus bizarre nous attend deux ans plus tard quand nous traversons l'Europe par train, en destination de la Roumanie, sous l'égide de la Croix Rouge Internationale

♦

Fresnes. Une sentinelle soulève la lourde barrière de bois. Lafont descend et disparaît dans la guérite. Impeccablement appareillé dans son uniforme et ses bottes noires bien astiquées, il déborde de confiance et de maîtrise. Nous l'entendons parler au téléphone.

— C'est le Capitaine Lafont. Le docteur Gutman a été arrêté hier. Oui, rue du Pont Neuf. Relâchez-le.

Un moment de silence.

— C'est un ordre, vous m'entendez. J'ai les papiers. Faites-le sortir illico.

Escortée par deux gardiens, une forme humaine méconnaissable sort d'un immeuble et se dirige vers nous.

— Où est papa, je demande.

— Regarde, Lafont répond en souriant. C'est lui, là-bas. Il me montre un homme de son doigt ganté. Je regarde bien fort mais je ne vois qu'une ombre, une épave ébouriffée et débraillée au regard perdu, aux lèvres enflées et saignantes, et aux yeux bouffis qui clopine et se dirige vers nous. Ma mère crie.

— Ari, Ari, qu'est-ce qu'ils t'on fait !

Ahuri, mon père ouvre ses bras et s'effondre les larmes aux yeux. Nous nous précipitons vers lui et le couvrons de baisers. Il embrasse ma mère et se met à genoux pour mieux me prendre dans ses bras. Il a reçu une terrible raclée. Ses joues sont enflées, il a perdu deux dents, mais c'est lui, c'est bien mon papa chéri.

— Docteur, dit Lafont, vous êtes libre. Dépêchons-nous. Vous devez quitter Paris sans retard.

— Merci Henri, mais deux autres malheureux ont été arrêtés avec moi. On les expédie ce soir vers l'est. Fais-les sortir et... Lafont est livide.

— Vous n'êtes pas sérieux.

Ma mère tire sur la manche de mon père. Ari, n'insiste pas.

— Henri, j'étais dans le fourgon avec ces hommes. Je ne les connais pas mais je ressens ce que leurs visages amochés communiquent. Ils me ressemblent. Regarde ce que les poings nus et un cœur dur sont capables d'infliger. Après la bastonnade ils nous ont jetés dans la même geôle. Nous avons pleuré, maudit, dégueulé, pissé en longs spasmes douloureux tant les coups aux reins et au ventre nous faisaient mal. Les larmes et le sang et l'urine et la vomissure s'unirent sur le carrelage, formant un ruisseau d'agonie humaine. Regarde-moi, Henri : Je suis *eux* ; ils sont *moi*. Me voici, démoli mais en vie et offert la liberté comme elle te fut offerte quand je t'ai soigné, t'en souviens-tu ? Eux, ils sont encore en taule, ils se roulent dans la merde, désespérés, morts de peur, et en route dans un wagon à bétail vers un des abattoirs de ton cher Hitler. Henri, je t'en supplie. Deux âmes. Ils n'ont sûrement pas grande importance. Rends-leur la vie.

— Gutman, vous perdez la raison. Je sais que je vous dois la vie mais ce que vous me demandez est dingue. Ils auront ma tête — et la vôtre--si on ne fout pas le camp immédiatement.

— *Ils*, Henri, *ils* ? Mais « *ils* » c'est toi qui les diriges... Fais-le Henri. La vie est courte mais les souvenirs survivent. La guerre prendra bientôt fin. Sois raisonnable si tu ne peux te permettre d'être généreux. Munis-toi d'une « assurance âme. » L'histoire prendra peut-être note de ta clémence.

◆

Je demande à mon père plus tard :

— Alors ?

— Alors Lafont s'apitoie — à contrecœur. Il fait sortir mes deux compagnons de prison, il les relâche dans la forêt d'Enghien et dira qu'ils se sont échappés.

— Ensuite ?

— Ensuite, il nous conduit à la maison. Il signe un laissez-passer pour Lyon et nous conseille de « déguerpir. » On ramasse quelques fripes dans une petite valise en carton et on quitte Paris.

— Vous êtes coriace, Gutman, Lafont dit à mon père quand ils se quittent.

— Oui, mais toi tu as eu le courage de ne pas chipoter. Je n'ai aucune idée comment tout ça finira mais la postérité concédera je l'espère, qu'un pêché ne fait pas le pêcheur s'il fait preuve d'un peu de vaillance le long du chemin. Lafont hausse les épaules, sourit distraitement, et monte dans sa voiture blindée. On ne le reverra jamais plus.

◆

La postérité ne concède rien qui puisse contredire l'utile ou l'opportun. Lafont avait cru utile et opportun, comme tout un tas de français l'ont fait, de se joindre aux allemands, de faire le pas d'oie. Il fut pratique et opportun pour certains français qui avaient dansé joue contre joue avec les boches, d'exécuter Lafont à la Libération tel qu'il fut utile et opportun à Hitler de massacrer des millions d'innocents.

Il serait utile et opportun que le mal que font les hommes soit enterré avec leurs os. Hélas, le mal, comme la matière, est indestructible. Il fait irruption quand on s'y attend le moins, son visage à chaque fois retouché, son immuable essence amarrée au temps et à l'espace.

« *Allo, Paris ment, allo, Paris ment, allo, Paris est allemand.* »
— **Radio Londres,** 1940.

DANS LE MAQUIS

*Les hommes s'accordent toutes sortes d'alibis
pour ne pas faire du bien.
On dirait qu'ils ont honte d'être propre.*

Nous arrivâmes à Lyon dans la soirée, exténués, presque sans un rond, démunis sauf pour quelques haillons, la sacoche médicale de mon père, et quelques bijoux que mes parents seront forcés de vendre. Ma mère ne cesse de pleurer.

Mon père, qui considère la guerre une aberration insoutenable, croit que le « dégoût et l'épuisement » saperont les combattants, qu'ils mettront fin à cette folie.

— Un homme sain d'esprit ne préconise pas la guerre. Personne ne veut mourir. Quand un homme se trouve en plein combat, qu'il se blottit contre les parois d'une tranchée débordant de sang et qu'il entend les hurlements des blessés et les gémissements des mourants, il se rend compte qu'il est là sous les ordres d'autres hommes qui ne verseront pas une seule goutte de sang, qui ne sacrifieront pas leur vie pour les causes qu'ils soutiennent.

Il raisonne l'incongruité de son propre engagement dans la guerre en se disant qu'il participe à la défaite des allemands. Ce qu'il aimerait c'est de reprendre son métier, de guérir, d'alléger la souffrance. Le meurtre de ses amis, l'effilochement de son réseau clandestin, son arrestation, la terrible correction qu'il avait reçue, et son évasion de la prison de Fresnes refroidissent son optimisme, secoue sa foi dans les histoires qui finissent bien et modifient son entendement de la « raison. »

♦

Une loi promulguée par le régime pro Nazi à Vichy a comme but « *d'éliminer toute influence Juive sur l'économie nationale.* » Des trois-cent trente mille Juifs en France, soixante-quinze mille sont déportés vers les camps d'extermination en Allemagne, Pologne, et Ukraine. Un quart survivent. Les mensonges et les supercheries embrouillent le rôle précis que la France a joué dans la déportation des Juifs et du vol de leurs biens durant la guerre. Toujours est-il que nous ne remettrons plus jamais les pieds dans le bel appartement que ma mère aimait tant. Mon père essaye sans grand enthousiasme de le recouvrer après la guerre. Malgré les témoignages et les invocations de plusieurs maquisards, entre autres des membres du Bataillon de l'Armagnac que mon père avait servi « avec bravoure, » une bureaucratie enchevêtrée et hostile, ainsi qu'une pénurie sévère de logements, mettent fin à tout espoir de restitution.

◆

Lyon est un centre important de la Résistance. Mon père ne tarde pas de prendre contact avec Jean-Pierre Lévy. Fondateur du *Franc-Tireur*, journal clandestin qui reprend les causes socialistes, Lévy nous propose une petite chambre pour la nuit au-dessus d'un salon de coiffure. Nous quittons Lyon avant l'aube le jour suivant et arrivons à Clermont-Ferrand, première étape d'une route serpentine qui nous conduit au Puy, à Montauban, Toulouse, Auch, Estang, et Vic-Fezensac, au cœur de la Gascogne. Un message chiffré signé par Lévy et adressé à un certain M. Lagorce, propriétaire d'un café-tabac à Vic, recommande la conscription immédiate de mon père dans le Maquis. On le surnomme Docteur Guillemain (ou Guillemin), le nom de guerre par lequel il sera connu dans la région bien après la guerre.

◆

C'est à cette époque que l'on m'enseigne un nouveau rôle. L'escapade miraculeuse de mon père de Fresnes et notre fugue nocturne de Paris éveillent en mes parents la précaution d'effacer en moi tout sentiment conscient, aussi confus qu'il soit, d'une identité Juive. N'ayant jamais reçu une instruction religieuse, cette transformation se fait sans difficulté. J'avais très vite compris qu'être Juif est funeste. L'occasion de faire la comédie (je parodie déjà Hitler, Mussolini, Maurice Chevalier et Charlot — un talent précoce qui me servira plus tard) me remplit de joie. La biographie fictive que mes parents échafaudent au cas où nous serions séparés, aussi bizarre qu'ingénieuse, aurait rendu le Baron Münchhausen jaloux. Nous répétons souvent et à l'improviste. Mon père adopte un accent allemand épais et imite le ton impérieux d'un interrogateur SS :

— Fotre nom ?

— Wilhelm Guillaume.

— Où fous êtes né ?

— À Surabaya, au Java.

— Qu'est-ce que fous vaites à Java ?

— Mon père était diplomate avant la guerre.

— Fotre religion ?

— Luthérien. On me décerne la plus antisémite des sectes chrétiennes…

J'apprends aussi à me croiser et à réciter par cœur quelques banalités attribuées à Mattieu, Marc, Luc, et Jean. Dépourvu de tout stéréotype Juif (sauf peut-être une quéquette circoncise), je passe facilement pour un petit *goy*. Je me cramponne à cette nouvelle identité jusqu'à la fin de la guerre.

La guerre, avec ses dangers, ses incertitudes, m'enseigne aussi la discrétion. À un âge quand les enfants sont incapables de contrôler leur voix, quand la curiosité ou l'enthousiasme provoque un torrent de questions, quand les drôleries suscitent des éclats de rire, ou qu'une éraflure au genou soulève des braillements, je sais déjà chuchoter, marcher sur la pointe des pieds, me faire tout petit, et retenir mon souffle derrière une porte verrouillée tandis que le cliquetis des bottes d'un peloton allemand s'éteint au loin. J'apprends aussi l'art de la patience en attendant en pleine nuit, à la lisière d'un bois, rongé d'inquiétude et le cœur gros, que mon père fasse irruption à la tête d'une douzaine de maquisards.

La patience est une forme de courtoisie envers soi-même.

J'apprendrai aussi à aimer sans dire un mot, à voir mon père disparaître derrière une futaie sans la moindre garantie qu'il en sortira vivant, et à jurer en cinq ou six langues que je ne suis pas Juif.

◆

C'est en 1943 que les réfractaires se groupent dans des camps plus ou moins militarisés. L'isolement relatif des montagnes, bocages, forêts, dicte la sélection des lieux de rassemblement. On se donne beaucoup de mal à réunir les fonds privés nécessaires à l'entretien du Maquis. Tout le monde l'applaudit, peu de gens le subventionnent. Quelques officiers de l'armée dissoute s'engagent sans savoir au juste pourquoi. Pierre Dalloz, organisateur du Vercors, écrit :

> « *Ils avaient leurs habitudes, leurs appartements, leurs familles en ville. Sans doute s'occupaient-ils parfois de l'instruction, mais lorsqu'un coup de main était tenté, toujours nos chefs de camp civils avaient à se débrouiller seuls. D'où s'ensuivaient des plaintes et d'âpres critiques.* »

Jean Galtier-Boissière, le directeur de *Crapouillot* et l'auteur de *l'Histoire de la Guerre 1939-1945*, a dit du financement du Maquis qu'il

> « *... s'effectuait par des raids – dont beaucoup n'étaient que mise en scène – contre les recettes publiques. Le Colonel Romans raconte, par exemple, comment cent millions passèrent, sans coup*

férir, avec la complicité du directeur, des caisses de la Banque de France de Saint-Claude aux trésoriers payeurs du Maquis, permettant de payer les allocations familiales : 800 francs par épouse, 500 francs par enfant. »

L'armement fut longtemps dérisoire. Les hommes du Colonel Romans ne disposent que d'une mitraillette, « détenue à tour de rôle par chaque camp. Les allemands, heureusement, ignoraient cette pénurie et n'abordaient les maquis qu'avec extrême prudence. »

Malgré cette réticence, les allemands ne prennent guère le Maquis au sérieux. Goebbels l'appelle une « révolution des paresseux pour défendre leur tendance de ne rien foutre. » Cet inventaire est sans fondement. Quelques mois plus tard, l'Abwehr se plaint des « actes infâmes de ces terroristes » contre ses troupes, et dirige des raids punitifs durant lesquels des douzaines de campagnards sont alignés contre un mur et abattus.

L'importance et les exploits du Maquis sont encore contestés de nos jours. Certains disent que ses succès furent rares et limités, et qu'ils ne valaient pas les souffrances et les grosses pertes en vies humaines. D'autres insistent que si le Maquis n'avait pas existé, peut-être la Libération aurait été reculée de deux ou trois mois mais les atroces représailles allemandes auraient été évitées, comme bien de massacres qui eurent lieu après la Libération.

Sir Basil Henry Liddell Hart (1895-1970) le critique militaire anticonformiste britannique, expose le handicap le plus certain de la Résistance dans le numéro du 30 janvier 1948 du *Liverpool Daily Post* :

« Les forces armées de la Résistance imposèrent sans aucun doute une tension considérable sur les allemands et les empêchèrent de contrecarrer l'avance finale alliée. Mais quand on analyse ces campagnes on s'aperçoit que ... leurs opérations provoquèrent des

représailles beaucoup plus cruelles que les pertes qu'elles infligèrent à l'ennemi. La Résistance attira beaucoup de garnements. Il leur permettait de se livrer à leurs mauvais instincts et de donner cours à leurs rancunes sous le couvert du patriotisme, apportant ainsi un nouvel argument à la remarque historique du Dr. [Samuel] Johnson que 'le patriotisme est le dernier refuge d'un gredin.' »

Les généraux allemands Warlimont, Blaskowitz, et von Witterstein, de la Deuxième Division Blindée, admettent cependant que leurs troupes avaient souffert « des pertes graves aux actions héroïques du Maquis. »

Les américains sont pleins d'éloges pour les « fifis » et reconnaissent leur rôle inestimable pendant deux débarquements alliés. Le correspondant de guerre, Robert Ingersoll, écrit dans *Ultra Secret* :

« *Nous fûmes absolument séduits lorsque nous découvrîmes que la Résistance était en fait une chose si efficace que six divisions allemandes ne suffisaient pas à la paralyser – six divisions qu'en d'autres circonstances nous eussions dû combattre dans les bocages. Et les plus blasés furent convaincus, en apprenant que les allemands vivaient dans la terreur dans le centre de la France, qu'ils se cramponnaient à leurs armes, n'osaient se déplacer, et qu'ils avaient perdu le contrôle d'un grand nombre des régions bien avant notre arrivée... Il est incontestable que le Maquis français joua le rôle d'une vingtaine de divisions.* »

Tout en révisant légèrement les chiffres dans son rapport officiel, le Général Dwight D. Eisenhower confirme les dires d'Ingersoll :

« *Notre Quartier Général estimait que par moments la valeur de l'aide apportée par les F.F.I. à la campagne représentait l'égal en hommes à quinze divisions et grâce à leur soutien, la vitesse de notre avance à travers la France fut grandement facilitée.* »

♦

Les noms de trois petites communes — Barbotan, Cazaubon, et Estang — évoquent des souvenirs confus de randonnées en voiture, à bicyclette, et à pied tard dans la nuit tandis qu'une énorme lune jaune jetait une pâleur spectrale sur le visage de mes parents. Retenus avec plus de clarté, tant ils me frappèrent, deux incidents me hantent encore. Je ne me souviens ni de l'endroit ni de la date à laquelle ils eurent lieu. De même, je ne saurais reconstruire avec le moindre degré de confiance les événements qui les précédèrent ou les suivirent. Ils surgissent des profondeurs de mon être comme la crête d'un iceberg d'une mer autrement vide.

Les denrées alimentaires sont rationnées pendant l'occupation mais les maquisards et leurs familles ne manquent presque de rien. Les fermiers subviennent généreusement à leurs besoins, et mon père reçoit des pommes de terre, des poireaux, de l'oignon, des œufs, et du fromage en lieu d'honoraire quand il fait un accouchement, ou qu'il soigne un vieillard ou un camarade blessé. Il est plus difficile de se procurer de la viande. On décourage la chasse car les coups de fusil risquent d'alerter les allemands.

Malgré ces restrictions, nous pouvions toujours compter sur notre allocation hebdomadaire — 500 grammes de bœuf ou de cheval. Ma mère déficelait l'emballage en papier huilé, reniflait la viande pour s'en assurer la fraîcheur, et la préparait sans délai. Un jour, le livreur nous apporte une tranche de viande qui ne ressemble à aucune autre. Rose, plutôt que rouge, la chair a un aspect inconnu. Pire encore, elle dégage une âcreté indescriptible et elle est ornée par endroits de poils courts couleur blond pâle. Méfiante, ma mère appelle mon père.

— Ari, viens voir. Regarde. C'est quoi ça ?

Mon père recule, écœuré. Ce n'est pas *quoi* mais *qui* ! Ma mère pousse des cris et sort à toute allure de la maison. Le livreur est exsangue :

— Que voulez-vous dire par « *qui* » demande-t-il, ses yeux grands comme des soucoupes.

— Ça fait partie d'une cuisse ... humaine, mon père rugit. Où avez-vous trouvé ça ? Le livreur bégaye.

— Renseignez-vous, vous m'entendez. Reprenez cette horreur et enterrez-la quelque part.

L'histoire, telle que j'ai pu la reconstruire, est la suivante : Un braconnier avait tué un soldat allemand, découpé les parts « utilisables » et les avaient distribuées le long du réseau. Je m'imagine que quelques consommateurs moins éclairés — ou moins scrupuleux — se seraient régalés de leur macabre ration cette semaine.

— J'aurais cassé la gueule du braconnier si j'étais tombé sur lui, dira mon père.

Trente ans plus tard, mon vieil ami Max, excentrique à vingt ans, devenu fou à cinquante, décédé à soixante dans un asile d'aliénés, lancera sans une trace de sarcasme un bon mot fouettant que je n'oublierai jamais. Philosophe en herbe, pêcheur, écologiste, et éleveur d'oiseaux, de poissons et de reptiles exotiques, Max gardait des gros crabes dans un bassin en pierre dans le jardin derrière sa maison en Barbade. Il s'en servait d'appât et les nourrissait de petits morceaux de poissons qu'il avait attrapé dans la matinée.

— Ça leur donne l'occasion de se venger en avance.

♦

La mort d'un soldat allemand est rapidement contrée par des exécutions publiques. Mises en scène pour en faire un exemple et prévenir d'autres agressions contre l'occupant, ces monstrueux spectacles servent aussi de palliatif à un ennemi frustré et assoiffé de vengeance. Un de ces spectacles, j'en fut témoin quand j'étais gosse, me déchire encore. Dix hommes, dont huit les vétérans de la Grande Guerre, sont alignés contre le mur d'une église, et criblés de balles pour punir l'assassinat d'un officier allemand qui avait baisé la femme (ou la fille ?) du poissonnier. Ils s'écroulent sur le trottoir. Leur sale besogne accomplie, dix jeunots à la peau blanche et aux joues rouges—ils ont à peine vingt ans—mettent leurs fusils en épaule, font demi-tour, et se remettent en marche, impassibles comme des robots dans leurs uniforme marron-moutarde. Je regarde cet amas de corps inertes. Le sang coule lentement de leurs bouches entreouvertes, de leurs nez. Leurs yeux mornes, comme ceux d'une poupée, sont fixés dans un vide éternel. Il pleut. L'averse dilue le sang. Les curieux se dispersent et s'éclipsent dans un brouillard gris et sulfureux.

La femme (ou fille ?) du poissonnier survit l'Occupation. Débordant de joie, s'adonnant à une orgie de violence, des « partisans » qui avaient baisé la France jusqu'à l'os quand personne ne faisait attention, lui tondent la tête, la défilent nue dans les rues, et la battent tandis que des fêtards enivrés dansent et crachent sur elle.

♦

Répondant aux bombardement allemands, les forces Alliées aériennes attaquent Lübeck en Mars 1942 et leurs donnent un avant-goût du gigantesque brasier qui engloutira Berlin, Dresde, Hambourg, et Munich. Des centaines d'avions écrasent plusieurs centres urbains allemands. Les américains lâchent un million de tonnes de bombes sur l'Europe ; les anglais le quart.

En France, le premier assaut aérien Allié tue six-cents personnes et blesse mille cinq-cents près de l'usine Renault. Une deuxième expédition en 1943 sur Longchamp tue quatre-cents personnes ; cinq-cents sont gravement blessées. Les avions Alliés attaquent les ports et centres industriels. Le bombardement de Nantes fait mille deux-cents victimes quand plusieurs bombes aplatissent « par erreur » tout un quartier résidentiel. À Toulon, quatre-cent cinquante civils sont tués. Devançant et accompagnant les débarquements Alliés, les raids américains sur Lyon, Marseille, et la région parisienne tuent deux mille personnes.

Les français réagissent selon leurs convictions politiques et les dégâts que les bombes infligent. Les garanties et les exhortations passionnées des stoïques en chambre ne calment pas les victimes. Pour les parents et les enfants des milliers qui avaient été pulvérisés, le fait que les bombes furent larguées par les « libérateurs » est une piètre consolation. Un dirigeant de la Résistance dit à ses chefs à Londres :

> *« Les bombardements Alliés sont cons et criminels. Ils tuent des milliers de Français sans pour cela avancer leurs objectifs militaires. »*

On pensera à Hiroshima et Nagasaki, au Vietnam et, plus tard, à Bagdad et Belgrade. L'extrême impertinence avec laquelle les Alliés, surtout les américains aplatissent des douzaines de villes en France se rejoue après la victoire en Normandie. Le Havre, qui avait saigné à blanc pendant l'invasion, subira quatre ans de bombardements « stratégiques. »

J'apprends à manier la radio et à capter les émissions sur ondes courtes, notamment celles de la BBC. Je reconnais les quatre premières notes de la cinquième symphonie de Beethoven. Si l'on croit aux augures de la BBC, le pronostic est encourageant. Mes parents exploitent cet optimisme avec une naïveté et une imprudence qui nous coûterons cher.

La malchance est plus tenace que la veine, et plus fidèle.

On accorde plus de confiance au hasard qu'à la probabilité.

EN ROUMANIE

**Les révolutions se jouent en trois temps : elles sèment
la pagaille ; elles se bureaucratisent ; et elles se répriment.**

En juin 1944, tandis que le combat embrase la Normandie, la redoutable armée russe lance une offensive-éclair sur deux fronts. Dans les pays baltes, démoralisés, mal approvisionnés, plusieurs régiments allemands sont encerclés et capturés. Pour la première fois des garnisons entières se rendent. Sur le front sud, les russes occupent Iasi, la capitale de la Moldavie d'où ma mère et sa famille sont originaires. Maudits pendant des siècles pour avoir livré Jésus à Ponce Pilate, haïs pour leurs fortunes et leurs aptitudes, les Juifs de Iasi sont maintenant soupçonnés d'être communistes et d'avoir manigancé l'invasion russe. Éperonné par ces médisances, le régime pro-Axe du Maréchal Ion Antonescu agresse la communauté Juive. Plusieurs notables, parmi eux des journalistes, sont arrêtés et emprisonnés.

Des escadrilles russes bombardent Iasi le 24 juin. Deux jours plus tard, une seconde canonnade fait cent morts. Le jour même, le chef de police Kirilovici convoque les dirigeants Juifs. Il les accuse d'avoir communiqué avec les pilotes russes et menace d'en exécuter cent pour chaque victime allemande ou roumaine. Dans la soirée six-cents gardes civils et militaires vont de porte en porte à la recherche de pièces à conviction—drapeaux, lampes de poche, jumelles, émetteurs de radio, et « textes communistes. » N'ayant rien trouvé, les gardes battent et dévalisent leurs proies. Plus de trois-cents personnes sont arrêtées. Le 27 juin, des soldats roumains évacuent trois cents Juifs de la ville de Sculeni, en Bessarabie, et les dirigent vers la Moldavie. On les force de creuser une fosse commune. Ils sont abattus et ensevelis.

Dans une monographie éditée en 1988 par le *Journal*

International d'Études Roumaines, le Professeur Henry Eaton, de l'Université du Texas à Denton, affirme :

> « Iasi, ce jour-là formait un contraste terrifiant de vide et de violence — des maisons sans vie, des rues désertes soudainement grouillant de gredins et retentissant de cris et de coups de feu. Cinq Juifs furent arrêtés et envoyés à un dépôt du 13ème Régiment d'Infanterie où ils seront forcés de faire l'inventaire des bombes non-explosées et de marquer leur emplacement. On leur confie ce travail dangereux sous prétexte qu'ils ont guidés les bombardiers russes vers le camp militaire. Ils sont ensuite massacrés et leurs cadavres sont abandonnés dans un terrain vague. »

Le jour suivant, le Prof. Eaton ajoute, trente soldats roumains vandalisent des résidences Juives soupçonnées de receler des postes émetteurs de radio. Cette nuit, un avion lance un signal lumineux blanc. Les sirènes hurlent, incitant une fusillade acharnée suivie de l'arrestation en masse et l'assassinat d'un grand nombre de Juifs. Les patrouilles allemandes et roumaines, souvent accompagnées par des « stagiaires » civils, traînent des Juifs dans les rues. Ils battent et tuent ceux qui résistent, et jettent le reste en prison. Quand l'aube se lève, deux mille Juifs auront été écroués. Des groupes de civils et membres de la diabolique Garde de Fer, participent au lynchage — effectué à l'aide de matraques alourdies de plomb et de massues cloutées — avec une férocité qui témoigne du plaisir qu'ils éprouvent à agresser des êtres humains.

Des convois de Juifs, tous brutalisés, arrivent à la station centrale et sont forcés de passer à la file indienne entre deux rangées de soldats allemands qui les frappent tour à tour avec de cravaches et tuyaux de plomb. Plusieurs prisonniers meurent sur place. Dans l'après-midi, les prisonniers sont exécutés dans la grande cour du poste de police. Les exécutions continuent par intervalles jusqu'à dix-huit heures. Au moins quatre mille sont abattus ; d'autres sont gravement blessés. Quelques-uns réussissent à franchir le mur et s'échappent. Les autres sont entassés dans des wagons de marchandise dont les portes et conduits d'aération ont été scellés. Plus de mille deux-cents meurent asphyxiés dans un train qui erre sans but pendant six jours. Dans les semaines qui suivent le pogrom de Iasi, des soldats roumains tuent des milliers de Juifs en Bessarabie. En Octobre, ils massacrent une dizaine de milliers de Juifs à Odessa, en Crimée.

♦

Dupés par les communiqués du gouvernement roumain qui invite les expatriés à retourner chez eux en faisant croire que la guerre tire à sa fin, et poursuivis par les allemands en zone libre maintenant occupée, mes parents décident de quitter la France, par train, sous les auspices de la Croix Rouge, pour la Roumanie. Nous passons trois jours et nuits, transférant d'un Pullman surabondé à des trains régionaux délabrés, et franchissant d'innombrables postes de contrôle militaires. Trois jours et trois nuits passés à esquiver le regard inquisiteur de la police ferroviaire et des gardes-frontière. Trois jours et trois nuits pour atteindre Bucarest, convaincus que la paix était imminente, et juste à temps pour saisir la terrible réalité : nous subirons encore un an de bombardements, de carnage, et de démence avant que la guerre cesse enfin.

— Nous avons pris des risques incalculables, mon père se souviendra. C'était une pure folie. Je ne sais pas comment on s'en est tiré.

Le 24 août la Luftwaffe bombarde Bucarest. La Roumanie se sépare de l'Axe, déclare la guerre à l'Allemagne et, épaulée par les forces russes, attaque la Wehrmacht. Six jours plus tard, l'Armée Rouge traverse les champs pétroliers de Ploiesti et entre dans la capitale. Le 5 septembre, le roi Michel de Hohenzollern déclare la guerre à la Hongrie qui, avec la bénédiction d'Hitler, exproprie la Transylvanie.

Jeu de Rôle

Le 12 septembre, le jeune monarque signe un traité d'armistice avec les russes et donne l'ordre à l'armée roumaine, jusque-là l'instrument docile de l'Axe, d'orienter ses armes sur les allemands. Dans un round final — le Maréchal Montgomery le qualifie de « knock-out sensationnel » — les forces américaines et britanniques traquent les allemands en retraite, coupent leurs réseaux d'approvisionnement … et bombardent Bucarest.

♦

Quand je ferme les yeux, j'entends la furieuse dissonance de la guerre, le hurlement macabre des sirènes, le son des pas hâtifs tandis que nous nous précipitons vers l'abri souterrain le plus proche. Le long vrombissement d'une escadrille de forteresses volantes résonne dans ma poitrine. Ils sont tous là, prêts à réanimer des souvenirs d'enfance inoubliables : le gémissement aigu des bombes, les explosions assourdissantes, le grognement déchirant des immeubles qui s'effondrent comme des châteaux de sable, l'odeur de la poudre à canon, la puanteur de la mort.

Un raid aérien Allié dure cinq jours et cinq nuits. J'ai la rougeole, je brûle de fièvre. Des rêves — non, des cauchemars — me tiennent dans une transe qui inquiète mes parents et donnent un caractère surréel à l'enfer que je surprends les yeux fermés. Il y a très peu à manger et boire. Mon père et quelques hommes remontent vers la rue et pillent des épiceries et des pharmacies tandis que les bombes incendiaires pleuvent autour d'eux. Le cinquième jour, quand les bombardements cessent enfin, mon père m'emmaillote dans une couverture et nous sortons de l'abri. Habitués à la triste noirceur de l'abri, mes yeux refusent d'enregistrer le spectacle auquel ils sont soumis. Je le reverrai plus tard dans les surréelles abstractions du *Dernier Jugement* de Jérôme Bosch, et plus tard encore, cette fois-ci dans son immonde crudité, le 11 Septembre 2001, à New York.

Bucarest flambe. Intacts parmi les décombres, des murs et des escaliers dévêtus se dressent contre un ciel couleur de colère comme des doigts accusateurs. Un épais alliage de fumée et de poussière me fait tousser violemment. Méconnaissables, les rues sont jonchées de débris. Criblés de lézardes et de gouffres béants, des voitures, des bus, et des tramways sont immobilisés tandis que des langues de feu les dévorent. Les conduites d'égouts avaient éclaté et des cratères débordant d'eau saumâtre bouillonnent, remués par des convulsions souterraines. Déchiquetés, empalés sur des branches d'arbres, sur des poteaux, et des lampadaires, des cadavres—hommes, femmes, et enfants—jonchent pêle-mêle dans une hécatombe indescriptible. Figés sur place dans cette chorégraphie hideuse de la mort, d'autres encore pendent sur des parapets et garde-fous comme des marionnettes désincarnées. Éviscérés, leurs narines ensanglantées, toujours attelés à leurs fiacres et charrettes, des chevaux sont étendus sur leurs flancs, leur regard fixé sur un néant que leurs yeux ne sont plus capables d'enregistrer. La poésie, la musique, la cadence, et l'absurdité de la vie sont réduites au silence, à l'inertie.

— Pourquoi, papa, pourquoi ? Mon père presse son front sur le mien et sourit tendrement. Ne t'en fais pas mon petit. Je ferme les yeux, suppliant non pas Dieu, auquel je n'ai jamais cru, mais à un faiseur de miracles sans nom, de faire disparaître cette vision de géhenne. Pourquoi, papa, pourquoi, je répète, alors que je m'endors dans ses bras. Seule ma mort, je comprends avec un discernement précoce, mettra fin à cette question sans réponse. Mon père aura raison. Tout ça n'a aucun sens. Quand on fait face à un problème insurmontable, seules les questions persistent.

J'avais sept ans.

◆

Le 24 avril 1945, les armées de Koniev et Joukov occupent Potsdam. Le siège de Berlin commence. Lancées par six-cent-dix pièces d'artillerie, vingt-cinq mille tonnes d'explosifs s'écrasent sur la capitale. Les soldats russes prennent la ville, quartier par quartier, maison par maison. Ils violent des femmes et des fillettes, et égorgent des hommes. Le 30 avril, Hitler, Eva Braun, les Goebbels, et le chef de l'état-major de la Wehrmacht, le Général Hans Krebs, se suicident. Deux jours plus tard les allemands hissent le drapeau blanc. Le 4 mai, après avoir détruit les digues de la Zuiderzee et inondé le pays, les troupes allemandes en Hollande capitulent.

Himmler essaye en vain de négocier un pacte avec le Comte Bernadotte de Suède, tandis que Goering se rend à un général américain qui l'invite à faire un bon gueuleton. Les français avaient collaboré — un acte méprisable mais explicable en temps de guerre. Les américains sont dépourvus de scrupules : ils aident des criminels de guerre allemands à s'échapper vers l'Amérique latine ; ils en accueillent d'autres aux États Unis et les embauchent dans diverses industries scientifiques et militaires. La Guerre Froide fait son début

Le 7 mai à Reims, les armées du Troisième Reich se rendent. Signé par le Général Jodl, le document de reddition est contresigné le lendemain à Berlin par les généraux Keitel pour l'Allemagne, Joukov pour l'Union Soviétique, Tedder pour le Royaume Unis, et Eisenhower pour les USA. En Europe, la Deuxième Guerre Mondiale prend fin.

♦

En France, pendant les quelques semaines frénétiques qui suivent la Libération, les exécutions, épurations militaires, règlements de comptes, et vendettas revendiquent cent-mille français.

Lafont, le traître qui sauva la vie de mon père, est supprimé. Il ne reste de cette triste ère qu'une petite inscription apposée sur la façade de l'immeuble au 93, rue Lauriston et dont le langage économe remanié à deux reprises témoigne de la gêne que la France éprouve encore envers sa propre histoire :

En hommage aux résistants torturés dans cette maison durant l'occupation 1940-1944 par des français, agents auxiliaires de la Gestapo du groupe dit 'Bonny-Lafont.'

♦

Petit à petit, la vie à Bucarest reprend un air normal aussi trompeur qu'il sera bref. Les prochaines quatre années seront marquées de remous politiques violents, de sévices, et d'un règne de terreur non moins néfaste que les pogroms fascistes qui devancèrent la prise de pouvoir des soi-disant communistes. Du jour au lendemain, les acolytes les plus fanatiques du général fasciste Antonescu, exécuté en 1944, se transforment en Stalinistes convaincus. La même racaille qui se pavanait en chemises vertes, bottes noires et sangles de cuir, qui hurlaient des slogans Nazi et qui battaient les Juifs, se parent maintenant de foulards rouges. Ils apprennent à fredonner l'Internationale, jurent éternelle fidélité à la classe ouvrière … et battent les Juifs. Ces métamorphoses, rarement le fruit d'une conviction inébranlable, se produisent spontanément et sont toujours accompagnées par une répudiation des allégeances précédentes. Tels que ceux qui résistent une forme de tyrannie ont tendance à en résister une autre, ceux qui prennent part à une forme de tyrannie s'accommodent facilement à celle qui suit.

♦

D'après Schopenhauer, la vérité est d'abord ridiculisée, ensuite âprement désavouée, et finalement adoptée. Schopenhauer se garde de dire qu'entre la deuxième et troisième étape se produit souvent un revirement de conviction populaire factice et transitoire. Les hommes se fient moins à l'incontestabilité d'un argument qu'à l'ardeur avec laquelle on le soutient. Bill Clinton dira, « Le chemin vers la tyrannie commence par l'anéantissement de la vérité. » C'est là une recette que les fanatiques de « l'ordre » adoptent volontiers quand le « chaos » risque de déséquilibrer leur version opportuniste de la discipline et du bien-être public. Beaucoup de mal sera fait au nom de « l'ordre, » de la « justice, » et d'une vérité passe-partout unilatérale. Le désordre est remplacée par « l'ordre » et, quand « l'ordre » tyrannise, comme il a tendance à le faire, les révolutionnaires et les despotes changent de place avec tant d'adresse qu'il est impossible de les démêler. Le monde continuera à produire des « sauveurs » qui s'entêteront à nous « sauver » qu'on le veuille ou non. Ils prêcheront l'altruisme, l'amour, et la paix, mais ils ne respecteront ni l'un ni l'autre ; une telle obligeance leur coûterait le pouvoir. Nous baisserons la tête et laperons les mensonges qu'ils débitent. L'araignée tissera sa toile, le soleil se lèvera, le coq annoncera la naissance du jour, et nous continuerons à jaillir de l'utérus, nus, suintant, et gelés, afin de nous débattre pour un temps sur les champs de bataille et les chaînes de montage tandis que le percepteur…

« L'ordre » est un état imaginaire inventé par les puissances du moment. Il n'est ni admirable ni affranchissant—quoique précaire et vulnérable—qu'à l'échelle cosmique. Seule l'instinct et la brute volonté de vivre animent l'homme. Tous les bouleversements de l'histoire découlent de l'entêtement de ceux qui croient être seuls maîtres de la vérité. « Le rire est le propre de l'homme, » Henri Bergson a dit ; la fourberie aussi.

♦

Bons-vivants, accueillants, ayant hâte de reprendre leur train de vie d'avant-guerre, mon oncle et ma grand-mère, avec lesquels nous partageons l'appartement à Bucarest dans l'élégant immeuble Wilson, sur le Boulevard Bratianu, reçoivent du monde. Ces événements sont très recherchés et ma mère et grand-mère passent la journée à confectionner des mets conçus à ravir le palais et à séduire l'œil. Deux fois par semaine, une jeune paysanne dodue aux joues rouges grimpe l'escalier de service chargée d'œufs, de crème fraîche, de plusieurs variétés de fromage, de groseilles, de miel, de farine de maïs, de côtelettes de porc, de salami de Sibiu, et de deux ou trois poulets. La jeune femme égorge la volaille avec un petit couteau qu'elle tient dans les plis de sa jupe. Je me souviens avoir regardé, envoûté et horrifié, les fouettements d'ailes désespérés des pauvres bêtes décapitées. Accroupie sur ses talons, ses sous-vêtements blancs accentuant la rondeur de ses cuisses roses, la jeune femme esquissait un sourire mi édenté dans lequel je devinais un mélange de moquerie et de vénalité. Sa prestance, suggestive et vaguement séduisante, télégraphiait bien plus que j'aurais pu comprendre à l'époque. Je découvrirai bientôt les secrets aguichants qu'elle cachait derrière ses culottes, avec son concours, dans la chambre de bonne.

Les réceptions de ma grand-mère attiraient la crème de la société roumaine. Elle se réunissait pour passer une soirée de délices culinaires et de très menus propos. Souvent, après avoir bien bouffé, ils se séparaient en groupes de quatre pour jouer au bridge, un jeu qui transforme les meilleurs amis en adversaires. Animés par tasse après tasse de café turc, grignotant du halva, des pistaches, et du *rahat loukoum*, une sorte de guimauve saupoudrée de sucre parfumé, les joueurs s'attardaient jusqu'au petit matin, empêchant ma mère, mon père, et moi de nous coucher. Ma mère était furax. Elle aimait les gens, à sa manière, mais elle préférait ses livres, ses mots-croisés, une ou deux parties de réussites, et son lit à l'ingrate corvée de verser du café toute la nuit et de vider les cendriers. Elle baillait sans cesse et se réfugiait souvent dans la salle de bain. Dégoûté par un jeu durant lequel les partenaires se traitent d'imbécile et de con, énervé par le papotage, mon père prenait l'air sur la terrasse. J'étais obligé de dormir sur un sofa dans un salon qui puait le tabac et d'être réveillé quand les convives, se levant enfin de leurs jeux, se réunissaient dans l'antichambre, se disaient des longs aurevoirs, faisaient les éloges des mets succulents qu'on leur avait servis, et vouaient de refaire tout ça très bientôt.

Certains des « réguliers » arboraient un air princier quoique personne ne savait au juste comment ils gagnaient leur vie. Des titres de noblesse, achetés ou décernés, et des liens d'amitié avec le père du roi Michel, Charles de Hohenzollern, conféraient une haute stature dans la société ultra-hiérarchique roumaine. Un rang social élevé, inutile si on ne peut l'afficher à quelques degrés au-dessous du sien, forçait ces personnages à circuler parmi les roturiers—les intellectuels, ceux qui pratiquaient des professions libérales, et les gros marchands pleins de fric et de tuyaux. Malgré le décorum, c'était un commerce incestueux qui encourageait le racolage, les combines louches, et les faveurs. Un vestige des coutumes décadentes ottomanes convenablement corrompues par les stratagèmes et la mascarade occidentales, ces manigances constituaient le langage véhiculaire de toutes les souches de la société roumaine.

« Le principe fondamental du contrat social, » mon oncle déclarait souvent avec le pragmatisme qui marqua toutes ses relations, « est de créer des obligations mutuelles. Un cadeau devient un investissement. Un service rendu en exige un autre en retour. Plus on honore ses obligations, plus est grand le tribut auquel on peut s'attendre. » Il n'est pas étonnant que l'exercice de sa profession d'avocat fût fondé sur le principe que les clients que l'on ne peut cultiver à long terme ne valent pas d'être représentés. (Je retrouverais cette éthique en Amérique parmi des médecins qui refusèrent de me soigner parce que les syndromes pour lesquels je les consultais n'offraient aucune perspective de traitement coûteux à long terme). Les mêmes principes guidaient ses liaisons amoureuses, mais avec bien moins de succès. Il avait épousé une très belle femme butée et inculte qu'il ne réussit à apprivoiser ou instruire et qui, en reconnaissance des peines qu'il avait prises pour l'éduquer et la couvrir de bijoux, le trompa aussi souvent que possible. Leur mariage dura un an. Mon oncle, un incurable romantique, restera célibataire le restant de ses jours. Il pardonnera son ex-conjointe pour ses indiscrétions. Aimer l'infidèle c'est aimer vicieusement la concurrence. On doit supposer que l'infidélité pardonnée est l'écho d'un amour désuet. Il avouera : « On se marie en se donnant du courage. On reste célibataire en se faisant peur. Une fois acquis, le célibat est une maladie qu'on a rarement envie de guérir. »

> *Les femmes aiment les hommes romantiques mais elles épousent des réalistes ... qu'elles trompent ensuite avec des romantiques.*
>
> *Aimer les mêmes choses ne suffit pas pour assurer l'harmonie d'un couple. Il faut surtout qu'il déteste les mêmes choses.*
>
> *En ménage, il survient un comble d'incompatibilité quand on s'en va ou on reste, en fonction de ce qu'on abhorre d'avantage — souffrir ou faire ses valises.*

Vingt ans plus tard j'imite mon oncle. J'épouse une très belle femme opiniâtre, revêche, et analphabète que je ne pourrais ni instruire ni décanter. Il y a pire qu'une femme sotte et méchante : une femme sotte, méchante, et belle. Ce mariage dure presque vingt-trois ans. Il évoquera des observations de moins en moins charitables sur l'amour, les femmes, et l'état conjugal.

> *L'amour romantique est un parfum céleste auquel on a oublié d'ajouter un fixatif.*
>
> *Tant que l'amour est en flammes on ne ressent pas ses brûlures.*

◆

Mes grands-parents maternels avaient rendu et profité d'un tas de services. Mon grand-père maternel (il meurt le jour de ma naissance) était ingénieur chez Siemens. Il était mieux connu comme le juriste, poète, et éditorialiste qui avait tué un concurrent après une longue guerre de mots suivie à la une dans leurs journaux respectifs et aboutissant à un duel. L'incident fit sensation. Mon grand-père n'avait jamais possédé une arme à feu. Son adversaire était tireur d'élite et un duelliste chevronné. Jugé à contrecœur par un tribunal avenant (son adversaire était mal vu), l'inculpation envoya mon grand-père en prison mais il passa moins de trente jours dans une chambre confortable, près de celle du gardien-chef, où il rédigea ses rubriques, reçu sa famille et ses amis, et où on lui prépara des bons petits repas. L'affaire attisa la curiosité du roi Charles et mes grands-parents furent à plusieurs reprises invités au palais royal. Ce privilège fournira un tas d'anecdotes avec lesquelles ma grand-mère, conteuse pleine d'esprit, régala ses amis. Ses évocations astucieuses et caustiques offriront un aperçu cocasse sur la Cour et la haute société roumaine au début du 20ème siècle.

Le règne et la vie privée du roi Charles furent assaisonnés de scandales. Il divorça sa première femme pour épouser la Princesse Hélène de Grèce. Il abdiqua en faveur de son fils Michel en 1940 et poursuivit une liaison publique avec Magda Lupescu, une aventurière roumaine d'origine Juive qu'il épousa en 1947. Il mourut en Espagne en 1953, mon avant-dernière année de lycée.

♦

Ma grand-mère aimait dire que le roi et la reine étaient « des rustres bien affublés. »

—Si ce ne fut que pour l'hérédité et les fortunes dynastiques, on les aurait pris pour n'importe qui. C'est incroyable l'air que l'ascendance, les yeux bleus, et une couronne donnent aux personnes les plus ordinaires. Un jour j'ai surpris Charles en train de fourrer son doigt dans ses augustes narines avec une regrettable désinvolture. Je l'ai aussi entendu rire de bon cœur quand des officiers se réunirent autour de lui après dîner et pétèrent avec une effronterie frôlant la préméditation. Ces pétarades étaient si puissantes, j'ai cru qu'ils allaient chier dans leurs pantalons. J'ai toussé et raclé ma gorge dans le vain espoir de noyer cette abjecte canonnade. Qui sait, peut-être sa majesté prenait part à ces récitals intestinaux. Vous n'avez pas d'idée combien je me sentais gênée.

Un des officiers, « Baron von *machin-chose,* » un petit homme trapu au visage cramoisi ruisselant de sueur et portant un uniforme trois fois trop petit, « aimait les jeunes garçons » — un vice qu'on attribua au roi mais qui, d'après ma grand-mère ne fut jamais confirmé. Toujours est-il que les goûts sexuels du baron étaient un secret de Polichinelle et le bruit courait que des enfants de campagnes étaient régulièrement — et clandestinement — introduits dans le palais pour le plaisir de courtiers des deux sexes, avec le baron animant les répugnants libertinages.

On racontait aussi qu'une des dames d'honneur de la Reine Hélène, une femme instruite et de haute lignée, s'engageait volontaire dans un des bordels les plus scabreux de Bucarest. Comme Messaline, qui aimait se déguiser en esclave et se prostituait dans les lupanars de Rome, cette dame se glissait en douce du palais tard dans la nuit, hélait un fiacre, et se dirigeait vers la *Crucea de Piatrá* [Croix de Pierre, un quartier en lisière de Bucarest bien connu pour ses maisons de passe] et s'offrait à une douzaine d'hommes les plus grossiers et repoussants. Elle rentrait à la résidence royale avant l'aube et, mine de rien, reprenait ses fonctions auprès de la reine.

Si le commérage était répandu à la cour, la calomnie l'était aussi. Jalousies, rancunes, méfiances, tout alimentait un bruit constant de médisance. Dans cette atmosphère machiavélique il était presque impossible de séparer la vérité des sous-entendus, les méchancetés du mensonge. Mais le roi Charles n'était pas Borgia. Il était faible, terni par les scandales, et entouré de flagorneurs qu'il tolérait selon leur rang et titre avec un mélange de bienveillance, d'apathie, ou de dédain.

— C'était un sacré spectacle, dira ma grand-mère en clignant de l'œil.

♦

Un autre spectacle, cette fois-ci funeste, se déroulera bientôt. Au début, par égard pour l'Armée Rouge qui occupe la Roumanie, les néo-communistes sont insérés dans le régime du jour d'où ils fomentent une crise ministérielle. Les Soviets contraignent le roi Michel d'endosser le gouvernement marxiste de Petru Groza. Les partis d'avant-guerre sont dissous. Le jeune roi Michel est forcé d'abdiquer. Il quitte le palais sous le regard attentif d'un groupe de voyous récemment « convertis » au communisme et exilé. Maintenant que la guerre a pris fin, la *Securitate*, une bande d'insoumis et d'hors-la-loi qui avaient terrorisés la Roumanie sous les Allemands, sont récompensés pour avoir terrorisé les roumains au nom du « communisme. » *Plus les choses changent…*

♦

Au bout d'un couloir étroit éclairé par des chandeliers art déco, vivait Peter, un garçon de mon âge. Son appartement m'était interdit—j'en apprendrai la cause bien plus tard—alors on jouait souvent chez moi. Marqués par les images frappantes d'un conflit mondial à peine révolu, il était naturel pour deux enfants impressionnables de recréer avec autant d'innocence que d'imagination les événements qu'ils avaient survécu. On jouait à la guerre. Peter choisissait toujours le rôle d'un soldat allemand-- commandant d'une division Panzer ou d'un pilote de la Luftwaffe. C'était un choix que je ne mettrai en cause que bien plus tard. Quant à moi, je me transformais en maquisard, Tommy britannique ou G.I. américain, et je faisais semblant de fumer un gros cigare et de mastiquer du chewing-gum tandis que je pataugeais dans la bourbe d'une île tropicale dans le Pacifique. C'était avec moins d'enthousiasme que je galopais comme un cosaque à travers une tempête de neige aveuglante dans les steppes de l'Asie centrale. Je détestais l'hiver et j'avais hérité de ma mère une sensibilité maladive envers le froid si intense que je frissonnais même en prétendant d'y être exposé.

Faisant preuve d'une sournoiserie peu commune chez un gosse de son âge, Peter exploitait cette faiblesse pour me prendre prisonnier et, souvent, pour m'abattre. Je faisais semblant qu'une balle avait percée mon cœur, j'agrippais ma poitrine et tombais, d'abord sur un genou, ensuite sur un coude, pour m'assurer que la mort ne fera pas trop mal.

— À nous la victoire ! Peter entonnait avec hauteur tout en posant sa botte sur ma poitrine. « Nous, » c'étaient les boches. Rassasiés de la guerre au sol, nous nous tournions vers les combats aériens. Peter commandait un Stuka ou un Messerschmitt ; je pilotais des Spitfires, Corsaires, et forteresses volantes. Bombardements à haute altitude, mitraillages au sol étaient féroces. Peter, qui ne tenait guère compte des événements, inventait des batailles et accordait aux allemands des victoires imaginaires que je tolérais par amitié pour lui. Mes affirmations que Dresde et Francfort avaient été entièrement rasées, qu'Hitler était mort, que Mussolini, après avoir été exécuté, fut pendu à l'envers et saigné come un porcelet à une fête champêtre, que le Soleil Levant du Japon s'était couché dans un crépuscule nucléaire, tout cela le gênait. Peter refusait d'accepter la réalité de la défaite allemande. La déroute écrasante du Troisième Reich semblait lui faire tant de chagrin que je lui accordais sa propre version de l'histoire. Les enfants croient aux ogres et aux fées, en Dieu, au diable, et au Père Noel. Je ne croyais en rien mais les convictions de Peter ne m'empêchèrent nullement d'être son ami. Quand j'y pense, son rejet entêté de faits incontestables aurait dû éveiller des soupçons. Mais nous partagions d'autres intérêts et prenions part à d'autres divertissements, dont un, si intime et si captivant, que je m'inclinerais volontiers devant les impostures de Peter.

Je connaissais déjà depuis longtemps la magie, la joyeuse suffisance provoquée par une érection spontanée, la mienne bien sûr, mais je ne possédais aucune base de comparaison, sauf peut-être en observant furtivement l'organe impressionnant de mon père quand il faisait pipi, ses jambes bien écartées dans un pissoir public ou au w.-c. à la maison. Ce fut donc avec soulagement que je découvris que la quéquette de Peter n'était pas plus grande que la mienne, quoique le bout était coiffé d'une sorte de cagoule laide et plissée tandis que mon engin avait la mine plus sympathique d'un petit champignon des bois. C'était pendant nos ébats guerriers — la Bataille d'Angleterre, l'assaut sur le Rhin, ou la prise de Guadalcanal — que je ressenti les premiers soupçons d'une turgescence imminente. Stimulée par des pantalons étroits, l'érection me gêna tellement que je laissai tomber mes culottes et libéra un petit outil dur et palpitant.

— *Heil Hitler*, j'exclama, me mettant au garde-à-vous. Peter ne trouva pas ça drôle.

— Moi aussi j'peux l'faire, dit Peter, relevant le défi. Tiens ! Il ôte son pantalon et tripote sa bite. Je regarde, fasciné. Le prépuce recule et sa verge se déploie comme le cou d'une tortue, découvrant une hampe mince et rose qui s'éleva lentement comme une barrière de chemin de fer et se posa sur son ventre.

— En garde ! Je m'empare de ma queue et me rue sur mon ami. Peter accepte le défi, empoigne la sienne et se précipite vers moi. Nos armes se heurtent et s'entrecroisent dans une escrime charnelle qui transforme un simulacre d'hostilité en un doux assouvissement mutuel. Comblés de sensations aussi étranges qu'intenses, nous cessâmes notre duel. On se regarda pendant quelques secondes, mirant nos petits sabres pugnaces d'un air révérend et, remettant nos pantalons, nous retournâmes à nos combats. Aussi modeste, aussi bref qu'il soit, un plaisir goûté devient tout à tour un plaisir évoqué, anticipé, et poursuivi. Nous reprîmes nos joutes pendant les cesses-feux. Je contrôlais son vit, il manipulait le mien. Parfois, simulant un coup de grâce réciproque, nous les enfoncions entre nos cuisses. Amarrés comme nous l'étions par une étreinte dont nous ne comprenions pas les suites, nos cœurs battant très fort, et des émotions inexplicables parcourant nos pensées, nous demeurâmes en silence l'un dans l'autre. Le plaisir que je ressenti fut intense. Mais je n'étais pas en mesure d'imaginer l'extase indescriptible que je goûterai quatre ans plus tard quand, ahuri et affolé, j'éjaculais pour la première fois et m'évanouis presque.

Un jour, quand nous nous préparions à secouer nos sabres, Peter enleva son pantalon. Son caleçon était souillé. Pire encore, il sentait la merde. Je perdis mon érection sur le coup et je fus saisi d'une telle répugnance que j'inventais dès lors une excuse et le renvoyais chez lui. Je me souviens avoir été troublé par ma cruauté. La rebuffade mit fin à nos intimités. Une ou deux fois, assailli par des remords — ou le désir — je fis un effort timide de reprendre nos petits jeux. Peter s'y prêta volontiers mais le charme était rompu. Sa puanteur traînait encore dans mes narines. J'avais un nez impardonnable suivi d'une aversion pour toutes odeurs humaines, y compris les miennes, et maudit par une mémoire olfactive aigue. Ces jeux innocents feront de moi un hétérosexuel convaincu.

♦

Quelques semaines plus tard j'entends un vacarme provenant de l'appartement de Peter. Des nouveaux locataires s'y étaient implantés, un colonel russe de forte carrure et son épouse, une jolie capitaine au visage rond, aux joues rouges, et aux yeux bridés, et dont le derrière et les mollets bottés animèrent en moi une convoitise secrète.

— Où est Pierre, je demande à mon oncle.

— Il n'est pas là, il répond, regardant ailleurs.

— Où est-il ?

— Il est parti avec ses parents.

— Où ?

— Loin.

— Loin ? Où ça loin ?

— Loin, très loin.

— Pourquoi ?

Mon oncle était de nature bavard. Il savait entortiller un tribunal, embobiner les magistrats, déboussoler les jurés, et sidérer les spectateurs avec ses plaidoyers byzantins. Il était aussi capable de se taire comme une palourde ou d'exaspérer ses interlocuteurs avec ses réponses laconiques.

— C'est une longue histoire.

— Raconte quand même.

— Pas maintenant.

— Quand ?

Il arque les sourcils et hausse les épaules.

— Un de ces jours.

Je découvrirai les points concluants de cette *longue histoire* une trentaine d'années plus tard. Esquivant mes questions, mon oncle me fournira au compte-gouttes des explications tellement dépourvues de détail qu'elles n'avaient presque aucun sens. L'ensemble qu'il me céda ne correspondait pas aux petits indices hétéroclites qu'il m'accordait. Un examen plus approfondi des faits, suivi des inférences que je réussi à ajouter aux informations fragmentaires de mon oncle me permirent d'ériger un remarquable scénario. Les parents de Peter étaient nés dans la province allemande de Bucovine. Disciples du Führer, ils faisaient partie du vaste réseau d'espionnage allemand en Roumanie. Leur mission : sonder la loyauté des roumains envers l'Axe, et identifier et surveiller les résistants. Partiellement enclavée, politiquement volage et timorée, la Roumanie — la Dacie avant elle — avait une longue tradition d'allégeance à une longue liste d'envahisseurs : Romains, Goths, Huns, Avars,

Tatars, Turcs, Grecs, Allemands, Magyars, et Russes. Les roumains les avaient tous servi avec enthousiasme. Le travail des parents de Peter consistait à analyser les indicatifs socio-économiques dans les grandes agglomérations urbaines telles que Bucarest, de lancer des campagnes de désinformation et d'en interpréter les suites. Ces opérations furent entreprises par l'intermédiaire des rets diplomatiques pendant les premières semaines de la guerre et, ensuite, quand la Roumanie quitta l'Axe, par radio. Un émetteur avait été installé dans l'appartement des parents de Peter. Cela explique pourquoi je n'y ai jamais mis les pieds. Il est fort probable que pendant que Peter et moi titillaient nos bites, son père envoyait des dépêches chiffrées à Berlin. J'ai toujours trouvé une amusante ironie dans la juxtaposition de ces deux empressements — les activités clandestines de ses parents et l'enculage simulé d'un fils de boches.

Les illusions politiques des parents de Peter expliqueraient aussi l'angoisse et le soutien confus de mon petit ami envers l'Allemagne. Il était sans doute convaincu, comme le furent ses parents et des millions de crétins qui bavaient en entendant ses tirades paranoïaques que le millénium d'Hitler était arrivé. Ce que je ne saurai jamais, et ce que mon oncle refusa de discuter, était le caractère et l'envergure des activités de nos voisins de palier. Je me demanderai aussi pourquoi mon oncle et ma grand-mère survécurent, indemnes, l'occupation allemande, tandis que les trois-quarts de la famille de mon père périront dans les chambres à gaz, et autant que je le sache, qu'ils furent épargnés les misères quotidiennes infligées par des voyous fascistes roumains aux chemises brun-moutarde. Une soixantaine d'années plus tard, j'accepte la lourdeur des conclusions que mes spéculations engendrent — tout en les qualifiant d'absurdes et vipérines.

Pour le reste, rien n'est plus très clair. Je suppose que Peter et ses parents furent discrètement sortis de Roumanie par des confédérés nazis, peut-être sous l'égide des américains, et réaffectés en Espagne. Ils durent quitter les lieux avec urgence. J'hériterai quelques jouets de Peter et un petit livre illustré — les facéties de *Max und Moritz*. Mon oncle me dira plus tard qu'il avait gardé un contact « intermittent » avec ses parents après la guerre. Je me souviens lui avoir demandé l'adresse de Peter.

— Pour faire quoi ? Vous êtes adultes et vous vivez loin l'un de l'autre. Que diable pourriez-vous avoir à vous dire ?

Je n'avais pas de réponse.

Le temps émousse la curiosité ; il refroidit le désir de savoir.

LA VILLE DE MON PÉRE

**Les souvenirs sont des larmes volatiles.
Soit elles brûlent ou elles s'évaporent.**

L'enfance de mon père, je le devine dans ses yeux, se déplie devant lui comme un album de vieilles photos dès que nous entrâmes dans l'ancienne bourgade de Sighet : l'église baroque Saint Charles; le gazouillis de la fontaine publique au centre du square ; les petits magasins ; les tavernes ; les maisonnettes peintes au lait de chaux tirant de longues ombres en cette fin d'après-midi ambrée. Les souvenirs s'accolent à la matérialité du moment. Ce n'est pas ce qui fut perdu ou transformé en une dizaine d'années qui frappe mon père le plus, c'est ce qui n'a pas changé. L'idiot du village, le triste bouffon qui attrape et croque des mouches imaginaires et qui s'exhibe en public a vieilli. Son sourire grimaçant et baveur, son strabisme, son regard distrait, son allure trébuchante, et ses enfantillages, ne sont guère plus amusants. Il sent toujours le moisi, la pauvreté, le désespoir, la folie. Les vieux époux se promènent encore, bras-dessus, bras-dessous à petits pas dans le parc. Les paysans, l'âpreté de la vie gravée sur leurs visages, guident leurs troupeaux ou conduisent des charrettes débordant de légumes, de volaille, de pourceaux. Assis sur leurs porches, des enfants contemplent d'un air distrait ce spectacle mélancolique. Sighet poursuit sans doute ses rythmes anciens mais elle semble abattue. Mon père est exténué. La ville de son enfance se dresse devant lui, surréelle comme un décor de théâtre, le simulacre d'un microcosme dont il avait fait partie, un village dont les battements de cœur ne s'harmonisent plus avec les siens.

En 1962, au cours d'un pèlerinage qui inspire son aigre-doux roman vécu, *La Ville au-delà du Mur*, Elie Wiesel fouille à travers un ossuaire d'émotions à moitié ensevelies. Ce qu'il exhume le rassérène, l'exalte, ranime sa spiritualité. Il se réconcilie avec son passé, il l'entrepose, pour ainsi dire, comme on relègue du bric-à-brac encombrant à une soupente inutilisée. Sceptique, recelant une antipathie envers le mysticisme, mon père regagne sa ville. Il ne ressent qu'un vide suffocant.

— En un clin d'œil je me suis retrouvé dans un présent méconnaissable. Contrairement à Wiesel, que les habitants de sa ville natale inspirent, mon père se voit en eux et reconnaît le visage et le relent de la misère qu'il avait connue. Les mendiants et les invalides et les fous et les vieillards ne sont pas des créatures mythiques, des oracles ambulants, ou les instruments d'une stratégie céleste, tel que Wiesel les percevait, mais des êtres grotesques honnis par les hommes et affrontés par Dieu. Il refuse de poétiser la laideur, le chagrin. Il les voit tels qu'ils sont : les symboles du blasphème divin, l'insolence de la nature envers les innocents, les chétifs. Il n'exalte pas leurs souffrances ; il refuse de hisser les égarés, les oubliés, les sans-voix, et les sans-espoir vers des sommets allégoriques.

Il visite l'ancienne synagogue, Vizhnitzer Klaus, bâtisse ascétique recouverte d'un vieux manteau de brique brun-terre. Il reconnaît, blottis dans la pénombre, encapuchonnés comme des chrysalides dans leurs châles de prière, un groupe de patriarches rabougris, et il éclate en sanglots, ému par les prières qu'ils psalmodient, eux aux anges, lui lamentant le gouffre temporel et spirituel qui les sépare.

Si les hommes savaient combien Dieu déteste les intermédiaires, ils exigeraient d'être mis en contact direct avec Lui.

♦

Pourquoi étions-nous venu à Sighet ? Un avenir précaire mettra provisoirement en suspens un passé tourmenté au profit des ennuis du moment : payer le loyer, se nourrir, se rebrancher aux vétilles de la vie, cette fois-ci dans une petite ville qui puait les mauvais souvenirs et semblait démunie de rêves.

—Je n'arrive pas à trouver ma « place, » mon père lance un soir après dîner. On se regarde en silence, évitant de débiter des platitudes Nous étions installés sur la rue Mihaly, dans une maison à deux étages. Le deuxième servait de cabinet médical. Nous occupions le rez-de-chaussée avec les trois sœurs de mon père—Helen, l'aînée, Malku et Lilli, une belle rouquine. Elles avaient survécu Auschwitz et furent libérées par les russes. Les parents de mon père et deux de ses frères périrent dans un des vastes abattoirs de la « Solution Finale. » Ce dont mon père avait fait illusion ce soir-là—sa « place »-- et qu'il répétera désormais, n'était pas un « endroit » mais un espace vital de quiétude. Je n'ai jamais trouvé les mots qui auraient pu le consoler. Comment offrir des condoléances à un homme qui est en deuil avec lui-même ? Comment lui donner de l'espoir sans banaliser son désespoir ?

♦

Formés il y a plus de soixante-dix ans, mes souvenirs de Sighet s'effilochent petit à petit. Je les saisis au vol, je les revis, je les dévisage. Ils sentent le vécu. Ils en disent long sur le mécanisme de la mémoire. Ils offrent une esquisse des truismes dont mon enfance fut imprégnée. Je me souviens d'une vaste cuisine aux murs carrelés sur lesquels pendent des marmites en cuivre. Au fond, sur un immense fourneau, l'agape du soir mijote en laissant échapper des bulles. Dans un petit jardin se promène un ménage de paons que je tourmente en imitant leurs roucoulades désopilantes. Dans un coin du living-room, d'où se dégage une odeur de vieux livres et de présences éteintes, se dresse un piano à queue sur lequel j'essaye de jouer les toutes premières notes du *Clair de Lune* de Beethoven. Une voisine offre à m'enseigner le solfège. J'y renonce après deux ou trois leçons mais je continue à improviser pour me distraire tout en admettant, quand je transpose les mélodies dans la clef de *do* ou de *fa*, qu'une oreille pour la musique est futile sans un doigté habile et des années d'exercices assommants. Je dois sûrement avoir passé des heures à ne rien faire, en plein marasme, tout en prévoyant une crise quelconque qui mettrait fin à mon ennui. Il s'en produiront plusieurs que je n'oublierai jamais.

Un jour je surprends des soldats russes ivres et nus traversant la Tisza, la rivière qui sépare la Roumanie de l'Ukraine. Ils battent des paysans roumains pour s'amuser. Mon vocabulaire s'enrichit : ivrogne, vandale, violeur. Une semaine plus tard, le téléphone sonne en pleine nuit. C'est le préfet de Sighet. Il prie mon père d'examiner le cadavre décomposé d'un officier allemand que le garde champêtre avait découvert en lisière d'un bois. J'accompagner mon père. La puanteur est accablante. J'ai envie de vomir mais je me retiens. Quelques touffes de poils blonds adhèrent encore à des lambeaux de chair décolorée, putréfiée. Le crâne est fêlé comme une coque d'œuf. Près du squelette, un appareil à photo Zeiss, des lunettes, et une sacoche en cuir contenant des cartes militaires sont à demi enfouis dans la bourbe. Le film sera développé et les clichés seront remis plus tard aux services secrets israéliens.

Je me souviens aussi d'un entretien bizarre entre mon père et un garde-frontière. Ce dernier se plaint que la contrebande, autrefois un commerce rentable parmi les Juifs de Sighet, avait sérieusement décru et qu'il n'empochait plus les « belles commissions » auxquelles il était habitué. Mon père le console ; il lui promet « un pot-de-vin bien plus important que les petits bakchichs qu'on vous a donné pour fermer les yeux. » En effet, quelques mois plus tard, mon père s'échappera de la Roumanie, à pied, et s'acheminera vers la France grâce au concours et discrétion du garde-frontière.

♦

Je m'efforce d'évoquer ce que ma mémoire m'empêche de retracer avec précision. J'y arrive parfois par hasard. Je revis des scènes de famille qui peuvent ou peuvent ne pas avoir eu lieu au même moment, au même endroit, ou avec les mêmes figurants. Elles font penser à des pièces en un acte, à des tableaux tronqués genre théâtre de l'absurde dans lesquels le début et la fin se confondent.

Ma mère prépare le petit déjeuner. Helen, la sœur aînée de mon père, élabore sa célèbre confiture de prunes. Dotée d'un humour rabelaisien, munie d'un lexique riche en grossièretés, Helen n'hésite pas à retrousser ses jupes et exhiber ses fesses tout en lançant une kyrielle d'obscénités quand on la contredit. Son mari, l'excentrique Lazare, celui qui avait mis son chat Fékété à la retraite après dix ans de service, donne à manger à son successeur, un chaton qu'il baptise Orozlan. Lazare avait tenu un discours durant lequel il chanta les louanges de Fékété et à la fin duquel il le présenta à son légataire. Bon enfant, Orozlan préférait jouer avec sa proie et les souris foisonnèrent cette année. On résilia la retraite de Fékété en attendant qu'un chasseur plus travailleur le remplace.

Samuel (*Chmiel* en famille), l'oncle paternel de mon père, un misanthrope qui refusait même un verre d'eau à ses voisins mais invitait à table des clochards qu'il racolait dans la rue, se chamaille avec sa femme, l'acrimonieuse Mima. Le vieux couple, mal assorti dès le début, se cramponne à un mariage débordant de rancœur et d'antagonisme mutuel — Mima atteinte d'une schizonévrose latente, Samuel donné à des incartades antisociales. Comment ce couple taciturne parviendra à enfanter deux fils sera pendant longtemps l'origine de badinages désobligeants. Ceux qui connaissent Mima l'admirent. Ils soupçonnent dans son rictus et sa raideur une sorte de stoïcisme. Mais ses regards furtifs et son aigreur trahissent une méchanceté qui va au-delà de la pathologie. Mon père, difficilement dupé par la fausse majesté de son comportement, et peu disposé à tolérer ses emportements, l'avait dite « une grincheuse, une harpie. Nous nous sommes tous demandés ce que Chmiel avait vu dans cette cracheuse de feu. »

Jeu de Rôle

Je n'aurais pas reconnu Oncle Yanosh, un cousin de mon père, si je ne l'avais pas surpris en train d'éplucher des raisins avec un petit canif et de ramasser des miettes de pain en mouillant un doigt et le promenant sur la nappe — une routine que je fixais de mon regard, bouche bée, comme on dévisage un tic nerveux, une touffe de poils saillant des narines, ou une braguette ouverte. Les traits de Yanosh semblaient communiquer un écœurement perpétuel : on aurait dit qu'il vivait dans une puanteur accablante. Il avait un autre automatisme : il se lavait les mains une vingtaine de fois par jours avec une fougue trahissant un genre d'auto-répugnance. La peau de ses mains, le pauvre, avait acquise la blancheur exsangue de poulet bouilli.

Assise devant Yanosh, ma tante Malku fredonne une mélodie de son enfance, une berceuse, je crois, que sa mère avait chanté tous les soirs à ses petits. Son futur mari (et cousin germain) Louis, l'aîné des deux fils que Mima avait enfantée, l'accompagne d'un air distrait avec des « la, la la. » Futur-ancien combattant des campagnes de la Nouvelle Guinée, de Guadalcanal et d'Okinawa, Louis était intelligent mais dépourvu d'ambition. Il gagnera sa vie en repassant des cravates dans les ateliers clandestins — les « sweat shops » — de la haute couture à New York. Malku et Louis auront deux fillettes, l'aînée âgée de huit ans, sa cadette couvant encore dans le ventre de sa mère quand je fis leur connaissance à mon arrivée à New York. Frisant la cinquantaine, ma belle petite cousine aux yeux rêveurs avait à peine trente ans quand des psychiatres établiront un diagnostic effrayant : elle était schizophrène. Je me suis toujours demandé si Mima n'avait trouvé le moyen de se venger.

« *Néné* » Jean, le frère de ma grand-mère maternelle, fume une cigarette turque avec un porte-cigarettes en ivoire sculpté et envoie des ronds de fumée aromatique vers le plafond tout en déclamant des vers de Cosbuc et d'Eminescu, les deux plus grands poètes roumains, ainsi que ceux de Longfellow et de

Wilde. Sa femme, Tante Yetta, belle fille dans sa jeunesse mais nigaude, écoute son mari les yeux fermés, sa bouche entr'ouverte, d'un air extasié.

♦

> *Il est pénible de constater qu'on vous ment. Ça devient vexant quand le menteur ne se donne même pas la peine de rendre ses mensonges vraisemblables.*

C'est à cette époque que j'apprendrai que Fabien, mon arrière-grand-père paternel qui s'était amèrement plaint des prétendus abus qu'il avait souffert, était un faible, un lâche, un menteur, et un malade imaginaire qui évitait les responsabilités, qui détestait tout effort physique, et qui prenait plaisir à fomenter des intrigues qui approfondirent l'immense gouffre affectif et intellectuel qui séparait son père, Abraham, de sa mère, Sarah. Comme un comédien ou un charlatan, il pleurnichait facilement, presque sur commande. Remaniées après chaque récit, les légendes ont tendance à se raffermir. Elles deviennent plus difficiles à réfuter. Fabien avait maîtrisé l'art du simulacre bien avant le décès de sa mère. Il l'emploiera avec adresse et malveillance bien après le mariage de son père avec Rivka, sa concubine. Sarah, selon le journal intime d'Abraham, était « raboteuse et renfrognée. » Elle le tourmenta pendant plus de vingt ans parce qu'il ne ressemblait pas au « grotesque prototype du parfait conjoint qui n'existait que dans ses fantaisies. »

> *Le mariage est un cachot où l'on se retrouve enfermé sans procès, dans lequel on s'attarde sans agrément, et d'où l'on s'évade sans vêtements.*

Abraham avait souffert en silence. Seul Fabien connaissait l'émoi qui dévorait son père. Il était seul témoin des engueulades quotidiennes, de la méchanceté de sa mère, des nuits blanches, des moments de désespoir, si profonds, si funestes qu'Abraham pensera au suicide. Fabien ne verrait jamais les larmes qui coulaient des yeux de son père. Oui, Abraham avait eu des liaisons. Ses maîtresses étaient jeunes, pleines de vie, prévenantes, et tendres envers lui. Dans leurs bras il retrouverait sa jeunesse et les réserves inusitées d'un amour qu'il ressentait le besoin de prodiguer.

« Par précaution, fatalisme, ou scrupules intempestifs, » Abraham confiera dans son journal, « l'homme adultère, tel qu'un automobiliste, garde sa femme comme une roue de secours. J'avais depuis longtemps cessé de la désirer. Souvent, l'impuissance n'est que l'écho de l'indifférence ou du dégoût. L'amour cesse d'être une joie quand il devient un fardeau. En m'épousant, Rivka me rendra heureux. Mais Fabien fera de son mieux pour tout gâcher. Il critiquait la cuisine de sa marâtre, médisant son enthousiasme et sa bonne humeur, il parodiait cruellement sa coquetterie et sa nature douce. Il voulait à tout prix détruire notre union. »

Fabien, ma famille se gardera d'avouer ouvertement, était incapable d'être aimable. On le dira jaloux et rancunier. Sa mère Sarah était morte et son père s'était mis aux petits soins d'une intruse qui préférait les mets relevés de la cuisine hongroise à la gastronomie grasse et ventripotente polonaise de ses parents. Prétextes et supercheries ! En fait, Fabien n'avait jamais aimé sa mère. Il en voulait à son régime tyrannique et il détestait son père pour s'être tapi comme un chien devant les afféteries et caprices de Sarah. Abraham signalera qu'un jour, mis en rage par sa mère, Fabien se rua sur elle, la prit par la gorge et la cloua contre le mur.

— J'étais sûr qu'il allait la tuer. Je ressentis bouillonner dans mes veines l'euphorie d'une anticipation secrète.

L'affaire du grenier ? Un des Guzman-Gutman qui avait échappé à l'Inquisiteur Général de Burgos — un *converso* qui maltraita ses coreligionnaires avec plus de sauvagerie que ses complices chrétiens — avait écrit :

« Quand on répète un mensonge avec assez de conviction, il devient la vérité. » Cette maxime, qu'Hitler exploitera, est à l'origine de toute doctrine politique. Trois siècles après les Guzman-Gutman de Burgos, Abraham insistera que « Fabien aurait très bien pu dormir dans sa chambre et se pelotonner sous son édredon. Coucher dans le grenier renforçait son esprit souffre-douleur. Or, en hiver, quand le poêle à bois ronflait presque toute la nuit, le grenier était bien chauffé. En été, si on laissait la lucarne entrebâillée, les nuits étaient fraîches. »

Et les « restes » que Fabien prétendait avoir été servi ? « Absurde, » notera Abraham. « Il refusait de nous joindre à table alors on lui laissait toujours un couvert. Il bouffait tard dans la nuit les repas que nous avions remis dans la glacière. » L'avait-on expédié à des kilomètres de Sighet ? « Pas exactement. Nous avions épuisé toutes autres options. Fabien était hargneux et bagarreur. Il nous rendait la vie impossible. Alors j'ai prié un vieil ami qui tenait une savonnerie et fabrique de bougies à moins de deux heures de voyage de Sighet de l'embaucher comme stagiaire. Fabien était paresseux et indocile. Il se fit virer à deux reprises et j'ai dû supplier mon ami de le reprendre, ce qu'il fit à contre cœur et qui mis fin à notre amitié. »

Fabien grandit, morose, agressif, peu motivé. Il reprochera au monde ses défauts et prendra refuge contre les affronts imaginaires dont il se croyait victime dans le conflit et les affrontements. La pomme ne tombe jamais très loin du pommier. Le fils de Fabien, Yudel, mon grand-père paternel, héritera son petit commerce. Mon père me racontera qu'il passait ses journées à la synagogue ou immergé dans ses livres saints—la Torah, le Talmud, le Zohar. Il fera sept enfants. Trois survivront les charniers du Troisième Reich. Yudel, sa femme et trois de leurs enfants seront exterminés à Auschwitz.

Et puis un beau jour nous faisons nos valises, embrassons Malku et Helen, et rentrons à Bucarest. La belle Lilli avait été abattue pendant une grotesque fusillade provenant d'un camion transportant des soldats russes qui s'étaient amusés à faire des cartons. On avait fait venir mon père sur les lieux sans lui donner de précisions. Il ne savait pas qu'une des victimes était sa sœur cadette. Trois compagnes avaient aussi été abattues. Les jeunes filles étaient en route vers une ville voisine pour assister à des noces. Lilli avait à peine vingt ans.

TA MONTRE ! TON MANTEAU !

En politique, une alliance est l'union de deux escrocs qui ont leurs mains si profondément enfouies dans les poches de l'autre qu'ils sont incapables séparément d'escroquer un troisième.

C'était une curiosité angoissée, bien plus que la nostalgie, qui attira mon père à Sighet. Il voulait « savoir. » Il en avait besoin. Ce qu'il apprit le décevra. La maison dans laquelle il grandit avait été saisie par « l'état » et livrée à un petit fonctionnaire du parti communiste en récompense pour son allégeance. Cinq ans plus tôt, le même scribouillard, un indicateur de police, avait prêté serment à la Garde de Fer, un ramassis de fascistes et fanatiques religieux. *Tatale* et *Mamale* avaient péris avec deux de ses frères. La communauté Juive de Sighet, décimée par la perte de quelques centaines de leurs membres, était dans un état de choc. Un frénétisme anti-Juif et des alliances politiques précaires menaçaient d'éteindre son âme. Tourmenté, cherchant toujours sa « place » au soleil affaibli d'après-guerre, mon père se lança sans grande conviction dans la politique locale et fut élu président de la communauté Juive. Son activisme social se calmera très vite. La lutte du « peuple, » il se rendit compte, était menée par une bande de voyous aussi voraces et corrompus que les *boïars* qu'ils s'étaient voués de dévaliser et d'égorger. L'utopie communiste, son antisémitisme farouche, avaient alimenté dans la classe ouvrière un mépris typique envers le savoir, le raffinement, la spiritualité. Elle tolérait la terreur, encourageait les razzias, érigeait des goulags, et prenait part aux enlèvements, à la torture, aux exécutions sommaires. Mon père découvrit aussi qu'un bon nombre de ses coreligionnaires avaient fait adhésion au « Parti » et rampaient devant les autorités russes et leurs vassaux roumains « comme des chiens battus. » Le dégoût tournera à la rage quand sa petite sœur Lilli, la belle Lilli à la chevelure de cuivre, libérée par les Soviets des horreurs du camp de concentration, fut tuée sur la grande route par des soldats russes éméchés. Il avait protesté, menacé d'intenter un procès. On l'avait trahi à Paris. Il risquait de se faire trahir à Sighet. Il était temps de secouer le sable de ses chaussures et de dire adieu à la petite ville qui n'avait jamais été la sienne. Il ne la reverra plus.

C'est parce que le terme « communisme » ne communique pas le concept qu'il prétend incarner que je le mets tout au moins mentalement entre guillemets, que je le lis dans les travaux des autres comme une incongruité sémantique. Utilisé à outrance, le terme est un modèle d'imprécision. Tous ceux auxquels on attribue un caractère « progressif, » « loyaliste, » « conservateur, » « libéral, » et « indépendant » me comprennent. Il n'est donc pas étonnant que les socialistes, les athées, les champions des droits de l'homme, les libres penseurs, les pacifistes, et les gens qui portent des chaussettes rouges, ont tous été à leur tour accusés d'être « communistes... » Dans l'Amérique du sénateur Joseph McCarthy des années 1950, le non-conformisme artistique, le sécularisme, et un penchant pour la justice sociale furent aussi vus comme des indices indubitables de tendances « communistes » par les démagogues de l'extrême droite. Les mouvements populaires de libération visant à secouer le joug du colonialisme seront calomniés, comme le seront ceux qui s'opposèrent aux « interventions » militaires américaines au Vietnam, en Yougoslavie, en Irak, et en Afghanistan. Le militantisme platonicien pro-paix de John Lennon, sera aussi attribué à des « tendances communistes » que ses accusateurs savaient être fausses. Eussent-ils vécu de nos jours, le pamphlétaire Thomas Paine et le poète Henry David Thoreau auraient aussi été déclarés « communistes. » Les stratégies d'investissement agressives et les manipulations audacieuses qui caractérisent le capitalisme sont dites « progressives » bien qu'elles affaiblissent la classe moyenne et nuisent aux pauvres. Les nazis et les « communistes » persécutaient les Francs-Maçons ; les uns les croyaient

« bolcheviques » ; les autres accusaient l'ancienne confrérie d'être un agent de l'impérialisme occidental. Tout est sémantique. Mais il faut des canailles pour la corrompre et des idiots pour y croire sans en dégrossir les variantes et les sous-entendus.

Il se pose un autre problème. Ce qui passe pour le « communisme » a pervertit le parangon qu'il prétend symboliser. Il a aussi trahi les objectifs auxquels le *Das Kapital* se consacre. Au lieu de se vouer aux problèmes sociaux urgents — la répartition inégale des fortunes nationales, l'indigence, la faim, la pollution, les maladies contagieuses, et l'analphabétisme, la croisade « communiste » eu recours à un apostolat de terreur qui, en dépit de sa prétendue adhérence à une politique utopique, se montra insouciante envers les épurations et les mises à mort en masse. En fin de compte, les règles du jeu du « communisme, » comme le sont celles des principes monothéistes, sont inapplicables parce qu'ils sont incompatibles à la nature humaine. Sous l'intendance brutale de ses dirigeants et disciples, le « communisme » de Marx échoua. L'histoire devra classer cet échec comme une des plus grandes tragédies humaines.

♦

Jeune étudiant en journalisme à Paris, je joue au « communisme » comme on joue aux gendarmes et aux voleurs sans trop penser aux normes ou aux conséquences d'un tel divertissement. Je ne me rends pas encore compte qu'il faut avoir l'âme d'un malfaiteur pour bien jouer le limier. Je me révolte contre tout pouvoir et autorité. Je lis Hobbes, Locke, et Proudhon : « *La propriété c'est le vol.* » Le mouvement populaire Saint-Simonien du XIXème siècle dégénère peu à peu en une secte quasi-religieuse. Je m'éloigne de cette excentricité tout en admettant que c'est son absurdité même qui m'avait séduite. Coincé entre les feux de l'idéalisme et les pièges de l'idéologie, convaincu que le marxisme n'est rentable qu'à très petite échelle — le monastère ou le kibboutz — j'étudie les visées du « socialisme. » Je me dis que Liberté, Égalité, Fraternité ne peuvent fleurir, et à très courte échéance, que dans les décombres d'un statut quo étouffant. Mais je ne suis pas enclin de soutenir la violence et les injustices que les émeutes entraînent. Pas encore. Ne trouvant aucun exutoire, je concède que le pouvoir politique est intrinsèquement oppressif, qu'il soit tenu par la droite ou la gauche, par une ploutocratie condottiere ou un prolétariat assoiffé de vengeance. Pour éviter de me faire étiqueter, je me dis que la conscience sera la base de mes convictions. Je me tromperai souvent de chemin pour avoir été trop curieux.

En Europe de l'ouest, dans les années 1950, les français et les italiens pratiquent une drôle espèce de « communisme. » Ni les uns ni les autres se livrent corps et âmes aux mandats rigides du Kremlin. Ce qu'ils adoptent est une variante très élastique du marxisme, parfois irrévérencieuse, souvent contestataire, jamais altruiste. Leur loyauté envers le Parti est contingente sur les plaisirs temporels qu'ils peuvent en tirer — les gueuletons, le tabac, le pinard, les maisonnettes de campagne qu'ils entretiennent en Bretagne ou sur la côte d'Amalfi. Ces privilèges très recherchés par les dirigeants, ne sont hélas pas à la portée de la « base. » La base servira la cause communiste tant que cet exercice ne fatiguera pas ses méninges et ne la privera pas des mêmes attributions dont s'octroient les gros-cochons capitalistes. Plus tard, j'observerai les derniers essoufflements de ce que furent quatre-vingts ans de « communisme » en Union Soviétique, ainsi que l'éventrement de l'âme russe.

« Les russes, » je remarquerai dans un éditorial écrit après deux voyages à Moscou, l'un juste avant la « perestroïka, » l'autre dès son avènement, « souffrent d'un cancer de l'âme. » Mal traduit, putréfié par quatre générations de vandales, d'abrutis, et de charlatans, le marxisme continue à inspirer les rêveurs, les mécontents, et les quelconques. En Russie, où il y a bien de choses à lamenter, le faux « communisme » s'éternise avec un abandon qui frôle la psychose.

— La vie n'était pas facile sous Staline et Beria [le sinistre chef de la police secrète], me dit un ancien, sa bouche pleine de dents d'or et le revers de son veston festonné de médailles et de rubans. Mais nous avions tous du travail, un toit sur nos têtes, et de quoi manger. Il y avait de l'ordre. Maintenant il n'y a que du désordre.

— Ce que vous subissez, je lui dis sans crainte d'être compris, sont les séquelles d'un enivrement collectif, la même ivresse à laquelle les hordes d'Hitler se livreraient. Ah, le délicieux paradoxe : Le haut-bourgeois Juif, Karl Marx, le coureur de jupons, le théoricien crasseux et velu, avait horreur de la classe ouvrière. Les préceptes marxistes qui prêchent l'émancipation et le partage égal des biens créés conjointement furent troqués à la veille de la Révolution d'Octobre en faveur d'une doctrine implacable de répression et de sauvagerie qui, pour se maintenir, causera le meurtre de plus de vingt millions d'individus.

Je me demande parfois si un autre Juif, disons un être exalté comme Jésus — eut-il vécu de nos jours — aurait réussi à racheter les hommes en prêchant l'amour et le collectivisme ; n'était-il pas, après tout, le premier « communiste ? » Je poursuis cette hypothèse vers sa juste conclusion et constate que le Vatican l'aurait accusé d'hérésie et, avec le concours de la CIA, et pour des raisons de « sécurité nationale, » l'aurait tué comme le firent les romains deux mille ans plus tôt.

Dans sa lutte contre l'ineffaçable, l'homme inventa la gomme. Il se rendit compte que si on ne peut retoucher la réalité, il faut la supprimer.

♦

Jeu de Rôle

De retour à Bucarest, et malgré mes protestations, je me retrouve à la *Maison des Français*, l'école primaire où je fus inscrit dès notre arrivée en Roumanie en 1944. Je reconnais plusieurs élèves — mais aucun des instituteurs. Madame Alice, l'aimable maîtresse qui avait supporté mes farces et gamineries, était partie. Elle avait plaidé mon cas quand on nous découvrit, une petite fille et moi, tout nus, dans un grand panier en osier, en train d'étudier nos dissemblances anatomiques. Monsieur Antoine, le professeur de dessin et de culture physique, ainsi que Mademoiselle Sylvie, qui enseignait le solfège, et Madame Dina, la directrice, avaient tous été congédiés pour avoir enseigné un programme « réactionnaire, » c'est à dire contraire aux idéaux populistes et anti-culturels du nouveau gouvernement communiste roumain. Ils furent tous remplacés par des jeunes cadres soucieux, ou contraints par les circonstances, à se soumettre aux caprices du Parti. Je me souviens avoir pris ma place en classe et avoir regardé autour de moi. Les affiches de la Tour Eiffel et de l'Arc de Triomphe décoraient toujours les murs. Les posters de Notre Dame, du Sacré Cœur, et du Mont-Saint-Michel avaient été substitués par des affiches austères monochromes de laboureurs travaillant la terre, d'ouvriers aux visages barbouillés de suie maniant des machines infernales crachant du feu, et de bâtisseurs perchés à des hauteurs vertigineuses sur des poutres en acier. Dans les salles de classes, dans les corridors, des immenses placardes vantaient des colosses stylisés, mâles et femelles, brandissant des faucilles, des pioches, et des marteaux, et fixant d'un regard fier l'espace lointain où l'on retrouve sans doute le « paradis des travailleurs. » Partout des slogans encadrés proclamaient : HONNEUR ET PATRIE ; LE POUVOIR C'EST LE PEUPLE ; et FIDÉLITÉ AU PARTI. Deux ans plus tôt Picasso avait été déclaré « décadent » par les nazis, dont les objectifs, comme le furent ceux des communistes, auraient été mieux servis par le réalisme et l'art figuratif. Les œuvres de Braque, Chagall, Matisse, et Van

Gogh avaient été précipitamment retirées des musées allemands, vendues ou détruites.

— Prend ce foulard rouge et porte le fièrement, me dit la nouvelle institutrice dans un français plein d'inflexions roumaines. Tu es désormais un « éclaireur. » Alors, les enfants, accueillons votre camarade à son retour. Les enfants se lèvent, une mer de foulards écarlates (les fillettes portent un gros nœud en taffetas blanc dans leurs cheveux). Ils se mettent tous au garde-à-vous et applaudissent rythmiquement comme des petits robots. Ils se rasseyent avec un synchronisme militaire, croisent leurs bras, et regardent droit devant eux.

— Camarades, quelles sont les vertus d'un bon petit citoyen, demande la maîtresse. Une dizaine de mains se dressent, les poings fermés à la *Che*, sauf la mienne.

— Obéir au Parti, lance un des petits robots.

— La loyauté, affirme un autre.

— L'honnêteté, émet un troisième.

— La vigilance, s'enthousiasme un quatrième.

— Très bien. Bravo, dit la maîtresse. Un bon petit citoyen est soumis, dévoué au Parti, honnête, et prudent. La bonne citoyenneté commence à la maison. Elle se perfectionne à l'école avec des exemples du passé et des leçons pour l'avenir. Quand vous rentrez chez vous ce soir et que vous soupez en famille, prêtez attention — avec vigilance, n'est-ce-pas — à ce qu'on raconte. On peut apprendre beaucoup de choses en écoutant les grandes personnes. Demain, en classe, nous discuterons — avec honnêteté (elle a un sourire jusqu'aux oreilles) — tout ce que nous avons entendu, oui ? Nous devons tous nous souvenir du camarade Paul et du vaillant idéal qu'il nous a légué.

— Oui camarade-maîtresse, les enfants promettent d'une seule voix.

— Qu'est-ce-que Paul nous enseigne ?

— De bien étudier, d'aimer la patrie, de dénoncer les ennemis, et d'exposer les traîtres.

— C'est parfait !

Je me tus. Je n'avais rien à dire. Être à l'école me rendait malheureux. Les exercices de civisme m'emmerdaient. Je m'en foutais pas mal des confidences de mes « camarades » et jugeais prudent de ne pas remémorer les miennes. J'aurais préféré passer la journée à rêvasser ou à dessiner des caricatures de mes nouveaux pédagogues. L'idée de devoir porter ce sacré foulard rouge « comme tout le monde, » m'était devenue odieuse. J'avais depuis longtemps développé une répugnance envers les uniformes ... et l'uniformité. Devoir ressembler aux autres me paraissait stupide. Je ne voulais pas qu'on fasse de moi un fac-similé. Durant des semaines, je prétendrai que j'avais oublié le foulard à la maison, et je ne contribuerai rien de trop utile aux inquisitions matinales ; je les jugeais importunes et funestes.

Quant au « camarade » Paul, il s'avéra un ignoble mouchard, la variante roumaine d'un symbole russe fictif — *Tovaritch Pavel* — et la nouvelle icône dans un panthéon pullulant de totems communistes. L'histoire de Paul était allégorique et on la contait avec le pédantisme qu'on accorde à un demi-dieu. Il était une fois, le récit proposait, un jeune écolier. Il était charmant, honnête ... et vigilant. Quand un membre de sa famille s'écartait du droit chemin, il en parlait avec l'instituteur (qui en parlait au commissaire du peuple). Personne en classe ne contestait l'authenticité de cette légende. En Roumanie, comme ailleurs en Europe communiste, il était prudent de croire aux mensonges les plus flagrants, ou de faire semblant. Cette espèce d'idolâtrie alimentera une ère de dénonciations et raffermira l'état policier que la Roumanie était devenue. Le mythe de Paul deviendra un des stratagèmes du lavage de cerveau auquel on soumettra les enfants en bas âge. Ce que les instituteurs se garderont de préciser c'est que Pavel-le-rapporteur avait été tué par son père et que ce dernier fut à son tour exécuté pour avoir privé la « patrie » d'un patriote.

La plupart de mes camarades de classe, certains conditionnés par leurs parents, d'autres n'ayant entendu rien de nuisible à la maison, répétaient des papotages banals de famille. D'autres gobaient les conversations de leurs parents comme un aimant attire la ferraille :

— Papa dit que les communistes sont des escrocs.

— Maman insiste que tout allait mieux sous le roi.

— Mon oncle Vasile se méfie des policiers ; il dit qu'ils sont des scélérats.

— Ma tante Elvire pense que...

Cette franchise aura des conséquences tragiques pour des centaines de familles. Des dissidents furent arrêtés, dépossédés, et emprisonnés. Certains mourront de froid, de faim, et d'anéantissement dans les goulags sibériens. Bien d'autres seront exterminés.

J'étais prêt quand mon tour fut venu. Trois ans plus tôt, ma franchise avait coûté cher à mon père et j'avais depuis appris la valeur stratégique d'un mensonge futé — l'art du simulacre, la science de la supercherie. J'étais devenu bon acteur. Je prenais des airs, j'inventais des histoires rocambolesques, j'avais plaisir à déconcerter ceux qui posaient trop de questions.

— Alors, Willy, qu'avez-vous pour nous aujourd'hui, me demande la maîtresse.

Je gratte ma tête et hausse les épaules.

— Mon père a parlé de choses médicales : vagins, ovaires, trompes utérines, pertes blanches, grossesses ectopiques. Je n'ai rien compris. Ensuite il a lu le journal et tourné un disque : le concerto pour violon de Tchaïkovski. Ma mère faisait des mots croisés, ensuite des patiences. Mémé lisait l'avenir dans le marc de café turc. J'ai fini mes devoirs et je me suis couché. C'est quoi un vagin ?

L'institutrice rougit, se tortilla dans sa chaise, et changea de sujet. J'étais très fier de ma performance. Un penchant pour l'iconoclasme et la bravade se manifestera plus tard dans mes compositions. Le goût du sacrilège dominera la majeure partie de mon rendement médiatique. Les interrogatoires et les aveux continueront pendant quelque temps et cesseront soudainement. Faute de sorcelleries, l'école mit fin à la chasse aux sorcières. Ailleurs en Roumanie, l'inquisition communiste battait son plein.

◆

Un jour, *La Maison des Français* prit feu et s'effondra dans un immense nuage de fumée, de poussière, et de cendres. Je ne saurais jamais quelle était l'origine de ce sinistre providentiel mais je me souviens avoir été débordé de joie. Pas d'école ! Je me souviens aussi avoir rêvé que j'étais le pyromane et que, saisi de remords, j'avais aidé les pompiers à éteindre l'incendie en faisant pipi au lit. On me fit reprendre mes études, cette fois-ci à la maison, et sous la tutelle de précepteurs privés qui démissionneront après quelques jours. Jugé « incorrigible » et « inéducable, » je passerai d'un précepteur à l'autre jusqu'en 1948 quand ma mère et moi quittâmes la Roumanie.

◆

Je dois fermer les yeux et faire taire les voix confuses de mon enfance afin de tracer l'esquisse la plus fugace de Bucarest. Je n'arrive à la dépeindre que dans des termes les plus vagues : Belle capitale nantie de larges esplanades, de grands boulevards, et d'élégants immeubles fin-de-siècle en centre-ville, et de quartiers populaires aux rues étroites où les traditions occidentales, slaves et ottomanes s'ingèrent. Bien que l'âme roumaine se fût depuis longtemps livrée au mysticisme de l'église Orthodoxe, l'estomac roumain s'adonnait à l'atmosphère accueillante des petites tavernes où l'on dégustait des mets exotiques et savoureux, des épices et des confections orientales parfumées au gingembre, au curry, à la cannelle, muscade, et girofle. J'aimais qu'on m'y emmène ; je les préférais aux élégants et prétentieux coups de fusils où le tout-Bucarest se réunissait pour s'exhiber, pour faire parler d'eux. Je savourais les airs grisants du bouzouki, de la balalaïka, de la flûte de pan, et je me gavais d'halva, de pâte d'amandes, et de fruits confits. Les étranges harmonies, les quart-notes, et les trilles que les instruments émettaient, réveillèrent en moi ce qui deviendra un engouement pour l'exotisme, le lointain insaisissable. Je voyageais au centre d'un kaléidoscope qui renvoyait des images féeriques aux reflets astraux. Plus tard, je goûterai l'exquise mélancolie de Borodine, Bartók, Fauré, Rachmaninov, Ravel, Schoenberg, et Stravinski. Tactile et transcendante, la musique classique moderne deviendra un asile et un mode d'évasion. Vers la fin de sa vie, mon père remarquera que « la vieillesse avait apposée une coda cruelle sur une symphonie inachevée. » Comme lui, je découvrirai un lien métaphysique entre la musique et le vagabondage. Je me livrerai aux deux quand le tintamarre et l'ennui ne pouvaient être calmés que par les harmonies insolites et envoûtantes d'Alban Berg et de Schnitke, de Koechlin, de Chostakovitch, et de Takemitsu, de Webern et de Messiaen, et par les horizons inexplorés qu'ils me permettaient de franchir.

Malgré son emplacement et son ethnicité bariolée, Bucarest était une ville « latine, » comme elle le fut sous le règne de l'empereur Trajan. Si son cœur et son ventre trahissaient des influences Levantines, son regard et ses oreilles étaient pointés vers la France. À l'époque, tout le monde parlait le français, tout au moins les gens que ma famille fréquentait. Tous considéraient

Paris comme leur capitale sentimentale, intellectuelle, et culturelle. Tous rêvaient de s'y rendre (un grand nombre le firent et s'y installèrent). Paris était leur Mecque.

◆

Située au cœur de Bucarest, l'Athénée est une salle de concert conçue par l'architecte français, Albert Galleron, dans un style néo-classique rehaussé d'éléments d'architecture persane — arcs, voûtes, coupoles, céramiques et mosaïques exquises. Inauguré en 1888, l'édifice fut construit sur les fondations d'un ancien manège équestre, d'où la forme de rotonde de l'auditorium. Coiffée d'une coupole à 41 mètres de hauteur, la salle offre un parterre de six cents places assises et cinquante-deux dans des loges. L'entrée principale donne sur un vaste patio circulaire d'apparat, entouré d'une lignée de douze colonnades formant un péristyle donnant accès à plusieurs escaliers d'honneur vers la salle de concert située au-dessus.

C'est à l'Athénée que j'assisterai à mon premier concert classique. En tournée en Europe de l'Est, venant de Paris où il vivait, George Enescu, le célèbre compositeur et chef d'orchestre roumain, était au podium. À ses côtés se tenait l'enfant prodige et son élève, le grand violoniste Yehudi Menuhin. Leurs noms et leur renommée ne me disaient rien à l'époque ; rien ne m'avait apprêté à l'énorme talent qu'ils incarnaient. Ce n'est que lorsque maître et disciple s'allièrent pour exécuter le concerto de Félix Mendelssohn que je compris la quintessence du génie. Le dialogue entre soliste et orchestre, la virtuosité de Menuhin, la luminosité de son style, l'éloquence et la souplesse de son archet eurent un effet ensorcelant. Le programme fut suivi du Poème pour orchestre d'Enescu, composé à l'âge de quinze ans, une œuvre qui évoque les parfums sensuels et les cadences joyeuses de son pays natal. Un vestige atavique d'un « moi » roumain se manifeste quand j'écoute Enescu. La belle musique m'aidera à orienter mes émotions de l'extase aux abysses les plus sombres de mélancolie. La musique devra me séduire, m'émouvoir, me conduire vers des états de ravissement, d'envoûtement ou d'introspection. Mozart me charme. Je hume dans Borodine, Glinka, Khatchatourian, et Rimski-Korsakov tous les fumets de l'Orient. Beethoven me réduit à l'insignifiance ; sa Neuvième Symphonie m'exalte et me fait pleurer. Bartók, Chostakovitch, Mahler, et Schoenberg me transportent vers des régions inexplorées de la psyché. Debussy et Ravel me grisent. Le génie fait ça ; le génie et les accords mineurs. Je me cloître souvent dans leurs promenoirs, là où personne n'ira me chercher.

♦

De temps en temps, ma mère m'emmenait voir mon oncle « sur scène. » C'est à la Cour de Cassation où les cas les plus contentieux sont arbitrés qu'il brille. Confiant que les plaignants ont peu de chances de gagner leurs procès, il invite la famille et les amis à savourer des péroraisons que les spectateurs applaudissent et que les juges se gardent d'interrompre. Répandues et blindées contre la critique, les cabrioles auxquelles mon oncle se livrait au prétoire secoueront et mettront fin au système judiciaire prétorien roumain. Il sera remplacé par des « tribunaux du peuple » tout aussi avariés mais bien plus sinistres.

— Un médecin devient célèbre en fonction de ses succès contre la maladie et la mort ; un avocat, bien trop souvent, pour ses victoires contre la justice et la vérité, mon oncle avouera un jour. Juges, défenseurs publics, huissiers, jurés, gardes-chiourmes et bourreaux seront tirés — comme ils le furent en France pendant la Terreur de 1792-94 — des bas-fonds de la société roumaine. Ceux qui avaient profités d'un système judiciaire baroque et hermétique seront à leur tour mis en examen et punis par ceux qu'ils avaient trahis ou escroqués ; leur vengeance s'avèrera féroce. Rationnelles, sinon légitimes, leurs revendications alimenteront des orgies de violence contre les titrés, les riches, et les instruits, s'ils le méritaient ou non.

Acharnés, méticuleux, les allemands avaient pourchassé leur fantasme de domination mondiale avec minutie et discipline. Certes, beaucoup parmi eux s'étaient donnés corps et âme à cet absurde mandat. Les foules se soumirent comme des zombies, la sève d'une conformité sympathisante courant dans leurs veines. Les russes, au contraire, et leurs acolytes roumains, s'intéresseront moins à la méticulosité ; ils seront animés par la rancune et la dépravation. Ils élèveront l'art du supplice, physique et psychologique, à des niveaux jusque-là inconnus. La bestialité qu'ils investirent à la création d'une société sans classes mènera à un régime de répression et d'anti-intellectualisme inconnu pendant l'occupation allemande. Docile, sinon servile, la Roumanie s'écroula et pourrit sous le pouce crasseux de ses marionnettistes au Kremlin. Cette chute vertigineuse sera accélérée par Nicolae Ceausescu et sa bande de crapules ; elle durera bien après son exécution en 1989. Comme il le fit ailleurs, le soi-disant « communisme » paralysera la Roumanie sybarite d'antan. Les fortunes, influences politiques, et les privilèges changeront de mains mais le destin de la grande majorité du peuple roumain ne changera guère. Troquant une forme de servage pour une autre, cette fois-ci au nom de la « réforme, » ils pousseront l'austérité, les privations, la pénitence, et le désespoir collectif vers des hauteurs sidérales. La première victime de ces remous est toujours la justice. Elle restera longtemps dans un coma psychique qui dure de nos jours.

L'histoire des dictatures est complexe ; celle du « communisme » l'est aussi. Il sera souffert comme furent les rugissements d'Hitler et poursuivi avec le même empressement. Ce phénomène est étroitement lié aux espérances et convoitises populaires, ainsi qu'à l'étrange talent des dirigeants, qu'ils soient de l'extrême droite ou gauche, de glorifier leurs convictions, d'éperonner un élan sectaire et de fomenter les haines latentes, surtout parmi les jeunes, les agités, les inadaptés.

Les rudiments de la terreur existaient en Roumanie bien avant l'avènement du régime « communiste. » La violence faisait depuis longtemps partie intégrale de sa réalité sociale et psychologique, et les roumains étaient mal préparés à se défendre contre un autre raz-de-marée de sauvagerie, infligé cette fois-ci par des fripouilles qui se disaient maintenant « communistes. » Prétendus disciples du bolchevisme, une doctrine « enrichie et fortifiée » dans l'Union Soviétique de Staline, les dirigeants roumains s'empressèrent d'oblitérer leurs adversaires idéologiques. Ils le firent d'abord en abolissant les autres partis politiques ; ils viseront ensuite à l'anéantissement de la société civile. C'est dans les prisons et bagnes construits par les fascistes que ce processus prendra son caractère novateur et perfide. On accorde à juste titre à la Roumanie d'avoir réinventé la science de la répression en Europe de l'est. En effet, elle sera la première à introduire les procédés de « rééducation, » y compris le « lavage du cerveau » et d'autres méthodes depuis longtemps en vogue en Asie. (Les services secrets américains profiteront plus tard du zèle et professionnalisme des tortionnaires roumains, ainsi que ceux de la Bulgarie, Hongrie, Pologne, et Tchécoslovaquie, en leur envoyant, secrètement, des prétendus terroristes musulmans auxquels on infligea des interrogatoires monstrueux).

L'axe central d'un assortiment d'épreuves était d'inciter les détenus à se trahir et se brutaliser. Ce fut à la prison de Pitești, un centre de détention macabre en lisière de Bucarest que ces outrances revêtiront un caractère démoniaque. Dans sa chronique, *Pitești : Laboratoire de Détention* (Michalon, Paris, 1996) Virgil Ierunca, philosophe, poète, critique littéraire et dissident roumain installé en France, retrace les horreurs auxquelles les prisonniers furent soumis.

> « *Certains détenus étaient obligés d'avaler des bolées d'excrément. Quand ils vomissaient on les contraignait d'ingérer leurs régurgitations. D'autres subissaient un 'baptême' chaque matin – on plongeait leurs têtes à plusieurs reprises dans un bassin débordant d'urine et de matières fécales. Ceux qui avaient été torturés de cette manière acquirent un automatisme tragique qui dura pendant des mois : Chaque matin, à la plus grande joie de leurs 'rééducateurs' ils retrempaient leurs têtes réflexivement dans le bassin.* »

Les tortures physiques (privation de sommeil, d'eau, et de nourriture, électrocutions, quasi-noyades [waterboarding], expositions à des températures extrêmes, viols, coups, piqûres sous les ongles, injections de substances toxiques) ainsi que psychiques (humiliations, chantages affectifs, menaces sur la famille) étaient quotidiennes. Elles avaient pour but de « *rééduquer* » les détenus, parmi eux des étudiants, membres des anciens partis politiques, réfractaires, moines, défenseurs des droits de l'homme, francs-maçons, anciens membres de la Garde de Fer, Juifs jugés sionistes, et insoumis de toute classe. Les objectifs de l' « *expérience* », conformes aux principes léninistes déformés par le Parti Communiste roumain, étaient l'épuration des convictions politiques et croyances religieuses par les détenus ; le remodelage de la personnalité jusqu'au point d'« obéissance absolue » ; et l'acquisition de chaque détenu d'une liste de noms de collègues, parents, et amis supposés de mêmes opinions, pour être arrêtés à leur tour.

Lorsque l'« *expérience* » réussissait, le détenu, devenu une sorte de « *perroquet* » capable seulement d'enchaîner les slogans et la « *langue de bois* » du Parti, pouvait être libéré. Parmi ces libérés, de toutes façons minoritaires, il semble que beaucoup se soient suicidés. Lorsque les autorités n'étaient pas complètement satisfaites des résultats de « *l'expérience,* » le détenu était transféré ailleurs, notamment dans des goulags où la mort l'attendait. On estime que le nombre de détenus ayant subi

« l'expérience Piteşti » est entre douze et dix-huit mille pendant une période de quarante-cinq ans qui dura jusqu'en 1989.

Les prisonniers pouvaient être graciés après avoir franchi quatre épreuves. Tomás de Torquemada, le cruel Grand Inquisiteur, en aurait été fier : D'abord ils devaient proclamer leur loyauté en avouant qu'ils avaient menti consciemment durant les interrogatoires. Ils devaient ensuite dénoncer les détenus qui s'étaient montrés bienveillants envers eux. La troisième épreuve exigeait qu'ils répudiassent leurs familles. La quatrième et dernière peine était essentielle à leur « réhabilitation » : Ils devaient « rééduquer » un autre prisonnier, souvent un ami, en imposant les mêmes tortures qu'ils avaient subies. Brisés, avilis, endurcis par la souffrance, incapables de compatir à celle des autres, la plupart des épaves humaines qui survécurent Piteşti se suicidèrent ou finirent leur vie dans des asiles de fous.

♦

En 1948, grâce à mon état civil français, et avec l'intervention de l'ambassade de France à Bucarest, ma mère et moi quittâmes la Roumanie par avion. La liberté nous fut accordée moyennant un dernier affront.

— Ta montre ! Ton manteau aussi, aboya une amazone en tenue de policier avant de nous laisser monter à bord. Je n'oublierai jamais l'insolence de son sourire quand nous nous dévêtîmes au nom de la « République Populaire. » Ma mère dût aussi se séparer de ses bagues, un sautoir, et un bracelet. On m'enleva une paire de boutons en manchette or et une petite collection de timbres que j'avais hérité de mon grand-père maternel.

Nous montâmes à bord d'un infect et bruyant DC-3 qui cahota, vibra, et nous secoua au cours d'un vol de deux heures en destination d'Oradea, au nord-ouest de la Roumanie. Nous changeâmes d'avion et volâmes vers Prague dans un tacot aussi puant et sonore que le premier. Deux jours plus tard, nous nous embarquâmes sur un resplendissant quadrimoteur Constellation Air France. Revêtues de bleu, blanc, et rouge, les hôtesses de l'air remplirent mes poches avec des bonbons et du chocolat. Nous arrivâmes à Paris cet après-midi les chemises au dos.

J'avais onze ans.

EN AVRIL, À PARIS

Quand la vertu menace les gros intérêts, la justice regarde ailleurs.

Vers la fin de l'occupation allemande, tandis que les jeunes, insouciants du chaos qui les entoure, se prélassent au soleil sur les berges de la Seine, Paris s'abandonne une fois de plus au fratricide. Pour beaucoup de français, le suprême acte de défiance contre les allemands fut de mourir sur les champs de bataille, en détention, durant des raids audacieux ou, trahis et pris au piège, en se suicidant. Affairés à traquer les Juifs, les communistes, et les francs-maçons, faisant preuve d'une imbécillité notoire, les milices ne tiennent pas compte du progrès des Alliés. Ils font leur macabre travail, convaincus de l'imminence du Reich millénaire d'Hitler.

Une guerre qui tire à sa fin, une insurrection attenante, et les incursions de plus en plus hardies de la Résistance n'empêchent les théâtres d'éclairer leurs scènes et de lever leurs rideaux. De même, malgré les black-out et la violence quotidienne dans les rues, les foules se précipitent vers les salles de cinéma et les revues déshabillées. Alors que les combats continuent dans les marécages de Normandie, Édith Piaf et d'autres artistes remplissent les music-halls de Paris. Journalistes, romanciers, poètes, et pamphlétaires rédigent avec un zèle fébrile, certains pour se faire valoir, d'autres en quête d'influence politique, un grand nombre, appauvris par la guerre, pour se nourrir. Plusieurs vedettes fuient Paris. Terrifiés, d'autres se cachent dans les entrailles de la capitale jusqu'au jour où ils peuvent sortir. Les publications clandestines antiallemandes et les journaux officiels collaborationnistes se font concurrence et acèrent la mésentente. Les querelles doctrinaires polarisent les dirigeants des deux côtés. La Résistance est indifférente à ces conflits. Elle traque les collabos, les abats ou les emprisonne. Plus de dix mille sont exécutés, dont huit cents à la suite de procès sommaires. D'autres sont liquidés à l'improviste partout en France. Une vingtaine d'hommes de lettre et journalistes sont ramassés et accusés de trahison. Dix-huit sont condamnés à mort. Cinq sont exécutés ; quatre sont supprimés en pleine rue. Coincés dans leurs tanières, rongés de honte, le reste se suicident, ou meurent chez eux, disgraciés, destitués, banalisés.

Les exégètes de l'époque sont depuis longtemps morts mais leurs écrits résonnent encore, incitant les français à s'hasarder dans les sables mouvants de l'histoire, à mettre en cause ses inférences. Tous ont légués une riche moisson d'idées et de dogmes, certains reconnus pour leur décadence, d'autres vilipendés pour le mal qu'ils inspirent, quelques-uns encastrés dans la conscience nationale pour leur sagesse et subtilité. Chefs-d'œuvre d'introspection angoissée, ils représentent le testament de mauviettes et de héros, martyrs et scélérats intimidés, humiliés ou ennoblis par la guerre monstrueuse qu'ils avaient survécu. Leurs manifestes alimentent les charbons ardents de la discorde qui couvent encore sous un amas de cendres. Contrairement aux américains qui, éternels optimistes, enregistrent leur passé, le consignent aux archives, et poursuivent leur chemin — peut-être par honte ou un manque total de repentirs pour leur histoire ensanglantée — les français, sceptiques et contestataires, se cramponnent à des rationalisations démodées. C'est en ressassant le passé qu'on revit les mémoires laides et que l'on protège les laides passions.

♦

La France n'a jamais vraiment avoué les crimes commis en son nom, non seulement par des collaborateurs comme Henri Lafont ou des traîtres tels que le Maréchal Pétain et Pierre Laval, mais par des milliers de ronds-de-cuir sans nom qui restèrent à leur poste, certains manquant le courage de regarder autour d'eux, d'autres faisant semblant de n'avoir rien vu tandis que d'autres encore commettaient des horreurs qui seront plus tard blanchies par une nation qui voulait à tout prix oublier. Si un antisémitisme nihiliste nourrit les fourneaux, l'indifférence et la lâcheté le firent aussi.

L'embrouillage et le sophisme continueront à voiler le rôle que la France joua dans la déportation des Juifs et le pillage de leurs biens longtemps après la fin de la deuxième guerre mondiale. Cherchant à établir une distinction entre le régime fantoche de Vichy et les « loyalistes » il fallut un demi-siècle d'amnésie sélective pour que la France accepte son passé. Parmi les nombreux gangsters patronnés au nom de la « réconciliation nationale »—une bouffonnerie dont les termes innocentent les criminels tout en ignorant les revendications de leurs victimes— était Maurice Papon. Pour plaire à ses mentors allemands, Papon, un haut-fonctionnaire de la police, ramassa des centaines de Juifs français et apatrides, et les envoya à Drancy, site du camp d'internement et lieu principal de déportation vers les camps d'extermination nazis, pour la majorité des convois vers Auschwitz. Accusé de crimes contre l'humanité en organisant la déportation de mille cinq-cent-soixante Juifs, y compris deux-cent-vingt-trois enfants, il sera très bientôt nommé ministre du budget à Paris, un poste qu'il occupera jusqu'en 1981 quand son passé fut de nouveau l'objet d'une enquête. Il fut impliqué dans la répression d'une manifestation du Front Algérien de Libération Nationale le 17 octobre 1961, après sept ans d'une guerre sanglante contre l'empire colonial français. Deux cents algériens furent massacrés. D'autres « disparurent » après leur arrestation. Pendant des semaines on repêcha leurs cadavres de la Seine et des canaux parisiens.

— Nous nous mettions aux fenêtres des immeubles les plus hauts et nous tirions sur tout ce qui bougeait, a dit un policier qui prit part au carnage. Mis en examen en 1983 et une deuxième fois un an plus tard, Papon fut relâché pour des « raisons techniques juridiques » en 1987. Une troisième enquête en 1997 fut suivie d'un procès. Papon nia toute culpabilité avec véhémence en invoquant des « circonstances atténuantes » pour défendre les crimes commis par ses casseurs. En avril 1998, âgé de quatre-vingt-sept ans, Papon fut condamné à dix ans de prison. Il n'en fit moins que trois et mourut dans sa maison de famille en 2007.

René Bousquet, chef de la police de Vichy, dirigea la déportation d'environ deux cents enfants Juifs. Bien que son passé criminel fût connu, il tiendra plusieurs postes officiels prestigieux après la guerre. Il fut assassiné en 1993 avant d'être mis en examen, par Christian Didier, que l'on qualifie de « spectaculaire abruti qui a privé la France du procès du siècle. »

Paul Touvier, chef de la milice de Lyon et l'assassin de sept otages Juifs à Rillieux-la-Pape, sera protégé par l'Église Catholique pendant dix-sept ans. Reconnu coupable pour avoir commandé un nombre d'exécutions sommaires, il meurt en 1996 à la prison de Fresnes (où mon père fut incarcéré) d'un cancer de la prostate âgé de 81 ans. Une messe Tridentine, un rituel qui comporte des éléments antisémites, fut offerte pour le « repos de son âme » par le Père Philippe Laguérie, apôtre de l'Archevêque Marcel Lefebvre, un antisémite, xénophobe, et courtisan de Jean-Marie le Pen qui sera excommunié. Il y en eu d'autres.

Abel Herzberg, l'écrivain hollandais qui a survécu le camp d'extermination de Bergen-Belsen, dira fameusement que six millions de Juifs ne furent pas immolés mais plutôt qu'un Juif fut assassiné et puis un autre et un autre encore, et que la boucherie se répétera six millions de fois. La France, comme les autres pays occupés, participera honteusement à cette mathématique.

◆

Le quadrimoteur Constellation Air France que nous avions pris à Prague se posa à l'aéroport du Bourget tandis qu'une pluie drue estompa le paysage. Nous débarquâmes dans une grisaille fumante. J'ai eu du mal à reconnaître la silhouette imprécise qui se découpait au loin sur l'aire de stationnement. Mais la silhouette nous reconnut et se précipita vers nous les bras ouverts, des larmes ruisselant sur son visage.

— Papa, papa.

Nous fonçâmes vers Paris dans un autocar crachant une fumée noire et âcre. Le ciel se dévêtit peu à peu de son manteau gris et le soleil perça les nuages dès que nous arrivâmes dans la capitale. Comme un papillon qui sort de sa chrysalide, Paris déploya ses ailes magnifiques.

◆

Mon père avait fui la Roumanie six mois plus tôt. Se déplaçant à pied, souvent en pleine nuit, son voyage fut lent et parsemé de dangers. Il traversa la Hongrie, ensuite la Tchécoslovaquie et l'Autriche, rentrant en France par l'Italie et achevant la dernière étape en camion, charrettes à foin, et voitures particulières. Sans le sou et sans gagne-pain, il empreinte de l'argent pour verser un acompte sur un petit appartement meublé dans un immeuble au Square Henri Delormel dans le XIVème arrondissement, tout près de la station de Métro Denfert-Rochereau. Cette dernière escale au cours d'un voyage en apparence sans fin ne durera qu'un an. De la Judée à Babylone et aux sables d'Égypte, de Burgos en Castille à Worms, dans le Palatinat (où huit cents Juifs furent assassinés pendant la première Croisade 1096-99), de l'Allemagne aux confins des Balkans, la tribu Guzman-Gutman, je me rendis soudainement compte, était destinée à vagabonder. Toute tentative de se voir accordé une existence tranquille sera inévitablement sabordée soit par les revers ou par l'irrépressible envie de reprendre le chemin.

◆

En 1948, trois ans après la fin de la guerre, à peine dix quand Paris se prélassait encore dans son l'hédonisme et son insouciance coutumière, engourdie, la France se libérait peu à peu d'un malaise qui continuera à serrer son âme. Traumatisés, les français se rendirent à un monde illusoire qui revenait à une époque depuis longtemps passée en s'abritant dans leurs fantaisies de l'âpre réalité à laquelle ils étaient maintenant assujettis.

—Nous faisons semblant, soupire Aristide Babin, le policier maintenant retraité qui avait recommandé mon père à Henri Lafont. Nous faisons semblant que la guerre n'a jamais eu lieu ; qu'un esprit prévoyant nous permet d'affronter la disette, que la paresse et non pas l'asthénie ralenti l'essor national ; qu'on peut échapper au rationnement, aux pannes d'électricité, aux grèves, et aux gouvernements excentriques, ineptes, et myopes qui se succèdent tout en ignorant le mal qu'ils nous font.

Le renflouement de l'élan vital de la France, qui dépendait tellement du bifteck et des frites, de la baguette, du pinard, et du tabac, exigeait des sacrifices que le français moyen, grincheux de caractère, supportait avec un mélange de fatalisme et d'irascibilité. Rares, même quand tout va bien, le civisme et la solidarité furent réduits à des accès de vengeance et de châtiments contre tous ceux qui furent soupçonnés d'avoir encouragé ou profité de l'occupation. Les demandes de mon père qu'on lui accorde la nationalité française furent recalées. Déclarations sous serment, lettres de recommandation émouvantes, et les appels par ses camarades Résistants attestant son courage, altruisme, et loyauté, furent à leurs tours ignorés par un gouvernement plus porté à la vengeance qu'à la justice.

Un document daté du 10 octobre 1939 et signé par le commandant du centre de recrutement de la Légion Étrangère à Paris, déclare mon père « apte à souscrire un engagement pour la durée de la guerre. »

Le 29 février 1944, tandis que le filet de la Gestapo se resserrait autour de nous, le Ministère de l'Intérieur nous remet un sauf-conduit signé par l'adjudant Lins, commandant de la Brigade de Gendarmerie de Vic-Fezensac, dans le Gers, où mon père s'était engagé dans le Maquis.

Daté le 9 novembre 1946, une lettre signée par le lieutenant Gaston Luino, et contresigné par le maire de La Chapelle de la Tour du Pin déclare :

« *Je soussigné Gaston Luino, lieutenant de réserve, propriétaire à la Chapelle de la Tour du Pin (Isère), médaillé de la Résistance, ex-commandant de la 1ère Compagnie du Bataillon Armagnac (devenu le 158ème Régiment d'Infanterie), ex-commandant des sections sédentaires du canton de Cazaubon (Gers), atteste sur l'honneur que M. Gutman, « Dr. Guillemin » dans la Résistance, docteur en médecine, a toujours manifesté par paroles et par actes des sentiments de pure facture française. Ayant dû quitter Paris pour échappe aux poursuites de la Gestapo, est venu en 1943 à Estang (Gers). Dès son arrivée, il s'est mis à ma disposition pour soigner les maquisards de la région où il m'a rendu de grands services.* »

Le 5 septembre 1947, s'apprêtant à quitter la Roumanie, mon père avait obtenu un laisser-passer signé par le capitaine Lawrence G. Leisersohn, le représentant des forces armées américaines, l'autorisant à entrer en Autriche en route vers l'Italie.

Le 15 janvier 1948, peu après son retour à Paris, mon père reçu un témoignage signé par le président de l'Union des Français à Bucarest :

« *Le docteur Gutman a prodigué des soins bénévolement et gratuitement à l'importante colonie française, surtout dans la période des bombardements de la Roumanie par l'aviation alliée. Il a en outre convoyé dans des conditions particulièrement difficiles, et d'une manière parfaitement désintéressée, ceux de nos compatriotes malades ou blessés qui ont été à cette époque ramenés dans la capitale.* »

Et le 26 avril 1948, le maire de Cazaubon délivra le dernier d'une série d'hommages et d'acclamations que le gouvernement français d'après-guerre ignora honteusement et sans commentaire, imputation, ou reproche. Il faut donc supposer que les autorités françaises conclurent, sans pour cela l'avoir accusé de quoique ce soit, que le Dr. Gutman, sauvé par un traître—l'infâme Henri Chamberlin, dit Lafont—quitta la France en 1944 avec sa femme et leur fils à un moment décisif dans la lutte contre l'ennemi et apparemment pour se soustraire, ainsi que sa famille, des dangers qu'ils coururent.

Plusieurs anciens camarades maquisards tentèrent sans succès d'intercéder, de le défendre. Les tentatives de récupérer l'appartement que nous avions dû abandonner cinq ans plus tôt seront accueillies avec la même hostilité, et apparemment pour les mêmes raisons. Mon père en voudra aux bureaucrates qui lui avaient refusé les droits qu'il croyait avoir mérité. Et pourtant il ne cessera jamais d'aimer la France.

♦

Ayant évité la déportation et les camps de concentration, libérés du joug communiste roumain, nous étions maintenant les otages de l'incertitude et de l'indigence. J'étais français de naissance et, étant mineur, j'avais droit à la tutelle de mes parents en France. Apatrides—l'un d'eux répudié par le pays pour lequel il avait risqué sa vie—mes parents reçurent, ni plus, ni moins, les privilèges provisoires accordés aux réfugiés politiques. L'avenir, suspendu par des ennuis interminables, s'avéra sombre.

Mon éducation, interrompue et sérieusement compromise après quatre ans en Roumanie, angoisse mes parents. Anxieux, trop occupé à assimiler la nouveauté de notre situation actuelle, je n'avais aucune envie de me retrouver en classe. Je supportais mal la discipline, j'éprouvais un vif ressentiment envers les règles, et je rechignais la froideur étudiée du corps enseignant (plus tard des chefs militaires, bureaucrates, et patrons auxquels j'ai dû me soumettre). Pire, je redoutais le mépris des écoliers ; je craignais que le masque de calme et de sang-froid que je projetais ne dupera personne.

Deux écoles prestigieuses à Paris, le Lycée Lakanal et le Lycée Henri IV, me jugeant indigne de leurs critères académiques, me refusèrent un banc. Touché par les supplications de mon père, un troisième lycée m'inscrivit provisoirement. Déclaré un cancre, surtout en maths et sciences, je fus très bientôt poliment viré. Je me souviens des cruelles railleries d'un instituteur pour avoir dessiné une carte de la France — par ailleurs conforme — mais bordée d'un océan Atlantique et d'une Méditerranée si invraisemblablement bleues (je les avais coloriées d'un violet foncé) « qu'aucun organisme marin pourrait y vivre. » Faisant preuve d'un enthousiasme lèche-cul et afin de se faire bien voir par l'instituteur, un homme maigrichon au regard sévère et à la langue acerbe, mes camarades de classe se tordirent de rire. J'essuyai l'affront avec un stoïcisme simulé et contins mes larmes de rage jusqu'à mon retour à la maison.

Situé à St. Cloud dans un ancien château, le Lycée Maïmonide, un pensionnat Juif laïque, m'inscrivit sans condition et, comme ma mère me le rappellera quelques années plus tard en citant le directeur, « soucieux des tribulations que ce jeune garçon a subies. » L'absence de souvenirs précis de cette tranche de ma vie d'élève suggère qu'elle se déroula, tout au moins en classe, sans incident. Ce dont je me souviens assez nettement est la vaste arrière-cour où les écoliers jouaient pendant les périodes de récréation et où je me cachais souvent afin de me soustraire aux cours de gymnastique, aux courses de relais, et aux parties de ballon. Ce n'est pas que je manquais de vigueur ou de souplesse, bien au contraire. Je gambadais, je grimpais sur les arbres, j'escaladais la muraille de pierre qui entourait le domaine, et je redescendais en culbutant en arrière avec la désinvolture d'un funambule. C'était la routine et les protocoles obligatoires des activités en commun, le chronométrage, et

Jeu de Rôle

l'épuisante rigueur des sports d'équipe que je détestais. J'aurais peut-être trouvé quelque attirance dans ces activités si elles n'avaient pas été dictées par la rivalité et contraintes par le marquage de points.

— La victoire est le devoir *et* la récompense des champions, dira le moniteur. Le con.

— Je ne ressens que le besoin de me vaincre moi-même.

— Seul les perdants pensent comme vous.

— Certes, il ne peut y avoir de vainqueurs sans vaincus, tout en supposant que ces joutes ont un mérite quelconque et que l'on peut en tirer un avantage exceptionnel en s'y adonnant, je rétorquai. Les trophées ne m'intéressent pas. Cette attitude, acérée le long des années, déconcertera presque tous ceux qui en prendront connaissance. En Amérique, où le sport est un culte et les athlètes sont portés aux nues, mon indifférence, voire mon mépris, susciteront la pitié méprisante qu'on accorde à l'idiot du village.

♦

Je me souviens avoir éprouvé des sensations d'avilissement et de désespoir tous les soirs en allant au lit entouré d'une vingtaine de garçons pour lesquels je n'éprouvais aucune amitié dans un grand dortoir mal éclairé et plein de courants d'air ; à chaque repas sans goût dans le réfectoire en compagnie de chahuteurs ; pendant que je faisais la queue pour aller aux toilettes ou prendre une douche. Je connaîtrai les mêmes émotions nocives trois ans plus tard dans un internat en Israël, et cinq ans après quand, faisant preuve d'une imbécillité stupéfiante, je m'enrôlai dans la marine américaine, « *to see the world.* » La vie en mer dépeinte par Conrad, Kipling, Loti, London, Melville, Michener, et Stevenson, m'avait séduite depuis mon enfance. J'avais passé sur la puanteur du poisson, le manque de vie privée, l'inévitable et gênant voisinage de créatures grossières, les longues heures de travail abrutissant, le tangage, le roulis, les cyclones, et les naufrages qui guettent tous les matelots, et la mort loin du foyer qui est souvent leur sort. Mais la sirène volage m'envoya sur un très petit navire qui puait le pétrole — un dragueur de mines côtier qui ne s'éloignait jamais du littoral. Je noterai, le long d'une vie riche en aventures que le hasard qui combla mes fantasmes les plus insensés le faisait toujours à l'improviste et sans préavis.

Quant aux pensionnats, je crois qu'on en sort misanthrope ou pédéraste.

◆

La forte amitié que je cultiverai avec un reclus dont la vision des choses se rapprochait des miennes compensera l'éloignement que ma nature claustrale invitait à l'école. Myope comme une taupe, Marcel, le fils du concierge, un garçon d'une douceur de caractère exquise, portait des lunettes épaisses qui lui conféraient un regard plein de mansuétude, une vertu absente ou voilée parmi les écoliers du Lycée Maïmonide. Notre camaraderie s'épanouira tôt et avec l'empressement de ceux qui découvrent des goûts communs et qui partagent les mêmes répugnances. Nous avions horreur du foie et du poisson, haïssions l'école, détestions l'attitude altière des enfants qui refusaient de jouer avec des sous-fifres comme le fils de concierge et celui de sans-patrie impécunieux ; et nous craignions le froid. Nous nous gorgions d'escargots ruisselant de beurre et d'ail que sa mère préparait, et des spaghettis et boulettes à la sauce tomate de ma mère. Nous étions fascinés par les atlas et les noms insolites des pays lointains, et nous inventions des domaines exotiques — îles verdoyantes, pyramides perdues dans la jungle, citadelles de sable se dressant sous le ciel éternellement bleu au milieu d'un désert sans nom ; et nous composions des langues secrètes dans lesquelles nous bavardions pendant des heures avec une gravité comique. En fins de semaine et jours de fêtes quand je rentrais à la maison de St. Cloud, on jouait aux billes, avec nos toupies ou au foot dans le sombre cul-de-sac du square où nous habitions. Les jours de pluie nous restions assis l'un près de l'autre, immergés dans les aventures de *Tintin,* les prouesses d'*Astérix* et de sa bande de Gaulles, les cocasseries de *Bibi Fricotin*, et les gamineries des *Pieds Nickelés*.

Marcel et moi étions bons nageurs. C'est dans la piscine souterraine du Square Henri Delormel réservée aux locataires que nous exhibions nos virtuosités aquatiques ; elles amusaient les grandes personnes, stupéfiaient les gosses, et ravissaient Françoise, la sœur cadette de Marcel. Françoise m'admirait, m'aimait peut-être. Je le sentais dans son regard, à la fois maternel et séduisant, dans son habitude, agaçante au début, bientôt alléchante, de se caler tout près de moi sur le canapé, de lisser mes cheveux, et de brosser un grain de poussière imaginaire sur mon pantalon. C'est aussi à la piscine que Françoise, la petite rouquine pleine de taches de rousseur, la belle Françoise dont les yeux rêveurs animaient en moi des émotions insolites, explora la plénitude de sa sensualité naissante avec l'innocence et la tendresse d'une enfant qui se sent devenir femme.

Un jour, en revenant au vestiaire, je surprends Françoise dans ma cabine. Un frisson secoue mon corps et l'inonde d'une chaleur intense que je ressens jusqu'au creux de mon estomac. Françoise place un doigt sur mes lèvres.

— Chut.

— Quoi, je murmure.

— Rien. Elle hausse les épaules. Un sourire taquin anime son visage.

Nous restons là, immobiles sous la lumière pale de la cabine. Elle me pousse vers l'étagère en bois pliante qui sert aussi de siège. Je m'assieds, le cœur battant, ensorcelé par son regard, inquiet d'être surpris. Elle écarte mes jambes, se glisse entre mes cuisses et se colle sur moi. Elle met ses bras autour de mon cou et me tire vers elle. Nos lèvres s'effleurent. Je la prends par la taille et ferme les yeux. Je me rends compte qu'une érection, stimulée par un besoin dont j'ignore la provenance et alimentée par la douce tiédeur de son corps, ballonne mon maillot de bain. Mes mains glissent et cernent ses fesses. Un désir exquis s'empare de moi. Je me frotte légèrement sur son ventre. Lentes au début, bientôt plus empressées, mes ondulations produisent une ivresse qui envahi tout mon corps. Ce n'est pas tout à fait un orgasme ; c'en est qu'un avant-goût. Je ne connaîtrais le rapt d'un tel épanouissement que deux ans plus tard. L'euphorie tourne en un instant à la panique quand j'entends Marcel appeler sa sœur. Les doigts glacés de la frousse serrent ma nuque. Je ne bande plus. Je grimpe sur le siège et inspecte les lieux au-delà de la cloison. La voie est libre. Nous quittons la cabine sur la pointe des pieds et nous nous dirigeons en flèche dans des directions inverses. Je rejoins Marcel au bout du corridor.

— Où étais-tu, je demande avec une désinvolture qui dissimule à peine mon malaise. Je t'ai cherché partout…

L'effronterie rend un mensonge plus convaincant.

Françoise, les joues rouges, se dirige vers nous d'un pas tranquille dans son maillot calicot deux pièces, un modèle de sang-froid et d'innocence de petite fille.

◆

De retour à l'école le jour suivant, je répéterai mille fois dans ma tête les événements de la veille. Je suis amoureux, enfin c'est ce que je crois. Seul l'amour, je me dis, est apte d'enfanter un tel bien-être. Mais bien que Françoise incitât les fortes sensations que j'avais savouré durant notre courte gambade, je m'apercevrai très vite qu'elle était, comme le furent la plupart des femmes avec lesquelles je fis l'amour, un agent de plaisirs charnels, et non pas un objet de tendresse. Inutilement en quête de victoires épiques, cherchant l'un et me livrant à l'autre avec acharnement, je confondrai l'amour et la concupiscence. Je me verrai par la suite errer de lit en lit, à la dérive dans la fange sur une nef qui, dépourvue de gouvernail, échoua sur les hauts fonds du mariage.

Aimer c'est à la fois être soi-même et l'objet de ses convoitises.

♦

Je me marierai jeune ; j'avais vingt-quatre ans ; j'étais naïf, écervelé, et je bandais facilement devant une jupe (sauf celle d'un écossais ...). Mon épouse, une jolie brunette svelte aux cheveux courts et l'allure dégagée d'un mannequin navigant la piste du couturier le plus recherché, avait quatre ans de moins. Nous avions fait connaissance dans un café new-yorkais où les hippies déclamaient leurs poèmes insipides au son de guitares nasillardes et désaccordées. C'est dans ce genre de local — il y en avait partout en ville ces jours là — qu'une jeunesse inadaptée et les utopies mal définies se coudoyaient. Trois mois plus tard, convaincu qu'un certificat de mariage adoucirait le châtiment du plaisir remis (elle avait fermement repoussé mes avances, exigeant qu'une alliance encercle son annulaire gauche avant de « prodiguer les trésors » de sa féminité), je fis l'inconcevable et l'épousa.

Sept-mille-trois-cents jours et nuits après avoir pulvérisé un verre sacramental sous l'estrade richement guirlandée de la synagogue où notre union fut bénie, je quittai ma femme enfin. J'avais échappé l'asile mais la folie me traquait encore. Il y avait trop de fantômes à exorciser, trop d'ombres où rôdaient les spectres du remord et des regrets, trop de toiles d'araignées à épousseter. J'avais survécu plus de vingt ans de calvaire avec une femme qui m'avait puni tous les jours parce que je n'arrivais pas à égaler son modèle imaginaire du parfait époux, mais j'avais compris aussi que les rescapés sont les enfants illégitimes de la défaite. Ils doivent se porter témoins afin d'être vengés. La délivrance finale viendra le jour, quelques décennies plus tard, quand une lassitude rampante envers les rapports sexuels signalera, dieu merci, le déclin de ma libido. Ces transformations sont généralement précédées par la constatation à la fois surprenante et affranchissante que le commerce sexuel est surestimé et que l'amour est aussi insaisissable qu'il est fragile.

Si le véhicule qu'on appelle mariage était muni d'un antéro-viseur, peu de promis se présenteraient à la mairie ou à l'église.

♦

Alors que Françoise occupait la totalité de mes fantaisies érotiques puériles, je ne pouvais m'imaginer que je passerai ma vie à talonner et satisfaire les mêmes appétits dans les bras d'une foule de femmes de toutes les races — filles de bonne famille, femmes de foyer, femmes de ménage, putes nubiles, les amies de ma femme et, faute de mieux, ma future ex-épouse. Des brumes de l'oubli, je recueille le spectacle scabreux d'un dévergondage effréné sur des méridiennes, des lits coiffés de baldaquins, les matelas défoncés des bordels de la Rue St-Denis, les puantes carpettes de rotin dans la jungle panaméenne, les sables fins d'une crique isolée sur une île de la mer des Caraïbes. La situation favorise le moment, et le moment dicte le lieu : la toiture goudronnée d'un appartement à Manhattan ; debout dans l'embrasure d'un ancien immeuble donnant sur une ruelle étroite du vieux Marseille ; dans un coin isolé de la Plage des Catalans ; en croisière en pleine Méditerranée ; derrière les buissons, au crépuscule, dans le parc du Rijksmuseum à Amsterdam ; sur la crédence, dans mon bureau à New York, juste en face des Nations Unies ; pendant un vol sur Lufthansa de Francfort à Londres ; durant un voyage de nuit en autobus en destination de Pittsburgh avec une parfaite inconnue ; à bord d'un wagon-lit en destination de Chicago ; sur le balcon d'une salle de cinéma à Hollywood ; en Barbade, en plein jour, sur la véranda du Révérend Johnson, avec sa fille, tandis qu'il conduisait une veillée de prière en bas dans son jardin.

♦

Françoise et moi tenterons de reprendre nos amourettes tout en éludant la vigilance protectrice de Marcel. Mais l'école, la sienne à Paris, la mienne à St. Cloud, contrecarre nos desseins clandestins. Un jour, les valises en carton que nous avions traînées durant nos migrations redescendent du haut de l'armoire où nous les avions rangées. On les pose sur le grand lit où s'entassaient le peu de vêtements que nous possédions.

J'apprends que mon oncle venait d'être rayé du barreau de Bucarest pour avoir tenu quelques dollars. La Roumanie fléchit devant un règne de terreur. Après maintes requêtes et malgré l'arbitrage d'anciens maquisards, la France refuse d'accorder la nationalité française à mon père. Découragés, ou poussés par des raisonnements irréfléchis, nous quittons la France et traversons la Méditerranée en destination d'une Terre Promise pour laquelle nous n'éprouvons aucun attrait, ni patriotique ni religieux. Je pleure en faisant mes adieux à Françoise et Marcel. Je ne les reverrai que cinq ans plus tard. J'avais à peine douze ans.

EXODE

> Ils été venus parce qu'ils avaient peur ou ils ne craignaient rien, parce qu'ils étaient heureux ou malheureux, parce qu'ils se croyaient pèlerins ou ne se prenaient pas pour tels. Chacun avait ses raisons. Ils venaient tous nantis de grands rêves ou de rêves fugaces, ou dépourvus de rêves.
> **Ray Bradbury,** *Les Chroniques Martiennes*

Repoussé par le pays qu'il avait servi et qu'il aimait, incapable de trouver sa « place »—une déficience dont il souffrira toute sa vie, et que j'hériterai—mon père s'embarquera sur un autre périple chimérique, cette fois-ci vers l'*Altneuland*, « la bévue de Théodore Herzl, » et le récemment créé État d'Israël. Le catalyseur d'une décision qui s'avérera mal conçue et dont les conséquences seront pour nous accablantes fut un mensonge— ou l'illusion d'une vérité virtuelle. Un jour, en rentrant à la maison, je raconte que quelqu'un m'avait traité de sale Juif.

— Où, mon père demande, l'inquiétude plissant son front.

— Oh, dans la rue.

— Qui ?

— Je ne sais pas. Quelqu'un.

C'était le genre de balivernes irréfléchies que les enfants débitent impulsivement. Mon père accepta mes allégations sans les contester. Il ne demanda pas de preuves. Il se contenta de croire, j'imagine, que même si cet incident n'avait pas eu lieu, il aurait très bien *pu* avoir eu lieu. L'outrance qu'un tel scénario éveillait deviendra intime et profonde, et elle méritait une riposte contre l'antisémitisme qu'il savait se tapi dans l'ombre et traque tous les Juifs. C'était sa façon d'intellectualiser le pétrin dans lequel nous nous trouvions. Il luttait contre une foule de démons. L'immense douleur qu'il ressentit à la mort insensée de ses parents, frères et sœur le hantait encore. Il fit face à l'angoisse, l'irrésolution, et la précarité de notre situation avec un stoïcisme et une galanterie qui l'épuisa psychiquement.

Mon mensonge lui avait peut-être aussi fourni le prétexte de jauger une émotion naissante (mais sans précédent) : le sionisme. Je comprendrai plus tard que mon père, qui ne cessera jamais de se considérer Juif, recelait des sentiments mitigés à l'égard de l'idéal sioniste. « *L'année prochaine à Jérusalem* » était un slogan que l'on répète machinalement sans y prendre trop d'importance à la fin d'une prière que l'on récite distraitement. Les épreuves et les contretemps que nous affronterons pendant cinq ans dans le Pays du Lait et du Miel abreuveront son amertume et aiguiseront ses ressentiments. Israël sera une borne ajoutée à un chemin cahoteux et dédaléen qui ne mène nulle part.

♦

Ce n'était ni scrupule obscur, ni les débris d'une croyance ressuscitée qui pousseront un agnostique invétéré comme mon père à s'éprendre, même symboliquement, d'une terre lointaine et mythique qu'il ne connaissait que par ses lectures de la Torah. La résurrection du pays de nos ancêtres proclamait l'apothéose de la survie du peuple Juif, mais pour mon père, qui considérait la religion une absurdité—« foi contrainte par extorsion psychologique »—et le nationalisme en tous ses déguisements comme « le tonique capiteux des querelleurs et des sacripants, » Israël représentait « une entité ethno-géopolitique artificielle, une extravagance. » Quelques décennies plus tard, après l'avoir quittée et s'être installé aux États Unis, conscient que l'antisémitisme se répandait, il affirmera qu'Israël est le seul pays où les Juifs peuvent se sentir en sécurité. Entre temps, vu nos circonstances actuelles, Israël nous offrira provisoirement le moyen d'échapper une fois de plus à un statu quo sans issue.

Alors que je ne pouvais m'imaginer combien des années de matraquage religieux avaient influencés la psyché de mon père, je comprenais encore moins comment des croyances implantées dès sa naissance seront si facilement larguées. Introspectif et atavique, dépourvu de dogmatisme, il ne restait au judaïsme de mon père que les vestiges d'une auto-perception lointaine et floue. Il était conscient du lien qui l'amarrait au plus profond de son être mais le lien avait perdu son caractère métaphysique, son attrait sentimental.

> *L'âme ne peut se souvenir de ses vies antérieures mais elle porte en elle le regret de les avoir oubliées.*

◆

Je n'avais jamais reçu une formation religieuse et je n'en avais jamais postulée. Cela ne m'empêchera pas de passer des heures à lire les « textes sacrés » et de disséquer avec le concours de mon père les doctrines monothéistes, fixant notre attention sur les aberrations, les paradoxes, et les atrocités commises en leur nom à travers les siècles. Tout en leur accordant une origine utopique sublime et inaccessible, nous ne trouverons aucune dans l'application de leurs croyances qui ne s'estime secrètement et souvent ouvertement supérieure aux autres, nulle qui ne condamne explicitement l'usage de moyens violents — apostoliques ou schismatiques — pour la défendre ou la propager. Nous étudiâmes la furie avec laquelle les églises se font concurrence, s'attaquent, chacune portée à calomnier leurs rivales. Nous noterons que les pasteurs sont plus doctrinaires qu'ignorants, plus bornés que stupides ; que les anachorètes, au lieu d'affronter la vie, sont des misanthropes et des parasites, et qu'il y a parmi eux des sensualistes effrontés qui cherchent le plaisir dans la douleur ; que les rabbins, après s'être perdus dans l'extase de leurs lectures talmudiques, trempent leurs mains dans le commerce et d'autres activités profanes. Aveuglés par un mépris mutuel, polarisés par la discorde, catholiques et protestants subornent l'éthique chrétienne. Les hindous, les Sikhs, et les musulmans se battent depuis des siècles ; les Juifs et les arabes s'entre-tuent. Tous sont embourbés dans des guerres de territoire—physique et spirituel— aiguillonnées par la haine et envenimées par le credo inflexible qui les séparent. Incontestée par le cheptel, ignorée par les pâtres, cette arrogance, c'était clair, contredis le modèle et corromps le message.

Ma décision d'omettre ma Bar-Mitsvah sera accueillie avec consternation, non pas par mes parents mais par nos voisins, le genre de fouinards qui, comme des tiques, s'incrustent dans les affaires des autres afin de s'assurer qu'ils sont dignes de s'installer dans le quartier. Ce snobisme comportait une norme supplémentaire : Ces sycophantes voulaient savoir non seulement si nous étions « bons » Juifs mais si nous faisions preuve d'un patriotisme essentiel envers l'Israël. Je répondrais à leurs questions avec la spontanéité d'un gamin de treize ans :

— Je n'éprouve aucun sentiment pour ce genre de rituel, aucun besoin de m'y soumettre.

Cette apostasie, de la part d'un enfant qu'on aurait considéré comme un « homme » si je m'étais soumis à cette initiation, animèrent des polémiques cinglantes, toutes lancées contre mon père qui, ces moralisateurs prétendirent, n'avait pas eu « la bienséance d'anticiper la défection de son fils. » Reproches tournèrent à des condamnations au vitriol quand, incapable de suivre les cours en hébreu de l'illustre Lycée Rehavya, mes parents m'inscrivirent au collège catholique français de l'Ordre de St. Joseph de l'Apparition.

Mon père avait accepté mes exégèses antireligieuses sans commentaire. Je ressentais pourtant le besoin d'aller plus loin, d'exprimer mes sentiments avec une probité qui reflétait leur ampleur et les concrétisaient. D'abord rédigée, ensuite apprise par cœur comme un monologue, j'avais récité mon apologie comme si je me défendais devant un tribunal. À ma grande surprise, mon père en appréciera le pathos et applaudira sa théâtralité :

> *« C'est les paroles, papa, les mots qui ne sont pas les miens, les injonctions, les remontrances, les litanies, les jérémiades, les martellements de poitrine, les déclarations de reconnaissance et de vénération et de culpabilité, tous répétés jusqu'à la nausée, jour après jour, et dirigés vers un Dieu qui ne montre jamais son visage, ne dévoile jamais son cœur, ne verse jamais de larmes, ne demande jamais pardon, un Dieu qui accorde la vie et la peur de mourir, un Dieu devant lequel nous faisons des courbettes et qui contemple la misère humaine avec un regard de pierre et entend d'une oreille sourde nos cris les plus déchirants. »*

Je reprendrai le thème avec moins de bienveillance dans un essai dont la forme sera couronnée de bonnes notes ... mais dont le contenu fera l'objet d'une analyse glaciale de deux pages à l'encre rouge signée par Sœur Louis de Montfort, à laquelle mon éducation fut remise après le fiasco du Lycée Rehavya.

Je me souviens avoir cherché pendant longtemps un idiome, un concept amarré à la raison, pas à la croyance, une piste droite dépourvue de solennités qui me conduirait vers la sagesse. Quand je saisirai enfin l'énormité du Shoa, je ne découvrirai aucune morale occulte, aucun grand dessein oraculaire qui justifierait le massacre de millions d'innocents, et aucun argument défendable étayant l'existence d'une entité « omnipotente » aussi imperméable à l'injustice et aux souffrances de sa « création » qu'il les observe sans broncher. La mort de ma mère — non, son meurtre par un cancer du pancréas fulgurant vingt-quatre ans plus tard — estompera les derniers vestiges d'une créance avisée en un noumène dit juste et miséricordieux. Je rejetterai aussi l'explication grotesque et odieuse que « Dieu agit mystérieusement » et dirai à qui voudra m'entendre que cet être mythique est indigne de l'égard qu'on lui porte. Je simplifierai ce raisonnement en le réduisant à une sentence passe-partout : « Une vérité que l'on ne peut défendre que par la croyance est un mensonge. »

L'âge, des heures d'introspection, et l'étude des grands ouvrages, émousseront peu à peu cette raideur d'esprit. Je conclurai que Dieu, dégarni de toutes les banalités dont les hommes l'enduisent est indicible et inabordable. Je retoucherai ce syllogisme en admettant que, perçu comme une cause première improuvable ou comme le *Ein Sof*—l'infinité, l'intemporalité représentée par les kabbalistes—« Dieu » est un concept comparable aux efforts de la science, toujours sans résultats, d'élaborer une théorie uniformisée réunissant tous les éléments de l'ensemble de la réalité cosmique. Cette constatation ne m'empêchera pas de repousser les cultes créés en son nom, de les considérer tous comme des canulars.

◆

Mon père avait plus d'égard envers les pénitents qu'envers les chastes. Il considérait l'homme « vertueux » un lâche. Une bonne partie de toute moralité consiste à éviter le risque ; la sainteté à se garder d'agir. Il pensait aussi qu'un péché d'omission est aussi grave qu'un méfait délibéré parce qu'il comporte le même degré de préméditation.

— On peut commettre un crime sans réfléchir, sur le coup, poussé par la colère ou la folie. On ne s'abstient de faire du bien que dans un but délictueux. Il sera son sort de découvrir, non, de redécouvrir, cette fois-ci en Sion, que le mal a le même visage mais qu'il s'exprime avec un accent différent.

◆

Nous quittâmes Marseille en automne 1949 à bord du S/S Kedmah, un vieux rafiot qui faisait la navette entre Singapour et Penang avant d'être acheté et refait à neuf par ZIM, la nouvelle compagnie maritime israélienne. Nous passâmes une misérable semaine sur les eaux houleuses de la Méditerranée. Je me souviens d'une cabine étroite peinte d'un vert écœurant. Située sous la ligne de flottaison, elle puait le pétrole. Les couchettes étaient en métal et les matelas, minces et décharnés, émettaient des odeurs saumâtres qui empêchèrent ma mère de dormir. Elle pleura durant toute la traversée. Incapable de la consoler, mon père passait des heures sur le pont arrière, d'où l'on ne perçoit qu'un passé fuyant, ou à jouer aux échecs avec le Capitaine Eliezer Aczel, avec lequel il cultivera une longue amitié.

Quant à moi, je voguais vers une nouvelle aventure. J'avais voyagé en avion, par train, d'un bout à l'autre du réseau de la RATP, par voiture et autobus, et, bien avant, dans le ventre de ma mère sur la montagne russe du Prater à Vienne. Les chevaux de bois des vieux manèges du Jardin des Tuileries et celui qui, au pied du Sacré Cœur, ravit toujours les enfants de tous âges, m'avaient offert un avant-goût des délices de la kinésie. On peut s'imaginer l'émerveillement qu'un voyage au « Levant » produira sur un enfant de douze ans. Mais quand les côtes de la France s'éloignèrent et sombrèrent derrière l'horizon, je ressentis un mélange de tristesse et d'angoisse, une inquiétante impression de déjà-vu. J'étais un « déraciné » un exilé, une épave à la dérive sur les eaux mouvementées du destin. Le malaise devint plus vif quand j'aperçu au loin la silhouette émaillée du Mont Carmel et les lumières scintillantes du port de Haïfa. Et quand nous débarquâmes avec nos vieilles valises en carton et les posâmes pendant quelques instants sur le quai, je ressentis les mêmes anxiétés, la même incertitude, et la même sensation d'impermanence qui avaient accompagnées tous nos déplacements. Cinq ans de reculs, d'abstinence, et de contretemps nous attendaient.

◆

Nous habiterons pendant les prochains quatre ans dans une maison en pierre taillée aux murs d'un mètre d'épaisseur et coiffée d'un toit en pente de tuiles rouges recouvert de lierre. Située en lisière de Jérusalem dans la Colonie Grecque, un quartier verdoyant au sud du centre-ville, la maison était ceinte d'une clôture en pierre. On y entrait par une grille en fer forgé encadrée de deux colonnes que mon père surnomma « Boaz » et « Jachin. » J'apprendrais quarante ans plus tard dans une loge maçonnique américaine où l'on m'initiera aux trois degrés le symbolisme cryptique que ces deux pilastres inculquent.

C'est sur Boaz que mon père fit installer une plaque en bois verni proclamant en grosses lettres, en hébreu et en français : **DR. A. GUTMAN, Médecine Générale, Gynécologue/ Obstétricien**, et en dessous, en lettres italiques, *Diplômé de la Faculté de Médecine de Paris*. En face de chez nous, à notre insu, quelqu'un derrière un rideau avait épié cette mise en place. Le panneau sera dorénavant vandalisé ou disparaîtra en pleine nuit et devra être remplacé à plusieurs reprises. Quoique mon père ne pourra jamais le prouver, il soupçonna notre voisin, un médecin plus âgé avec lequel les rapports, prudents et lointains au début, devinrent glacials sinon hostiles. En moins d'un an la petite clientèle que mon père avait cultivée diminuera à une allure alarmante. Le bruit courra qu'il faisait des curetages, une procédure qu'il opposait sauf dans les cas les plus urgents, et que plusieurs de ses patients en étaient morts. Aucun de ces racontars n'était vrai. L'auteur de ces ignobles diffamations ne pouvait être que ce confrère qui avait mal accepté la présence d'un plus jeune concurrent dans le quartier. Mais mon père n'avait pas l'énergie de jouer au détective. Il raisonna qu'à une époque de faiblesse économique — Israël avait à peine gagné la première des cinq guerres qui lui seront imposées — et dans un faubourg où il n'y avait qu'un médecin, l'arrivée inattendue d'un rival ne pouvait attirer que des malveillances.

> *Tel est le sort dans le domaine des loups. Contrairement aux hommes, les loups ne se laissent pas corrompre.*

« Surréels » est le mot qui me vient à l'esprit en décrivant mes premiers jours au Lycée Rehavya. Le proviseur me présenta à la classe, une formalité qui fut accueillie avec nonchalance. Ensuite, on me mit en mains un texte talmudique—en hébreu, que je parlais déjà mais ne pouvais encore lire—et fut invité à démontrer mes facultés déductives en participant à un débat concernant la mort hypothétique d'une vache que le propriétaire avait confiée à un ami. Plusieurs scénarios déterminent les obligations légales du mandataire : Est-ce que la vache est morte à la suite d'une maladie ? Est-ce que le mandataire s'en occupait chez lui ou dans les herbages de son ami ? Tomba-t-elle malade avant ou après avoir quitté sa grange ? Était-elle victime de négligence ou de mauvaise conduite ? Succomba-t-elle à la vieillesse ou était-elle encore jeune ? Était-elle gravide ? Est-ce que son propriétaire en avait d'autres ou était-elle vache unique ? L'élevait-on pour sa chair ou pour son lait ? Avait-elle été achetée, héritée, ou fit-elle l'objet d'un don ? Je m'arrête là. Tout cela avait sûrement une certaine valeur cartésienne, mais pour un garçon d'à peine treize ans qui préférait lorgner les filles et enclin à des érections spontanées, ces contorsions cérébrales manquaient de sens ou d'utilité. J'étais là, un jeune Juif français incroyant immergé dès la maternelle dans l'histoire de « nos ancêtres les gaulois, » mais ne sachant rien des Giléadites, des Éphraïmites, ou des Asmonéens. Je n'avais jamais entendu parler de Nathan, Nahum, ou Nephtali. J'avais lu Balzac, Hugo, et Zola, mais Tchernikhovsky, Bialik, et Ben-Yehuda m'étaient inconnus. Deux ou trois semaines plus tard, à mon grand soulagement, je fus discrètement retiré de cette éminente école et transféré illico dans la classe de Sœur Louis de Montfort au pensionnat pour filles du Lycée français St. Joseph. Je reprendrais mes études, cette fois-ci sous le regard déchirant de Jésus crucifié dominant un des murs, et entouré d'une demi-douzaine de *demoiselles de bonne famille* dont les regards complices me tiendront dans un état d'excitation permanente que je m'efforcerai de dompter en faisant le pitre.

♦

Jeu de Rôle

Entre 1948 et 1952, un million de Juifs furent expulsés des pays arabes. La plupart se réfugieront en Israël. Beaucoup étaient originaires du Maroc, de l'Algérie, et de la Tunisie. Tous parlaient le français. Fuyant l'Irak et le Kurdistan, d'autres traversèrent le Tigre et l'Euphrate et emmenèrent avec eux leurs aigres idiomes et leurs coutumes bizarres. Je me demandais s'ils étaient vraiment Juifs. Leurs vêtements, mœurs, et langage — les hommes portaient des pantalons bouffants, des tuniques, gilets et turbans ; les femmes emmaillotées de voiles et d'écharpes ; ils se mouchaient entre leurs doigts, fumaient sans cesse, renâclaient, crachaient copieusement par terre, et communiquaient dans un dialecte braillard que je n'avais jamais entendu — trahissaient des origines et influences insolites. Il faudra une génération d'assimilation pour transformer des Juifs antédiluviens en israéliens modernes.

Un beau jour, plus précisément pendant la nuit, un groupe de Juifs kurdes saisirent notre garage et le transforma en synagogue et centre communautaire. Plusieurs fois par an, aux environs de minuit, ils se réunissaient dans la rue et devant nos fenêtres pour offrir des prières à la lune. Leurs hurlements nous empêchaient de dormir mais, il fallait le prévoir, c'est la religion qui vaincra. Quand mon père porta plainte, le Ministère des Affaires Religieuses [l'Israël n'a jamais cessé d'être un pays théocratique] riposta sèchement : « Étant inoccupé, votre garage a été déclaré domaine public et cédé aux nouveaux immigrants. » Le ministère fit aussi allusion au lycée catholique où je suivais maintenant des cours et conseilla mon père de faire preuve de plus de sympathie envers « nos frères pieux. »

Obliques et indécis au début, les rancœurs dirigées vers mes parents pour m'avoir inscrit dans une école « goy » atteindront le délire quand je pris en amitié une fillette palestinienne de mon âge. Leila, la fille d'un chef de tribu d'un village avoisinant était belle, intelligente, instruite. Mes parents l'aimèrent dès le début et ne firent rien pour entraver ce qui fut mon premier amour. Un jour, une « délégation » dirigée par un rabbin frappa à notre porte. Le rabbin interpella mon père en Yiddish. Il le sermonna et exigea que je cesse de « fraterniser avec l'ennemi. » Il s'agissait bien sûr de Leila. Mon père fut admirable. Il se dirigea vers la porte, l'ouvrit, et, sans dire un mot, invita la « délégation » à foutre le camp. Cet affront n'arrangea pas les choses. L'acrimonie s'affermira et les mauvaises langues continueront à nous calomnier jusqu'à la fin de notre séjour à Jérusalem. Leila ne me rendit plus visite. J'irai la chercher dans son village. Son père, sa voix pleine de tristesse, me dit qu'elle ne pourra plus me voir. C'est pour le mieux, dit-il. Mes parents étaient dégoûtés. Moi, j'avais le cœur gros.

UNE PETITE CERVELLE DISSOLUE

Jamais honnête avec elle-même, l'Histoire se déroule comme elle peut et se raconte tel que les historiens la voient et les enseignants la veulent.

Sœur Louis, un bretonne de souche aristocratique, et sa suppléante, Sœur Clémence, une nonne fluette au visage angélique et à la langue tranchante, étaient des enseignantes habiles et zélées. Elles s'efforceront pendant deux ans de me donner une éducation ou, comme elles préféraient dire, « à mettre quelque chose d'utile dans votre petite cervelle dissolue. » Les vastes connaissances qu'elles possédaient, de l'algèbre à la zoologie, étaient souvent obscurcies par un manque épouvantable d'objectivité. C'était leur savoir même qui leur permettait, quand elles en avaient l'occasion, de fausser l'histoire ou de la réécrire en insinuant leurs opinions avec une roublardise qui frôlait la catéchisation sur des personnages depuis longtemps morts, ou sur des événements très clairement relatés dans le programme d'enseignement laïc français qu'elles étaient obligées de suivre. Comme tous les catholiques, elles se disaient royalistes et disculpaient l'arrogance et la cruauté des monarques français en soulignant qu'ils étaient, « avant tout, bons chrétiens. » Certes, beaucoup parmi eux passaient des heures à genoux dans leurs chapelles privées sur des étoles en hermine et des coussins recouverts de brocarts tandis que leurs sujets vivaient dans la misère, crevaient de faim, et succombaient à la peste. Les Croisades et l'Inquisition—Sœur Louis et Sœur Clémence les voyaient comme des abstractions lointaines—suscitaient un genre de nostalgie admiratrice dénuée de scrupules envers les crimes monstrueux commis en leurs noms. Le massacre de la Saint-Barthélemy, le 24 août 1572, au cours duquel trois milles protestants furent abattus dans les rues de Paris sous les ordres de Catherine de Médicis, ne semblait évoquer aucune gêne. C'est à cette époque que je compris que l'Inquisition, un instrument de caractère politique, ne s'éteignit pas avec les autodafés du Moyen Âge. Au contraire, elle mutera et deviendra le dispositif vampirique du colonialisme, du racisme, de l'esclavage, des guerres, de l'expansionnisme économique, et du resserrement des libertés civiles, surtout quand les conflits sociaux menacent le bien-être des classes privilégiées. Les délits dont je serai plus tard témoin, y compris le rapt et l'assassinat par la police des enfants de rues en Amérique Centrale, ainsi que la persécution sponsorisée par l'état des minorités indigènes, concrétiseront cet aperçu. Je découvrirai que l'historien et philosophe franco-américain, Jacques Barzun, auteur de De l'Aube à la Décadence, avait avant moi et avec bien plus de verve, aboutit à la même conclusion :

Les dictatures du 20ème siècle ont toutes dépendues de [l'Inquisition] et elle prospère à l'improviste dans les pays dits libres – traquant les sympathisants allemands durant la première guerre mondiale, internant les américains de souche japonaise pendant la deuxième, et poursuivant les camarades communistes pendant la guerre froide. Aux États Unis, en ce moment [l'an 2000] les rouages de la « bienséance politique » dans les universités et ceux de la police du langage qui stigmatise ceux qui expriment des idées « épineuses » proclament la permanence de l'esprit inquisiteur.

L'effroi qui saisit les États Unis après les attentats du 11 Septembre 2001 soutiendra la thèse que « l'esprit inquisiteur, » assoupi quand tout va bien se réveille aussitôt que ça va mal. En proie à la psychose, l'Amérique se mêla à la vie privée de ses citoyens et s'empêtra dans des guerres illégales, amorales, et ingagnables.

Cinquante ans plus tôt, injectant leurs préjugés dans leurs instructions, les bonnes sœurs proclamèrent leur mépris envers Henri de Navarre, le Huguenot, mais furent pleines d'éloges quand, couronné Henri IV et craignant la potence, il se convertit au catholicisme. Il dira, « *Paris vaut bien une messe !* » Elles le condamnèrent quand le Vert Gallant promulgua l'Édit de Nantes, un décret restituant les droits religieux et politiques aux protestants français. Son assassinat par François Ravaillac, un fanatique catholique, ne suscita aucun commentaire. Un chapitre plus loin, elles applaudirent la révocation de l'Édit par Louis XIV, le « Roi Soleil, » l'archétype despote guerrier dont la suffisance et le narcissisme n'étaient dépassés que par l'opulence dans laquelle il se vautra. Étourdi ou insensible à l'immense souffrance du peuple, Louis XVI, qui bricolait au lieu de régner, et sa femme, Marie-Antoinette, dont les extravagances ruinèrent la France, réveillèrent leur miséricorde.

— Ils étaient très pieux et se recueillaient en prière plusieurs fois par jour…

Alors que les bonnes sœurs débitaient ces énormités, je me souvins avoir vu des prêtres arroser des tanks, des canons, et le fuselage d'avions de chasse et de bombardiers avec de l'eau « bénie » afin que les chrétiens d'un pays puissent exterminer les chrétiens d'un autre avec la bénédiction du Tout Puissant. Mes défis impies lancés pendant les cours d'histoire furent sévèrement mis en cause.

— Entre nous et Dieu, dira Sœur Louis, se dresse une immense paroi en verre, transparente pour Lui, opaque pour nous. Sœur Clémence ajoutera que Dieu est inconnaissable et ses actions sont au-delà des facultés humaines. Il ne se laisse par voir ; on ne le reconnaîtrait d'ailleurs pas ; pour le trouver, il faut le découvrir.

— Découvrir ? Découvrir ? Ce qui n'existe pas ne peut être découvert. Si Dieu, que les hommes inventèrent existait, n'aurait-il pas trouvé le moyen de se faire remarquer ? À quoi Sœur Louis répondra d'un ton hautain :

— Dieu nous accorde son esprit mais ne dévoile jamais sa

logique. [Mon oncle, un homme cultivé, aimait dire avec un manque de logique exaspérant, « Je crois en Dieu, *donc* il est... »]

Ce que j'apprendrai durant ces débats et tergiversations c'est que Dieu, une hypothèse dans certains quartiers, est une réalité indispensable dans d'autres. Les athées ne se préoccupent pas de l'inexistence de Dieu ; les croyants, troublés par la peur subconsciente que la raison invaliderait son existence, s'efforcent de le rationaliser.

Le savoir démythifie les mythes ; la foi les enchâsse.

◆

Contrairement aux faits énoncés dans le livre d'histoire que nous utilisions en classe, la Révolution française, mes maîtresses alléguèrent, était un « crime financé par les Juifs et dirigé par des francs-maçons et des philosophes dégénérés. » Je ne manquerai pas de noter l'ironie de ces écarts quand, en lisant des extraits des œuvres de Diderot, Montesquieu, Rousseau, et Voltaire — les philosophes dégénérés auxquels elles faisaient allusion — elles louaient l'élégance de leur style mais nous défendaient d'embrasser leurs « doctrines scandaleuses. » Elles peindront le règne de terreur qui suivit la prise de la Bastille comme un « acte grotesque de barbarisme envers les vertus chrétiennes. » Oui, un grand nombre de têtes tombèrent au cours de ces deux ans de frénésie. Mais Sœur Louis et Sœur Clémence rejetèrent ma prémisse que ce renversement était le bilan de quelques siècles de tyrannie et de souffrance, et l'impulsion qui débarrassera la France des Bourbons et de l'écrasante influence de l'Église. Elles écarteront l'assassinat dans sa baignoire de Marat, le médecin, avocat, journaliste, et législateur populiste, avec une désinvolture rebutante : « l'élimination d'un vaurien par une brave jeune catholique » [Charlotte Corday] diront-elles. En revanche, la décapitation de deux fainéants royaux qui ruinèrent la France en subventionnant la guerre d'indépendance américaine contre l'Angleterre tandis qu'ils faisaient la fête, priaient, et faisaient la chasse au renard, elles insistèrent, était une infamie. J'essayerai vainement de les convaincre qu'une révolution est un processus, et non pas un incident isolé, qu'elle est la conséquence de remous sociaux, de tourments, et de misère de longue durée, qu'elle est non seulement un geste d'insoumission envers le pouvoir mais aussi un mouvement social contre l'injustice. Rétrospectivement, j'aurais aimé faire un voyage en arrière et citer Salvador Allende (1908-1973), président socialiste chilien mort à la suite d'un coup d'état fomenté par les États Unis, et remplacé par le général fasciste génocidaire, Augusto Pinochet :

> *« Le bonheur est un droit humain absolu. Pour assurer son avènement, il faut d'abord identifier les obstacles politiques, économiques, sociaux, et culturels qui l'obstruent ; il faut ensuite les anéantir. Ceux qui s'opposent à une révolution pacifique rendent celle-ci inévitablement violente. »*

Mais je n'avais pas encore entendu parler de lui. Mes institutrices auraient dû saisir ce précepte viscéralement mais elles s'entêteront à ignorer les faits, à rejeter la vérité ; leur foi les en empêchait.

♦

Sœur Louis et Sœur Clémence admettront que Napoléon Bonaparte était « brillant, olympien, chimérique, et assoiffé de gloire. » Elles tamiseront ses victoires, l'idéalisme de ses réformes, son mécénat des arts et sciences, ses apports à l'éducation et à la jurisprudence … et sa sympathie pour les Juifs ; elles lamenteront « son impiété, sa vanité, et les pêchés que même un grand homme ne saurait expier. » Je trouvais cette inculpation d'un homme dont le vaste intellect, sinon la sagesse de ses objectifs géopolitiques, est universellement reconnu — simpliste et troublante.

L'antipathie que mes institutrices ressentaient envers leurs coreligionnaires (elles méprisaient les Protestants, se moquaient des Orthodoxes grecs et russes, et raillaient les « moindres » croyances des Coptes et des Maronites) affectera un air plus subtil envers les Juifs. Leur antisémitisme viscéral préprogrammé était abstrus et furtif, sans doute modéré par des réalités politiques convaincantes : Le couvent et l'école qu'elles géraient étaient maintenant situés in Israël, et non plus en « Palestine » comme ils l'étaient deux ans plus tôt ; en outre, trois quarts de leurs élèves étaient Juifs. Je ne me sentais nullement intimidé. Méfiant des croyances adoptées au mépris de la vérité, intuitivement conscient que le rôle principal d'une école religieuse est autant que possible de catéchiser les jeunes esprits (j'avais déjà été exposé aux méthodes grossières d'encodage de la pédagogie communiste roumaine) je n'ai jamais pris trop au sérieux les élucubrations de mes enseignantes. L'amertume que ces nonnes ressentaient envers les « tueurs du Christ » semblait rituelle plutôt que personnelle. Sœur Louis et Sœur Clémence, j'en suis sûr, aimaient leurs élèves. Il serait malhonnête de ma part de nier la réticente estime que j'éprouvais pour elles et la profonde reconnaissance qu'elles méritent pour avoir réussi à insuffler quelques bribes de savoir dans ma « petite cervelle dissolue, » y compris, par mégarde, l'art de la riposte.

Je me revancherai quand nous nous penchâmes sur l'Affaire Dreyfus. J'étais prêt. Mon père, qui l'avait étudiée à fond, m'aida à démêler l'histoire des ouï-dire, les faits des vétilles. Cette chasse aux sorcières, complotée par l'état-major français, ranima les vieilles haines qui rongeaient la France et la bouleversa pendant douze ans. Un scandale qui puait la trahison et l'imposture, le symbole moderne et universel de l'iniquité, il réanima et élargit les fissures idéologiques qui scindent les français : la droite contre la gauche, les aristocrates contre le prolétariat, le clergé contre le laïcisme, les antisémites contre leurs ennemis séculaires, dreyfusards contre antidreyfusards. Les mêmes idéologies antithétiques qui divisèrent la France durant la Révolution, la Commune, l'Occupation allemande, et les guerres d'Indochine et d'Algérie, conduiront au cours du 20ème siècle à l'effrayante recrudescence du racisme et de la xénophobie en Europe de l'ouest. Comme le précise Vanessa Ragache, professeur d'histoire, dans *Le Grand Orient de France et l'Affaire Dreyfus : Mythes et Réalités*, publié en 1998,

> *Les intellectuels dreyfusards sont [ainsi] présentés comme des agents de décomposition, chargés de ruiner le patrimoine culturel français. Les antidreyfusards, nationalistes ou réactionnaires, pétris d'antirépublicanisme, désignent également comme agent de l'anti-France, les politiciens des partis de gauche, comme les républicains dans leur ensemble. Mais c'est surtout le Juif qui est présenté comme l'adversaire le plus redoutable.*

♦

L'Affaire Dreyfus, une abjecte intrigue politique et anomalie judiciaire, commence le 26 septembre 1894 quand le Bureau des statistiques prend connaissance d'une pièce dérobée à l'ambassade allemande à Paris et désignée sous le nom de bordereau attestant de la présence d'un traître au sein de l'état-major. On soupçonne le jeune Capitaine Alfred Dreyfus dont la « race »—il est Juif—fournit une institution militaire mieux connue pour son antisémitisme que pour sa prouesse sur le champ de bataille, le prétexte qu'elle cherchait. Deux semaines plus tard, malgré la faiblesse des dépositions, Dreyfus est arrêté. Croyant en tirer un profit politique, Auguste Mercier, le ministre de la guerre, l'état-major, et les plus hauts dignitaires de l'État, tous au courant du complot contre Dreyfus, exigent un procès. Dreyfus est condamné à perpétuité. Le 5 janvier 1895, devant une cohue hurlant « Mort aux Juifs ! Mort au traître ! Mort à Judas, » il est dégradé et son sabre est brisé. En 1899, après avoir survécu cinq ans de réclusion dans le tristement célèbre bagne de l'Île du Diable en Guyane, il est gracié par la Cour Suprême, réintégré dans l'armée en 1902, et promu en 1906.

— Oui, dira Sœur Louis, ce sont les francs-maçons qui combinèrent sa libération. Mais son innocence n'a jamais été totalement établie.

Mensonge éhonté. Ce que Sœur Louis n'était pas en mesure de savoir, ou ce qu'elle préféra éponger c'est qu'à l'époque, les loges maçonniques, peu disposées d'accueillir des Juifs, s'étaient repliées derrière leur égide statutaire. Rédigée en 1721, la Constitution d'Anderson, le texte fondateur de la franc-maçonnerie moderne, affirme que les Maçons respectent les lois et ne s'immiscent pas dans la politique. Sympathiser avec Dreyfus, sans parler d'un arbitrage en sa faveur, profanerait l'éthique maçonnique et orienterait l'antisémitisme avéré de l'Église vers la confrérie. Les « frangins » ne pouvaient donc non seulement pas prêter leur concours, ils réagirent avec une pusillanimité manifeste envers les outrances dont Dreyfus et ses sympathisants furent victimes. Ainsi, le Fils de la Veuve sera immolé sur l'autel de l'opportunisme politique. Notre ancienne confrérie se rachètera pendant l'Occupation et se couvrira de gloire, notamment dans le Gers où un grand nombre de Frères, tous Résistants, s'élèveront pour sauver des Juifs—y compris mes parents et moi--et en défi du clergé catholique, farouche adversaire de la Maçonnerie.

— Alors que dites-vous des faux par l'état-major, je demanderais. Et la découverte du fameux « petit bleu » qui dévoile l'identité du véritable traître, l'officier français, le Comte Esterházy, qui rédigea sa confession en prison et se suicida, qu'en faites-vous ? Pourquoi notre livre d'histoire n'en dit pas un mot ?

Mal à l'aise, Sœur Louis sourit mollement. Ça ne prouve rien, dira-t-elle.

— Et Clemenceau ? « Le Tigre » avait rugi contre ces outrances. Et Zola ? Il avait tonné et exhorté les français de bien se regarder. Et l'établissement militaire français qui fut accusé d'avoir impliqué un innocent pour protéger un criminel, pourquoi n'en parlez-vous pas, je fulminais en martelant le livre d'histoire avec mon index. Tout ça ne prouve rien non plus ?

Je ne me souviens pas avoir reçu une réponse cohérente.

Ceux qui croient que la révolution est révolue en inciteront une autre.

◆

Quelques années plus tard, je demanderai dans un de mes éditoriaux :

Que dirait-on si les grands traits de l'Histoire avaient été puisés non pas d'un ensemble de faits incontestables fidèlement enregistrés, mais des supputations que l'on trouve dans les commentaires de la rédaction d'un journal ? Que ferions-nous si la somme totale des connaissances humaines était extraite des rubriques et manifestes non signés, des lettres de lecteurs, et des sottises qui circulent dans la blogosphère, cette tribune que des légions d'ignares, de plaisantins, et de provocateurs gravissent afin de pérorer sous prétexte qu'ils en ont le droit ?

Mes questions, contrariantes telles qu'elles le furent, n'inviteront aucune réaction. Je me rendis compte qu'en les posant, j'y avais répondu.

Le silence est souvent une forme d'auto-inculpation.

◆

Les enfants ont du mal à démêler la réalité des fantaisies. Les enseignants, êtres vénérés de mon temps, embrouillent parfois les choses en ajoutant non pas des éclaircissements mais en insérant leur propre optique. Les journalistes font souvent la même chose. Selon nos épreuves et penchants, nous voyons les uns et les autres soit comme des éclairés ou comme des colporteurs de canulars. Leur érudition nous émerveille ; leurs apartés prennent souvent un ton démagogique dont le but est non pas d'instruire mais de saborder la vérité. C'est quand ils ont recours à la calomnie, quand ils banalisent ou renient les faits et répandent leurs grotesques idées, que la vérité se noie — aussi bien en classe que dans le monde des hommes.

♦

Mes parents avaient sans doute relaté les détails de mon enfance agitée et les bonnes sœurs du Lycée St. Joseph de l'Apparition avaient sûrement devinées que je serais indocile, sinon inadaptable quand elles m'offrirent généreusement un banc. Mes gamineries, mon insubordination, mes défis, et un déluge de compositions enfiévrées, j'en suis certain, leurs avaient garantis une place d'honneur dans le panthéon des saints de l'autre-monde. Ce qu'elles n'avaient pas prévu c'est que les hormones transformeront très rapidement un garçon en enfant terrible, et que les espiègleries anodines d'un adolescent peuvent très vite se transformer en une conduite jugée inacceptable par les adultes.

Un jour, pendant la récréation, et tandis qu'une averse obligea les élèves à quitter le préau, je m'assis sur un des bancs en pierre qui bordent le déambulatoire voûté du couvent et j'invitai une fille aux rondeurs naissantes que j'avais mesurées avec convoitise à s'asseoir près de moi. Alors qu'elle s'apprêtait à se poser, je glissai ma main sous ses fesses. Surprise mais nullement incommodée, elle bondit comme un diable à ressort et se mit à glousser. Sœur Louis, qui avait tout vu, n'avait pas trouvé ça amusant. Empourprée, furieuse, elle se précipita vers moi et me gifla avec tant de force que je tombai en arrière. La fille me dévisagea d'un air penaud et nous retournâmes en classe. Elle me consolera plus tard en se laissant tripoter dans un placard à balais tout en me branlant jusqu'à l'épuisement.

Peu après, mes parents reçurent une lettre signée par la Supérieure, Mère Marie Jeanne d'Arc, les avisant que j'étais trop « mûr » pour continuer mes études dans une école de filles, et qu'on m'avait transféré à l'internat du Collège des Frères à Jaffa. Entreposés, mais non pas oubliés, mes souvenirs du pensionnat Maïmonide à St. Cloud, de son triste dortoir, des plats répugnants qu'on nous servaient, et du malaise que je ressentis en étant entouré d'autres élèves, revinrent me hanter. Je passerai mes dernières nuits blanches en un état de désarroi qui diminua pendant les deux heures endiablées de bus depuis les collines de Judée jusqu'aux plaines côtières de Sharon. Chaque virage inattendu, chaque contrepoint le long d'une vie marquée par l'incertitude et le désordre, je déduirai, enseignent des leçons qui exigent d'être retenues : la fourbe sauvagerie de la vie ; l'absurdité des nobles desseins ; la futilité des conventions ; et le besoin, non, le devoir, de se défendre, de contre-attaquer quand on a mal.

◆

La veille de mon départ pour Jaffa, je passai l'après-midi perché sur ma vigie sylvaine, la branche la plus haute d'un superbe eucalyptus. C'est sur cet arbre odorant au feuillage gris-vert que je me réfugiais quand j'avais le cafard, quand je ressentais le besoin d'être seul, de me dérober des regards intrus, des mauvaises langues, des oreilles indiscrètes. De ces hauteurs, je pouvais arpenter, tout en la fuyant, la suffocante petitesse de mon univers. J'avais l'impression d'être entouré, non, enlacé par la nature, bercé par la brise, grisé par l'arôme piquante de la ramure, envoûté par un ciel empourpré et, la nuit venue, par le stupéfiant spectacle du macrocosme. J'étais le capitaine d'un bateau fantôme et l'arbre, mon nid-de-pie. Sourd aux appels soutenus de ma mère de venir me mettre à table, n'entendant rien que le murmure des alizés et la plainte des albatros, je m'embarquais vers des terres lointaines qui n'existaient que dans mes rêves.

UN DIAMANT ENFOUI

**On supporte plus facilement la méchanceté
d'un crétin que le sadisme d'un génie.**

L'histoire est un long promenoir mais la vie est une courte balade sur un sentier étroit. Le chemin de Jérusalem à Jaffa était parsemé des débris d'une guerre récente : un car capoté et calciné ; un transport militaire blindé criblé de balles ; un tank, sa tourelle béante comme une plaie, sa chenille désarticulée, son canon tronqué, et ses flancs recouverts d'inscriptions — initiales anonymes, poèmes cryptiques, mots d'amour, de paix, d'espoir, et de douleur pour les héros de cette nation naissante ensanglantée et à bout de souffle. Je referai cette route chaque fois que je rentrai à la maison à Jérusalem les jours de fête. Ce décor ravivera l'amer spectacle de l'Occupation allemande et des bombardements alliés à Bucarest. Il éveillera aussi une répugnance envers la guerre, la fragilité de la vie, et l'ambivalence lunatique de l'esprit humain.

♦

J'arrive au Collège des Frères tard dans l'après-midi. Il avait plu mais les nuages s'écartent et le soleil couchant baigne les anciens minarets d'une lueur cuivrée. Je sonne la grande cloche. Le préposé, un vieil homme renfrogné, ouvre le portail en chêne massif. Je lui donne mon nom. Il montre du doigt le porche de l'école située au bout d'une grande cour et regagne sa guérite sans dire un mot. Au loin, le Frère Procureur (je n'apprendrai jamais son nom), un prêtre au visage décharné et une expression de belette, me dévisage derrière ses lunettes. Je m'approche. Il me tend une main osseuse.

— Alors, Gutman, c'est bien vous ? Il sourit avec suffisance. Ses dents, jaunies par la nicotine, sont toutes petites et pointues comme celles d'un lycanthrope. Sœur Louis et Sœur Clémence nous ont parlé de vous. Elles vous disent « un diamant enfoui et rêche. » C'est une comparaison bien hardie. Qu'en dites-vous ?

Je hausse les épaules et ne dis rien.

— Bon, peu importe. On verra ce qu'on peut faire pour extraire cette pierre précieuse, il ajoute avec un sarcasme étudié.

— Vous risquez d'abîmer votre pioche. Je le regarde froidement. Le sourire de requin quitte ses lèvres. Il me déteste déjà ; c'est réciproque.

— Suivez-moi. Nous montons à l'étage. Il me montre la salle de cours et indique mon banc, au dernier rang, près d'une fenêtre. Il me conduit ensuite au fond d'un long couloir où se trouve le dortoir et indique mon lit, un lit de camp en métal recouvert d'un matelas crasseux et défoncé, et d'une couverture qui pue l'insecticide. Au lieu d'une penderie ou d'un casier, cinq clous rouillés ornent le mur. Et voilà, déclare le Frère Procureur tout en sondant l'envergure de mon effondrement.

— Vous êtes trop bon. Le requin dégaine ses canines.

— Vos camarades sont au réfectoire. Rejoignez-les.

— Je n'ai pas faim.

— Comme vous voulez. Il se retourne et sort du dortoir. Nous ne nous adresserons jamais plus la parole. Le Frère Procureur, qui enseigne l'algèbre, la géométrie, et la trigonométrie, des sujets qui me mettront dans un état de torpeur catatonique, conclura que le « diamant » des Sœurs Louis et Clémence est trop profondément enfoui pour qu'il puisse être extrait du roc dans lequel il se cache. M'ayant attribué le rôle de cancre, il me laissera passer les deux années suivantes à rêvasser, dessiner, et griffonner des poèmes sur mon cahier de maths tandis qu'il parlait d'un ton monotone d'algorithmes, d'équations quadratiques, de sinus et cosinus, et d'asymptotes verticaux. Il me faudra trente ans pour découvrir enfin le lyrisme et la magie des hautes mathématiques. Mais chez à l'école on me considérera incapable de raisonnement déductif. Je ne ferai aucun effort pour contredire cette opinion. Je me sers encore des doigts pour les calculs les plus simples tout en explorant le domaine envoûtant de la physique quantique et en y découvrant des idées stupéfiantes. Je ne pouvais pas m'imaginer, en suivant le programme stérile du Frère Procureur qu'une telle transformation serait possible. Sous son égide, intimidé par la froideur cryptique, la logique glaciale des maths, je me noyais dans un bourbier d'incompétence et d'incertitude qui me fit presque abandonner mes études.

◆

Épuisé, dépaysé, vexé, je me couche. Me revoici dans un internat, ce no-man's-land hostile à tout enfant qui s'ennuie de ses parents, qui aime la solitude, qui jouit du doux confort de son propre lit. Pire encore, ayant lu quelque part qu'un enfant est un animal social en cours de formation, sur mes gardes, indifférent aux autres élèves, je devais maintenant me soumettre aux exigences d'une entente cordiale pour laquelle je n'avais aucun goût.

Une grosse araignée se promène sur le plafond. Je ferme les yeux et un torrent de pensées décousues m'engloutit. J'ai quinze ans ; je suis plein d'énergie ; je déborde de rêves fabuleux qui me transportent loin du dortoir, loin de l'école, loin du regard malveillant du Frère Procureur, loin des élèves qui partagent peut-être ma colère et ma tristesse. Mais je suis là, forcé de bûcher pour des bribes de savoir qui aboutira à des emplois rébarbatifs ou mal payés ou écourtés par mes fréquentes démissions, les licenciements, les faillites, et les réductions de personnel.

◆

Jeu de Rôle

Mes deux ans d'école au Collège des Frères à Jaffa se perdent derrière un paravent de souvenirs vagues ou contrefaits, de quelques images frappantes dans un brouillard impénétrable : Au premier plan, je reconnais l'anxiété qui me poursuit, les mauvaises notes, les rapports avec mes semblables et le Frère Procureur marqués de mésentente et de rancœur, et surtout l'envie impérieuse de m'évader. Je me revois au bord d'un gouffre, conscient que l'écart entre l'équilibre et le néant est infime, que chaque pas en arrière me tire plus près du vide. Je me souviens avoir géré mon angoisse et mes pressentiments en tissant des scénarios fantasques, en improvisant des voyages aux confins de la Terre. Je dessinais des schooners et des brigantins à bord desquels ces expéditions se dérouleraient ; je traçais les grandes lignes de ces traversées et cochais les escales, toutes prévues au centre d'un lagon bleu sur une mappemonde qui, mille fois dépliée et repliée, m'accompagnera désormais pendant mes prochains périples. Partout, des jeunes filles aux yeux noirs, aux cheveux d'ébène, et aux petites vertus attendaient mon retour. Nous ferions des agapes nocturnes sous une grosse lune au son du tom-tom. Le matin venu, je ferai mes adieux, lèverai l'ancre, déploierai l'artimon, le foc, et les grandes voiles, et, une fois en pleine mer, orienterai le beaupré tout droit vers l'horizon le plus lointain. Les films d'Errol Flynn et de Douglas Fairbanks, Jr., que l'on donnait au Cinéma Sémadar à Jérusalem, m'avaient tourné la tête. Las du mépris que le Frère Procureur avait envers moi, je m'embarquai vers ces rives imaginaires durant les cours de math. J'aurais perdu la raison sans elles.

Ayant décidé de sauver ce qu'il restait de cette pierre précieuse insaisissable que les Sœurs Louis et Clémence croyaient avoir découvert, j'eu le bon sens, ou la sagesse, de m'appliquer dans la classe du Frère Jean. Ce dernier — il enseignait les sciences sociales et la littérature — était un homme doux et courtois. Il avait un menton saillant, un énorme nez busqué, des oreilles écartées, et un sourire bienveillant. Je suivais ses cours avec plaisir et je décrochais souvent de très bonnes notes, une aubaine qui empêchera mon manque total d'application en maths et sciences de saborder ma moyenne scolaire.

Tandis que le dédain du Frère Procureur était muet — un coup d'œil rapide en télégraphiait l'ampleur — le mépris de deux de mes camarades de classe, très forts en maths, des nullités dans le reste, était direct et implacable.

— Si x plus dix égale dix, quelle est la valeur d'x ? Vas-y Gutman. Chiche ! Kabili ricanait.

— Ne le bouscules pas, Chapat intervint. Il n'a pas encore appris à compter jusqu'à dix. Combien de doigts as-tu, Gutman ? On nous avait encouragé à nous interpeller de cette manière.

— Assez de doigts pour en foutre un dans ton cul merdeux, suceur de bite !

— Frère Procureur, Frère Procureur, Gutman... Indifférent aux origines de cette querelle, moins encore à la justice, le Frère Procureur me montra la porte et je passerai le reste de sa classe à arpenter le long corridor tout en complotant ma vengeance ou en pilotant ma goélette imaginaire vers les Îles Sous-Le-Vent.

Kabili était un Juif grec originaire de Salonique. Ses joues avaient un ton rubicond, ses jambes et cuisses étaient roses, glabres et potelées. Son derrière proéminent attirait les regards lascifs des Frères. Chapat, un Juif bulgare de Plovdiv, était court de taille, trapus, et velu. Les deux étaient inséparables. J'étais sans doute peu doué pour les maths mais leurs compositions étaient mal écrites et assommantes, et leurs connaissances en histoire et géographie s'avéreront rudimentaires. Empruntant le style caustique de La Bruyère, je prendrai ma revanche en lisant à haute voix une parodie pleine de double sens et de calembours obscènes que j'avais composée et qui impliquait, sans toutefois mentionner leurs noms, les préférences sexuelles de mes deux adversaires. Frère Jean, bon enfant ou fin psychologue, prétendit ne rien comprendre et changea aussitôt de sujet. Lâches, mauvais perdants, incapables de riposter, et ne voulant pas être démasqués comme étant la cible de mes satires, Kabili and Chapat se tairont une fois pour toutes.

Le seul autre écolier dont je me souviens, dans son cas avec remords, etait un garçon avenant, timide, et corpulent ; on l'appelait « Mammouth. » Un manque de tact plutôt que de miséricorde—je me servais inconsciemment de cet infâme sobriquet—m'avait aveuglé aux tourments dont il était victime. Un jour, un des élèves lui fit un croc-en-jambe ; il s'effondra au sol et se mit à pleurer. J'enverrai son bourreau à l'hôpital—j'avais brisé sa mâchoire et m'étais fracturé une de mes phalanges. Quelques années plus tard j'apprendrai que Mammouth, âgé de vingt ans, avait enfoncé le canon d'un fusil dans sa bouche et appuyé sur la gâchette.

♦

Alors que je faisais mes devoirs d'histoire, tout en essayant de défricher le passé et d'en extraire quelques leçons essentielles, mon père décantait la lie amère d'un présent dépourvu d'avenir. Sa clientèle ne consistait que de quelques patients fidèles et impécunieux. La plupart étaient originaires du Maghreb et semblaient avoir besoin d'une oreille francophone plutôt que de soins médicaux. Le soir, à table, mes parents étudiaient la gravité de notre situation. Nos fonds s'asséchaient. Pire peut-être, ils mourraient d'ennui dans un vide d'éloignement social et culturel. Dominée par des théocrates et gérée pas des sycophantes pseudo-religieux, Jérusalem était une tanière d'intolérance au cœur de laquelle la religion codifiait la cadence et les détails de la vie les plus ordinaires. Les lois du Sabbat étaient rigoureusement, parfois violement, appliquées. Les magasins, les cafés, les salles de cinéma étaient fermées ; la circulation automobile interdite. Les animations les plus innocentes — cultiver son jardin, faire le ménage — attiraient des regards hostiles. Nous étions mal vus par nos voisins. Quatre ans après le Shoah, notre irréligiosité, notre manque de liens communautaires, notre aspect cosmopolite dans une ville qui se voulait liée aux traditions les plus strictes du judaïsme, et dans un pays nouveau-né dont l'existence même dépendra de sa cohérence ethnique et religieuse, nous serons vus comme des intrus impies incapable de se soumettre à l'éthos dominant. Il était temps de quitter la ville sainte et d'expirer son air vicié. Nous déménageâmes à Ramat-Gan, une petite ville verdoyante en banlieue de Tel-Aviv. Je pouvais maintenant dormir dans mon lit et me rendre à l'école à bicyclette. Peu après, convoqué par le gouvernement israélien, mon père accepta d'entreprendre un nombre de missions délicates qui entraîneront d'autres perturbations dans notre vie déjà pleine de détours. Dirigée par les services secrets et coordonnée par un réseau de francs-maçons, une de ces missions l'enverra en Tunisie. Ses tentatives feront démarrer l'émigration des Juifs nord-Africains. Il sera plus tard nommé directeur médical du camp du Grand Arénas dans le quartier de Mazargues à Marseille, où des milliers de marocains, algériens, et tunisiens transiteront et seront examinés de près avant d'être embarqués vers l'Israël. En 1966 l'Agence Juive cesse d'utiliser le Grand Arénas qui est finalement détruit en 1973, emportant ainsi avec lui, non seulement une sombre page de l'histoire de France, mais aussi celle de l'immigration Juive d'Europe et d'Afrique du Nord vers l'Israël.

Colette avait mon âge. Roumaine de naissance, elle avait des yeux noisette, une riche chevelure blonde-miel, des rondeurs mûrissantes, et la prestance d'une fille qui a hâte de devenir femme. L'espièglerie de son sourire et son allure séductrice cachaient un esprit subtil et un caractère manipulateur. Ces atouts, étayés par cet instinct qu'ont certaines femmes que les hommes qui ont envie d'elles peuvent trouver utile, l'aideront à lancer une brillante carrière diplomatique. Ils s'avéreront sans valeur au lit où elle démontra un manque déconcertant de sensualité. Je ne serai nullement surpris d'apprendre que ses nombreuses liaisons avec des journalistes, officiers militaires, parlementaires, et diplomates furent éphémères. Elle restera vieille fille ; on la soupçonnera d'être lesbienne.

Je rencontrerai Colette, future ambassadrice et membre du Knesset, au cours d'un des rares rassemblements parrainés par les Frères et Sœurs de St. Joseph à Jaffa durant lesquels leurs élèves, garçons et filles, se réunissaient pour un après-midi de rencontres et de jeux. Contiguës, nos cours de récréation étaient séparées par un haut mur en pierre mais raccordées par une vieille grille en fer forgé et recouvert de lierre par lequel, selon Colette, les Frères et les Sœurs se livraient pendant des nuits sans lune à des bacchanales. Ses contes, sûrement apocryphes, m'avaient amusé. Je la régalerai à mon tour en inventant des orgies de pédérastie sacerdotale inspirées des récits du Marquis de Sade et de chansons d'étudiants pleines d'irrévérence envers le clergé. Je lui rendrai visite à Tel-Aviv, où elle habitait et j'essayerai de la baiser. Je la vois encore, souriante, étendue comme une statue de Maillol sur ses draps de satin mais n'affichant pas le moindre signe de désir ou de stimulation. Son indifférence me coupa l'appétit. J'essayerai de nouveau quand j'en aurais l'occasion, chaque fois avec moins d'enthousiasme. Vingt ans plus tard, je tenterai à nouveau l'impossible. Elle était maintenant consul à Montréal, une femme mûre et séduisante mais froide qui trouva l'occasion de me dire que Mammouth s'était fait sauter la cervelle alors que je m'apprêtais à la prendre dans mes bras. Une dernière et vaine tentative quelques années plus tard—elle avait servi à Boston, Paris, et Lisbonne—s'avéra futile. Son ascension météorique dans le monde élitiste de la diplomatie n'avait rien fait pour animer une sexualité torpide sinon inexistante. Ayant décrochée le prestigieux poste de

Consul Général à New York, elle m'offrit une place dans son bureau de presse. La svelte et aguichante Colette de mon enfance était maintenant une corpulente et acariâtre despote. Elle me rendra la vie impossible et je démissionnai dix-huit mois plus tard.

En 2000, elle m'envoya un court message sur l'en-tête de la Knesset : « J'y suis. » Je répondis sur le verso de ma carte de visite : « Fais gaffe. Tu risques de devenir premier ministre. » Colette aura l'effronterie ou l'impudeur de se présenter aux élections présidentielles. C'est Shimon Peres qui l'emportera.

Nous perdrons désormais le contact.

Craignant d'être désirées uniquement comme un objet, certaines femmes se laissent aller jusqu'au point où elles deviennent des objets indésirables.

♦

En 1954, armé de deux lettres de recommandation, l'une signée par Sœur Louis et Frère Jean, l'autre par le consul de France à Jérusalem, je quitte l'Israël, mes parents, et une foule de souvenirs en lambeaux. Cinq ans plus tôt, perché sur le pont-avant du S/S Kedmah, l'étincelante Haïfa s'étendait devant moi des cimes du Mont Carmel jusqu'à sa rade comme une parure de diamants. Je m'éloignais d'elle cette fois-ci sans regret.

ONE-MAN SHOW

Dieu créa l'espace, le diable créa le temps.

Il n'y a pas de surprises dans la vie, seulement des coïncidences et des accrocs latents que l'on couve subconsciemment jusqu'à leur éclosion. Toutes nos entreprises découlent d'un objectif lointain qui s'extériorise le temps voulu. Alors que j'admirais Paris du haut de la lucarne de ma mansarde, je me disais que mon retour n'était pas un hasard mais une épiphanie voulue au plus profond de mon être. Le destin n'avait joué aucun rôle dans cette dernière transmigration. Elle était plutôt l'apogée d'un rêve obstinément poursuivi et finalement saisi au vol. Ces abstractions m'aideront à chasser, tandis que je toisais ma ville bien-aimée avec émerveillement et euphorie, l'obsédant soupçon que le train fou qui m'emportait depuis ma naissance, les rails sur lequel il routait à des vitesses vertigineuses, les embranchements, les gares de campagne, et les terminus urbains enfumés, étaient tous l'enchaînement d'une initiative subliminale et anticipatoire. J'avais besoin de croire que la raison s'accorde à la réalité. J'aurai l'occasion de revisiter cette thèse, de la désavouer durant mes périodes les plus noires, et de la reprendre afin de mieux lutter contre la prédestination. Et comme Paris s'étendait devant moi, chaque point de repère familier évoquant des souvenirs d'enfance, je savais que le même élan vital qui m'avait reconduit à mes sources m'éloignera d'elles une fois de plus.

◆

Hasard ou but atteint, j'étais heureux d'être à Paris. J'avais dix-sept ans, j'étais seul, libre, prêt à déployer mes ailes, et saisi du désir impérieux de me redécouvrir dans la fraîcheur du moment. Neuf ans après la Libération, encore blême comme une enfant anémique, Paris semblait avoir échappée aux indignités de l'Occupation. Mais sous la pâleur de son visage et la suie dont il était recouvert, sous les cieux de plomb et ses averses, Paris pétillait et j'avais hâte de me retremper dans sa luminosité.

Je rendrai visite à Marcel, le garçon que j'avais pris en amitié avant de quitter la France pour Israël, mais c'était Françoise, sa sœur, que je convoitais. J'avais souvent pensé à elle et au jour quand nous consommerions ce que nous avions innocemment tenté cinq ans auparavant. Marcel déjeunait. Il me reconnut sur le coup.

— T'as grandi dis-donc mais ta frimousse n'a pas changé.

J'aurais voulu en dire de même de lui. Maigrichon quand nous étions enfants, Marcel, maintenant apprenti boucher, était court et trapu. Il portait un pull à col montant, les manches roulées jusqu'aux coudes. Un tablier éclaboussé de sang cernait son torse bombé. Ses chaussures étaient recouvertes de déchets de viscères. Ses joues étaient cramoisies, ses doigts bouffis comme des saucisses cuites, Il puait le gibier. Me devisant à travers ses épaisses lunettes, son doux regard de myope durci quand je pris des nouvelles de Françoise.

— Elle est à la campagne, il répondit froidement.

— Ah, et où ça ?

— À la campagne, je te dis.

Je reverrai Marcel deux ou trois fois ; on ira au cinéma. Il réagira à mes dernières demandes avec courroux.

— Assez ! il détona, s'emparant des revers de mon veston, sa figure tout près de la mienne. Combien de fois dois-je te le dire. Ça suffit avec Françoise, tu m'entends ? Les carnivores ont mauvais caractère. Consterné, songeant à la nature fugace de l'amitié, je raisonnerai que Marcel et moi n'avions rien en commun si ce n'était qu'un an de passe-temps puériles quand nous avions douze ans. Nous avions évolué d'une manière mutuellement exclusive. Il n'y avait ni camaraderie, ni intimité, ni goûts collectifs. Son travail (j'étais un végétarien en herbe) me dégoûtait ; sa pugnacité m'effrayait. Il ne partageait ni mon amour des livres ni celui de la musique classique et du théâtre. Mon informalité et ma vie de bohême le vexaient ; la culture le fatiguait ; mes connaissances le gênaient. Je lisais *Vipère au Poing*, de Bazin, *La Peste*, de Camus, et *Les Lépreuses*, de Montherlant. Il n'en avait jamais entendu parler. Il était goinfre ; je mangeais à peine. Je détestais le foie ; il le tripotait toute la journée et le dévorait cuit au lard et petits oignons frits.

Quelques années plus tard, lors d'une visite à Paris, j'appris que Marcel avait épousé une anglaise et déménagé à Londres. Si ce n'était pour une rencontre imprévue avec Françoise peu après avoir coupé les liens avec son frère, je n'aurais jamais connu le sombre et douloureux secret qu'il avait si vaillamment protégé.

◆

Les jours quand je ne suivais pas les cours ou que je ne peinais pas comme coursier à l'ambassade américaine, je passais des heures à explorer Paris. J'entamais ces randonnées au pied de la rue du Pont Neuf, l'épicentre de son histoire bimillénaire et le point de convergence de mes propres origines. Pris d'une nostalgie irréfléchie — je n'en avais aucune souvenance — je fixais mon regard sur l'immeuble où j'avais passé les premiers trois ans de ma vie. Ce qui m'attirait intuitivement était la genèse, l'ancre qui me fixait dans le temps et dans l'espace. Remémorant l'arrestation de mon père par la Gestapo française, ainsi que notre fuite de Paris, je me demandais qui avait occupé notre appartement et si les nouveaux locataires s'étaient rendu compte du drame qu'y si était produit. J'avais envie de prendre l'ascenseur (je ne me souvenais même pas de l'étage où nous habitions), de frapper à une lourde porte en chêne vernis ornée d'une poignée en laiton, et de dire à qui l'ouvrirait : « Vous savez, j'habitais ici jadis. » Mais je n'en fis rien. À quoi bon ? Je reprenais ma promenade en traversant la Seine sur le Pont d'Arcole, m'attardant pendant quelques minutes pour regarder ses flots couleur d'ardoise et admirer les splendeurs qui m'entouraient. À ma gauche, le joyau, l'âme même de Paris, Notre Dame, s'élevait devant moi. Frappé par la pureté de ses lignes, conscient de son antiquité, ahuri par son intemporalité, je restais là, bouche bée. Parfois, je fermais les yeux, voilant les touristes et les flâneurs, et tissant des intrigues alléchantes et invraisemblables. Des fonds de mon imagination et inspiré par des vagues évocations du chef-d'œuvre de Hugo, j'invoquais la fougueuse Esméralda et l'invitais à danser pour moi. Elle m'offrit ses lèvres et une rose, releva son jupon et, arborant ses jambes dorées, fit des pirouettes sur l'ancienne agora au son de flûtes, luths, et tambours. Tapi derrière les gargouilles, tantôt se hissant à travers l'enchevêtrement de traverses et d'alcôves, Quasimodo tirait de toutes ses forces contre les cordages tandis que l'Angélus sonnait l'heure de midi. Au milieu des cadences bruyantes qui animaient le vieux Paris, je devenais François Villon, le troubadour morose du 15ème siècle dont l'impudence, les soûleries, les bagarres, et les larcins lui coûtèrent la prison, l'exil, et, de peu, sa tête. Là où s'élevait le gibet qu'il avait échappé de justesse, je m'entendis réciter le quatrain d'une ballade que j'avais appris de mémoire. Extrait de son *Testament*, une collection de méditations satiriques dans lesquelles il parle de la brièveté et de l'absurdité de la vie, ses vers, ciselés dans le français archaïque de son temps, n'épargnent ni potentat ni le plus simple des hommes :

> *Princes à mort sont destinez*
> *Et tous autres qui sont vivans*
> *S'ils en sont courciez n'ataynez*
> *Autan en emporte le vens.*

Enfant terrible, éclairé, et factieux, Villon incarne la vitalité et le charme de l'excentricité et de l'iconoclasme à une époque marquée par la peur, l'intolérance religieuse et la superstition.

Un des maîtres de la littérature allégorique et moralisatrice de Haut Moyen Âge, et un des premiers champions de la liberté de la parole, il dissèque des vrais personnages et reconstruit de leurs parties individuelles des caractères utopiques qui sont libres de dévoiler les émotions, les instincts, les inquiétudes, et les contradictions qui hantent les hommes.

Redescendant sur terre de ces envolées imaginaires, je me remettais en marche sur les quais de Montebello et de Tournelle où je fouillais les éventaires des bouquinistes à la recherche de bandes dessinées et de cartes postales érotiques. La rue Lemoine me menait devant le Lycée Henri IV, une des écoles qui m'avaient refusée une place cinq ans plus tôt. Contournant le Panthéon, je montais le boulevard Saint-Michel et m'acheminais vers la Sorbonne et la Faculté de Médecine, l'alma mater de mon père, jusqu'au cœur du Quartier Latin. Située à l'époque dans un bel immeuble fin de siècle à la rue de Rennes, l'École de Journalisme se dressait en face de l'Église Saint-Germain-des-Prés, la basilique romanesque du 11ème siècle dans l'ombre rafraîchissante de laquelle je m'abritais durant les grandes chaleurs d'été. L'École a depuis déménagée à la rue Tolbiac. Je m'arrêtais ensuite au Café Les Deux Magots pour boire un expresso, comme l'avaient fait Baldwin, Beckett, Fitzgerald, Hemingway, et Sartre bien avant moi. Ce n'était pas pour m'inspirer que je faisais escale à cet illustre établissement, ni pour me faire voir, mais afin d'observer les foules qui circulaient devant moi à une allure enivrante dans un kaléidoscope de silhouettes, de couleurs, et d'animation.

La rue Bonaparte, étroite et bordée de petites boutiques, d'antiquaires, et de galeries d'art, relie la rue de Rennes et mène aux bords de la Seine. C'est là que je la recroisais, prenant le Pont Royal, me dirigeant tout droit vers les Tuileries que je traversais du Louvre jusqu'à la Place de la Concorde. Je me souviens avoir regardé avec ravissement les amoureux qui s'embrassaient tendrement. Une nouvelle génération de capitaines de vaisseau naviguait leurs galions sur les eaux noires des bassins d'où j'avais lancé mon armada quand j'étais tout petit. J'abordais enfin la dernière étape de mon marathon—les Champs Élysées, de l'obélisque jusqu'à l'Arc de Triomphe. Épuisé mais grisé, je m'engouffrais dans le Métro et sortais à la station Pigalle. De là, je grimpais le reste du chemin le long d'un réseau de ruelles et d'escarpements fleuris qui m'amenaient chez moi. Au fil des années, entrepris afin d'adoucir ce qui deviendra un mal du pays pérenne, et joignant d'autres faubourgs à ces sorties rituelles, j'entamerai toujours mes pèlerinages, aussi brefs qu'ils furent, rue du Pont Neuf.

♦

Et puis je découvrirai *Paris by Night*. Et la nuit mit à nu une image inverse, un négatif qui transmue la Ville Lumière en une citadelle parsemée de pénombres, de lueurs laiteuses, d'architectures effilées tantôt avalées par un noir Stygien, et de créatures furtives qui rôdent dans ses rues assombries et ensommeillées. J'étais séduit par la froide phosphorescence des enseignes lumineuses au néon miroitant sur les trottoirs mouillés ; les halos bleuâtres encerclant les lampadaires que le brouillard estompait ; enfin, l'écho de mes propres pas résonnant au loin. Et dans le pittoresque bestiaire que devient *Paris by Night,* je m'offrirai les filles de joie que je lorgnais quand j'étais enfant, les femmes au maquillage voyant et aux tenues aguichantes qui erraient en apparence sans but et qui attiraient les coups d'œil hautains des chastes et des hypocrites.

— Papa, je remarquais à l'époque, ces dames semblent attendre quelqu'un.

— Oui, elles attendent, mais ne t'en fais pas, *quelqu'un* ne tardera pas à les rejoindre.

Une tentative maladroite et un refus sec et méprisant m'enseigneront que les dames du soir qui racolaient près de l'Opéra, de l'Étoile, et des autres quartiers patriciens, étaient bien au-delà de mes moyens. Je me contenterai des bordels plébéiens de Montmartre et de la rue St. Denis. Ces escapades nocturnes définiront et influenceront mes goûts. Je les choisissais avec prudence, rejetant les charnues, les efflanquées, les flétries, les beautés classiques, et les peinturlurées. Mes putes, pour en jouir, devaient avant tout avoir du chien ; je les voulais piquantes, exotiques. Cela explique une certaine appétence pour les africaines et les asiatiques. Pour les savourer, je devais pouvoir les fixer de mon regard, de me voir, pour ainsi dire, dans leurs yeux quand elles m'envoyaient aux anges. Cette idiosyncrasie embellissait d'une certaine intimité un acte hâtif et frivole. Et je chercherai dans leurs yeux un indice de ravissement dissimulé, une reddition imminente aux voluptés qui nous tenaient, elles et moi, dans cette sublime étreinte. J'essayerai de les embrasser sur la bouche, une indélicatesse qu'elles repoussaient avec plus ou moins de douceur. Elles vendaient les parties les plus privées de leur corps ; leurs lèvres, avec lesquelles elles remontaient une érection parfois capricieuse, étaient taboues. Forcément, elles fixaient le plafond ou les murs, prévoyant les spasmes prémonitoires, s'apprêtant au paroxysme d'extase dans lequel je me perdrai sans un moindre soupçon d'émoi ou de bien-être. Sans doute épuisées par la monotonie de leur commerce, elles étaient presque toutes froides comme un poisson mort. J'apprendrai finalement à fermer les yeux jusqu'au bout, à me laver, me rhabiller, et regagner la rue.

Ce fut près de la Place Blanche, et à ma grande surprise, que je découvris Françoise un beau soir de printemps. Elle arpentait le trottoir d'un bout à l'autre avec une de ses « collègues, » s'arrêtant pendant quelques secondes devant un petit hôtel miteux qui louait des chambres à l'heure, « la serviette comprise. » Ahuri, je m'approchai d'elle et la dévisagea de haut en bas. Elle portait une courte jupe collante vert pomme et un boléro noir qui mettait en valeur une échancrure séduisante. Des talons aiguilles rehaussaient la courbure de ses jambes. Elle ne me reconnut pas ; ou elle fit semblant.

— Françoise, c'est moi. Nous étions voisins. Marcel … toi et moi … la piscine. Tu t'souviens ? Elle rougit et rit d'un air nerveux. Elle interpella sa compagne.

— Je te rejoins tout de suite. C'est un ami. Je t'expliquerai plus tard. Se retournant, elle me toisa. Son regard n'avait ni le ravissement ni la tendresse qu'elle m'avait prodiguée quand elle était enfant. Il communiquait le calme mesuré et l'aisance d'une putain chevronnée.

— Que fais-tu à Paris ?

— Je suis des cours.

— Sans blague, elle répondit sans enthousiasme.

Je la regardai, déçu et fasciné. La précoce petite fille qui m'avait fait frémir était une femme mûre et alléchante. J'allais lui demander quelle calamité l'avait poussée sur le pavé quand je me souvins du conseil de mon père :

— Ne demande jamais à une pute de raconter son « histoire. » Elle te dira des bobards.

Toutes les putains ont une histoire, un conte, une légende, un leitmotiv conçu afin d'occulter la vérité, ou de la subir, de Paris à Paramaribo, de Cayenne à Calcutta, de Marseille à Montevideo, de New York à la Nouvelle Orléans.

« Je contribue à la scolarité de mon amant ; il fait le droit. »

« Ma fille est au conservatoire. »

« Mon mari est chômeur. »

« Mon petit ami (mon père, mon oncle, mon cousin, un inconnu) m'a foutu un enfant et m'a abandonnée. Nous devons manger, non ? »

Ce qu'elles se gardent d'avouer c'est qu'à l'âge de douze ans elles étaient déjà les petites vicieuses du quartier ; qu'elles se vengeront plus tard de leur père, oncle, cousin, ou parfait inconnu ; qu'elles détestent les hommes ; qu'elles préfèrent coucher avec des femmes ; qu'elles sont toxicomanes ; et qu'elles considèrent tout autre labeur honnête — ce qui ruinerait leur maquereau — un affront à leur dignité. Alors je me tus. Le récit de Françoise, aussi bizarre ou improbable que je l'imaginais, ne m'intéressait pas. Je voulais faire l'amour. Nous nous regardâmes pendant quelques instants. Je raclai ma gorge et tenta gauchement :

— Que dis-tu, on monte ? Elle fronça les sourcils et secoua la tête.

— Non !

— Euh, pourquoi ? Françoise plissa un nez semé de taches de rousseur et balaya une mèche rebelle de son front.

— Nous sommes vieux potes. J'peux pas prendre ton fric. Comprends bien, je bosse à l'heure et j'me déculotte pas pour rien. Alors tu vois… Ses « collègues, » en revanche, n'avaient pas ses scrupules et Françoise recommanda de plein gré celles qu'elle croyait pouvoir me plaire. Elle en déconseilla d'autres :

— Jacquie est une brave fille. Elle connaît son métier mais elle manque d'inspiration. Hélène est belle mais égoïste et impatiente. Elle a la bougeotte. Si tu n'arrives pas rapidement, elle se cabre. Mireille donne des fabuleux pompiers mais elle couche avec trop d'arabes et loupe souvent ses visites chez le médecin. Je l'éviterais si j'étais toi. Denise, là, la deuxième à droite, celle qui porte le mini en lamé doré et remue ses belles fesses, elle est … comment dire … un « lui. »

Je choisirai une belle vietnamienne, fluette et délicate comme un biscuit. Je me souviens encore de son parfum au bois de santal, de ses petits seins d'albâtre, et de son chaton imberbe.

Elle attisera et assouvira tous mes désirs jusqu'à mon départ pour l'Amérique. L'assentiment de Françoise affermira le bien-être que j'éprouverai de l'avoir choisie.

Je m'habituerai dès lors à un régime régulier d'école, de travail, et d'expéditions nocturnes dans un univers sulfureux de ruelles blafardes, de cabarets enfumés, et d'hôtels miteux. Je connaîtrai, sans m'en rendre compte, le goût de la fange avant mes dix-huit ans.

VÉRITÉ ET CONSÉQUENCES

La nature humaine dénature l'homme.

Gringoire est une tragi-comédie historique du 19ème siècle. Écrite par Théodore de Banville, la pièce s'inspire librement de la vie et des aventures du poète et polémiste Pierre Gringoire, un clone de François Villon immortalisé par Victor Hugo dans *Notre Dame de Paris*. Tout comme Villon, Gringoire est un exalté, un impitoyable commentateur et critique de son ère. Affaibli par la faim, brûlant de fièvre, harcelé par les créanciers, poursuivi par l'Église, il compose des vers grivois qui parodient le roi et ses courtisans, bafouent le clergé, et galvanisent le peuple. J'avais joué Gringoire pendant trois représentations montées et réalisées par Sœur Louis dans la salle de spectacles du YMCA à Jérusalem. La presse fut généreuse et ma performance suscita les éloges de René Neuville, le consul de France, et des spectateurs. J'admirais Gringoire. Ses bravades, ses commentaires caustiques, son non-conformisme, et son stoïcisme m'animaient. Je devenais Gringoire pendant une heure sur scène mais il me poursuivra bien après la tombée du rideau. Je lui dois un essai sur les décombres du féodalisme dans la société moderne. Écrit à l'École de Journalisme, construit en forme de quatrain rimant et intitulé *La Ballade des Têtes Coupées*, l'ouvrage satirisait la guillotine, dont on se servira en France jusqu'en Septembre 1977. (La peine de mort ne sera abolie qu'en 1981), et raillait les structures politiques qui en sanctionnaient l'usage. Mon langage et la véhémence des images qu'il transmettait choquèrent certains de mes professeurs ; cela ne les empêcha pas d'en faire les éloges.

Ce fut avec une même dose de testostérone que j'entrepris d'autres projets d'école, souvent avec des résultats bien moins favorables. Je m'acquitterai des devoirs qui me plaisaient, je négligeais les autres ou les achèverai à contre-cœur. Parfois j'écrivais des essais sur des thèmes de mon choix, des courts pamphlets dans lesquels je ridiculisais les professeurs, les élèves, les dirigeants, et mes patrons à l'Ambassades des États Unis où je travaillais à mi-temps. Je me souviens avoir reçu une très bonne note pour mon reportage sur le cinquantième anniversaire de la mort de Jules Verne. Ce témoignage mineur sera assombri par de nombreux délits qui irritèrent mes instructeurs. Je séchais souvent les cours. J'étais en retard avec mes devoirs — ou je les rendais inachevés. Et je tenterai de séduire la blonde et voluptueuse professeur de sociologie ; elle résista mes avances et je fus aussitôt transféré dans une autre classe.

◆

Afin d'augmenter les maigres appointements mensuels de mes parents (et subventionner mes sorties nocturnes) je travaillais comme coursier, charriant des documents entre l'ambassade, avenue Gabriel, et le bureau de services d'information, rue St. Honoré. C'était mon premier véritable emploi. J'apprendrai que la seule façon de survivre l'humiliation d'une besogne ingrate est de la faire avec dignité et compétence. Le travail même ne me déplaisait pas. Mes routines quotidiennes me tenaient soit à pied ou à bicyclette entre les deux immeubles. Je préférais la rue à la suffocante ambiance du bureau. C'était le comportement de mes supérieurs, souvent grognons, des gratte-papiers qui avaient trouvé dans la fonction publique le refuge obligeant que leur médiocrité exigeait et pour lesquels j'éprouvais de la rancune. Je n'arrivais pas à les « lire, » à trouver dans leur comportement à la fois hautain et coléreux, froid et impénétrable, quelque indice révélateur. Je n'apprendrai pas plus de la psyché américaine que m'était révélée par les réminiscences saoulardes de « Mademoiselle Vanda, » de son enfance banale, de son court mariage à un éleveur de cochons au Kansas. Je conclurai de cette expérience que l'image de fair-play, de magnanimité, de galanterie, et d'altruisme que l'on associe fictivement aux américains est un fabliau.

Jeu de Rôle

◆

De l'Amérique qui avait abjurée « roi et potentat » en faveur de la majesté de l'indépendance, je distillerai bientôt un pays affichant un puritanisme fictif et s'adonnant à la débauche, consacré au culte des héros et voué à la consommation à outrance et aisément séduit par les slogans idolâtres qu'il conçoit, un monde de superlatifs obsédé par « Dieu » et la grandeur des choses : grandes voitures, immenses camions, énormes écrans-téléviseurs, repas gargantuesques. Des américains, je déduirai un peuple confiant, grégaire, et généreux, en apparence hardis, secrètement anxieux, se livrant à tous leurs caprices, suralimentés et concupiscents—les hommes impétueux, nerveux, homophobes, et xénophobes, en conflit avec leur libido, soucieux de leur masculinité, débordant d'hostilité, épris de leurs parabellum qu'ils maintiennent huilés, chargés, et armés ; les femmes prématurément nubiles, névrosées, et capricieuses—les deux sourds ou hostiles aux idées hétérodoxes, et avec lesquels, pendant plus de soixante ans et en raison de grosses différences de tempérament, penchants, et convictions (je suis resté un incurable cynique et solitaire agité) je ne cultiverai jamais des rapports intimes.

◆

Un autre mythe, celui-ci cultivé par la France, proclamait que l'Algérie était *française*. En réalité, l'Algérie était une misérable colonie dont les ressortissants—environ dix millions—avaient été tenus dans un étau écrasant d'infériorité politique, économique, sociale, et culturelle par une élite de moins d'un million de colons pendant plus d'un siècle. La France avait construit des écoles et des hôpitaux mais la grande majorité des algériens ne bénéficiaient ni des droits ni des privilèges accordés à leurs maîtres colonisateurs. L'humiliation ressentie par les colonisés découlait moins de l'iniquité de leur circonstance que du rang symbolique et réel d'infériorité imposé par l'usurpateur.

Le fractionnement de la société coloniale en deux domaines divergents — le conquérant et le conquis — dura jusqu'aux années 60. Il est vrai qu'on accordera aux Juifs algériens la nationalité française mais on la refusa aux musulmans auxquels les urnes furent aussi interdites. Quand des élections truquées déclenchèrent des manifestations, censures, arrestations, exécutions hors-judiciaires, et rapts s'ensuivront.

En novembre 1954, deux mois après mon retour en France d'Israël, soixante-dix attentats terroristes simultanés contre les « pieds noirs » en Algérie, mèneront à une guerre laide et sanglante d'indépendance. Peu avant, selon *Body of Secrets* de James Bamford, journaliste américain spécialiste des services de renseignement, la France, « bientôt remplacée par une Amérique en proie à une hystérie anti-communiste, » avait abandonnée l'Indochine à la suite d'une guerre amère et vaine qui culmina en une défaite cinglante à Dien Bien Phu. La débâcle française dans ses colonies du Vietnam, Laos, et Cambodge, et sa perte de prestige sur le plan international, soulèveront une vague de ferveur nationaliste parmi les français, surtout ceux nés en Algérie et qui la considérait la leur. La France expédia un grand nombre de Légionnaires ; les conscrits de l'armée suivirent. Peu après, des bruits anecdotiques ainsi que des témoignages de mauvaise conduite des soldats français circulèrent librement en métropole, comme le furent les troublantes révélations qu'un grand nombre de français avaient été massacrés. On apprit aussi que des algériennes furent violées, que des hommes furent battus, immergés dans des bains d'eau glacée, arrosés d'excréments, et électrocutés. Des documents déclassés, y compris des photos et une surabondance de comptes rendus de presse, livres, et documentaires verseront une lumière bouleversante sur les atrocités commises par les français en Algérie. La bande Bonny-Lafont en aurait été fiers.

Refusant de s'avouer vaincus, les algériens, qui luttèrent avec vaillance et perdirent plus de cinq cent mille combattants durant les huit ans de conflit, se montrèrent impitoyables envers les français qu'ils capturèrent. Les hostilités prendront fin avec l'indépendance de l'Algérie et l'anéantissement de l'empire colonial français.

♦

Voulant à tout prix m'empêcher de devenir une « statistique, » ma mère exigea qu'on m'expédie en Amérique. Mon père s'y opposa au début. Tenace, accoutumé aux épreuves titanesques — physiques et transcendantes — il insista qu'une telle mesure m'encouragerait à prendre la fuite, à éluder les risques et les responsabilités.

— Il aurait couru les mêmes risques s'il était resté en Israël. Nous l'avons envoyé en France pour le protéger. [En effet, le bureau de mobilisation israélien m'avait convoqué, ensuite rendu visite, mais j'étais déjà parti]. Crois-tu qu'il ne courra aucun danger en Amérique ? Elle est en guerre en ce moment. Il est à l'aise en France. Il s'y plait. Je pense qu'il devrait rester et finir ses études.

— Il a dix-sept ans, ma mère riposta. Il est né en France. On ne tardera pas à le mobiliser. Elle me regarda avec tendresse et inquiétude. Imagine-toi : Si on l'envoie en Algérie il pourrait être gravement blessé, ou pire. Elle fondit en larmes.

Mon père fronça les sourcils, baissa la tête, et essuya son front comme pour arracher des ses pensées une image monstrueuse.

— Tu as raison.

La vérité, la triste vérité est que je serai expédié en Amérique non pas pour faire fortune mais afin d'échapper à des obligations militaires légitimes, cette fois-ci en Algérie où les français mourraient comme des mouches. Ce n'est pas tout. Mes études allaient mal.

—Votre fils ne manque pas de talent, le directeur de l'École de Journalisme soulignera dans une lettre adressée à mes parents. Il s'exprime avec brio et conviction. C'est le reste : nombreuses absences ; travaux inachevés ; une fâcheuse tendance à la démagogie ; et un penchant immodéré envers le sexe opposé. Il a eu, dès le début, une influence perturbatrice et factieuse sur les étudiants et les instructeurs. Nous avons fait preuve de patience et de bienveillance, hélas sans résultat. Willy est habile mais impétueux, doué mais indocile. Il accepte mal la critique, il se rebiffe contre l'autorité. Il n'a pas l'esprit d'équipe. Il faut espérer que ces carences diminueront sans doute peu à peu. Entre temps, nous regrettons ne pouvoir vous encourager à l'inscrire au prochain trimestre. [Cela n'empêchera l'École de m'accorder rétroactivement un mastère].

J'avais tenu le coup pendant deux ans.

Tout événement est à la fois origine et conséquence.

Un beau matin, convoqué afin de compléter un dernier round de formalités, je me présentai au consulat américain. Le consul, un homme de courte taille qui semblait savourer son rôle d'*American in Paris,* me tendit un dernier formulaire, une déclaration sous serment de trois pages qu'il me regarda lire et remplir d'un air lascif. Je devais d'abord jurer que je n'avais jamais « commis » des actes d'adultère, de « fornication, » et de sodomie. Prospectant des indices révélateurs de mes convictions politiques, le formulaire demandait aussi si j'étais « maintenant ou jadis » membre du parti communiste, et si j'avais l'intention de « renverser le gouvernement des États Unis par des procédés anticonstitutionnels. » Ayant répondu « Non, » la main gauche sur la Bible, la droite en l'air, on m'accorda le visa d'immigration et l'entrée à la Terre Promise. Je ne tarderai pas à découvrir qu'en Amérique, un pays dévergondé qui se vante d'un puritanisme fictif, où la promiscuité sexuelle fleurit au sein d'un zèle religieux frôlant la monomanie, les organismes politiques de l'extrême droite sont infiniment plus dangereux que le parti communiste avachi et chétif que personne ne prend plus aux sérieux, et que la noble Constitution américaine, susceptible aux vides juridiques et aux échappatoires légaux, encourage les privilégiés et les puissants à la violer systématiquement et en toute impunité.

DEUXIÉME ACTE

À CONTRE-COURANT

Jeu de Rôle

QUI SONT LES FOUS ?

Montrez-moi un homme sain et je le guérirai.
Carl Jung

Gargantuesque, grise, rauque, enveloppée d'un linceul de brume et de fumée, New York s'étalait devant moi ce matin de janvier. Elle sera pendant de nombreuses années intimidante et insaisissable. Et puis elle se collera à moi petit à petit comme une amante éconduite qui supplie d'être aimée, et j'apprendrai à l'aimer malgré moi avec un mélange de réticence, d'engouement, et de rancœur.

Les événements tragiques du 11 septembre 2001 évoqueront l'intimité qui nous avait unie, New York et moi, pendant quarante-cinq ans. L'effondrement des tours jumelles du World Trade Center avait fendu le cœur même de cette extraordinaire mégalopole, nous laissant, nous les rescapés, les vraies victimes de cet horrible attentat, à nous demander à quel point la haine et le mal deviennent banals. Ceux qui ont péri ce jour-là, plus de trois milles, tous les New Yorkais auront vite compris, n'auraient plus rien à craindre. C'est nous, les survivants, qui seront à jamais frappés de peur, condamnés à nous souvenir, à anticiper, et revivre, la peur dans l'âme, l'écho de nos pires cauchemars.

Le vieil homme qui s'était accoudé près de moi sur le bastingage lors de notre entrée, à l'aube, dans la rade de New York, m'avait souhaité bonne chance et quitté le pont dans un état d'euphorie auquel je ne pouvais guère me rattacher. Les passagers débarquaient en foule, dévalant la passerelle et se lançant dans les bras des bien-aimés qui les attendaient sur le dock. Le jour s'était levé et New York, citadelle cyclopéenne, se dressait devant moi, incolore et morose comme un film noir. J'aurais tout donné pour me réveiller de ce rêve stupéfiant et de me retrouver dans ma mansarde Montmartroise devant un petit déjeuner de croissants frais et de café noir, une belle fille aux baisers goût de muguet à mes côtés.

♦

Un mois plus tard je serai embauché comme employé de bureau subalterne dans une compagnie de navigation. Levé dès l'aube, rasé de près et à jeun, je prenais le métro jusqu'au centre-ville dans un état de stupeur qui durera le restant de la journée. Je faisais la bombe toute la nuit — un rituel qui affaiblira mes compétences et émoussera mon raisonnement. Mon travail consistait à suivre les transmissions par Télétype et à inscrire dans un gros journal, ensuite sur un tableau noir, le pavillon, l'enregistrement, la provenance, dates d'embarcation, le fret, et destination finale d'une dizaine de vaisseaux. Certaines inscriptions devaient être actualisées plusieurs fois par jour. Exténué, mort d'ennui, je faisais des fautes qui, au début me vaudront les camouflets du gérant (il m'engueulait en grec) et qui me firent finalement virer. La fatigue et l'ennui n'étaient pas mes seuls ennemis. J'avais la bougeotte ; c'était un vieux syndrome ranimé chaque fois que je suivais dans mon imagination le trajet des navires et des ports entre lesquels ils cabotaient. Je n'aimais pas être cloîtré dans un bureau. Je convoitais le soleil, l'air frais, et surtout la mer et les horizons sans fin. Je déchirai l'avis de licenciement et encaissai ma modeste indemnité. Le lendemain je me présentai au centre de recrutement des services armés et m'engagea dans la marine. Je regretterai amèrement cette imprudence ; j'avais troqué une forme d'esclavage pour une autre.

— Savez-vous nager ? L'imbécile ! Je nageais depuis l'âge de sept ans.

— Pourquoi, vous n'avez pas de bateaux, je répliquai innocemment. Le préposé me regarda avec malveillance et griffonna quelques mots sur un bloc-notes (sans doute « *fait le malin,* » « *factieux,* » ou « *à surveiller.* »)

— Pourquoi vous-engagez-vous dans la marine ?
— Pour ne pas traverser l'Atlantique à la nage.

♦

Les premiers jours d'un marin à bord de son premier navire (dans mon cas un dragueur de mines côtier) sont dépaysants. Étant le seul européen dans un équipage composé entièrement de ploucs blancs et de noirs taciturnes originaires des ghettos du sud où le grand sport américain — le lynchage — était encore en vogue, présentera un problème épineux. Un grand nombre de mes compagnons de bord n'avaient jamais entendu parler de la France (les autres me dévisageaient avec méfiance : j'étais citadin snobinard, sans doute un perfide Yankee. Se mettre en cause parmi ses égaux et contester le comportement hautain et les railleries des jeunes officiers de carrière (« *les français se sont rendus lâchement aux allemands ; on a dû venir à votre secours ;* » ou, « *vous êtes mangeurs de grenouilles et de fromages puants ;* » ou, « *qu'est-ce-que la France a fait pour nous ?* » était bien plus délicat. Les matelots doivent se tenir au garde-à-vous devant les officiers, les yeux fixés dans le vide, le menton en l'air ; c'est là une prestance qui coupe presque la parole. Mais leurs invectives exigeaient une riposte ; je n'ai pas mâché mes mots :

— En premier, Lieutenant, sans la France, qui s'est endettée et a fait faillite afin de financer *votre* révolution, afin de faire campagne dans *votre* guerre, et de vous aider à gagner *votre* indépendance tandis que des centaines de milliers de français crevaient de faim, l'Amérique serait un royaume au lieu d'une république. L'illustre architecte français, L'Enfant n'aurait jamais créé votre capitale, et vous dévoreriez des hachis et des fritures graisseuses au lieu de bouffer de l'opossum, des écureuils, et du serpent à sonnette. Et vous lécheriez le dos de timbres affichant l'effigie de la reine d'Angleterre au lieu de votre bannière étoilée. D'ailleurs ...

— Ça suffit !

— D'ailleurs …

— ROM-PEZ-LES-RANGS ! C'est un ordre.

J'allais accorder à la France la découverte de l'oxygène, de l'hydrogène, de la radioactivité, la création du hautbois, du système métrique, du vol aérien, de la photovoltaïque, de la photographie et du cinéma, de l'industrie vinicole, de la haute couture, du parfum ; d'avoir dressée et ratifiée la Déclaration Universelle du Droit de l'Homme ; d'avoir enfantée la première nation foncièrement laïque. J'aurais pu ajouter à cette liste la roulette, la table périodique des éléments, les Jeux Olympiques modernes, le béryllium et le chrome, la pasteurisation, le néon, la montgolfière et l'hélicoptère, l'aiguille hypodermique, la transfusion, l'opération des cataractes, les antibiotiques, la codéine et l'aspirine, le bateau à vapeur, la machine à coudre, le Braille et le sémaphore, la batterie sèche, le crayon, le gyroscope, et le stéthoscope. Mais accusé d'outrage envers l'autorité d'un supérieur et risquant quelques jours de geôle dans la cale, je me remis au garde-à-vous, salua le jeune lieutenant, et fis demi-tour … gauche tout en marmonnant assez fort pour être entendu :

— le Champagne, la baïonnette, le bikini, le bidet, la guillotine…

Les permissions me furent retirées pendant deux semaines. Je les passerai à éplucher des pommes de terre, à être en faction de nuit, et à nettoyer les chiottes.

♦

Quelques semaines plus tard, je fus transféré sur un dragueur de mines océanique. Le capitaine, un simple marin qui avait reçu son brevet pendant la deuxième guerre mondiale, m'invita sur la passerelle de commandement et me proposa une formation d'officier de manœuvre et de timonier. Inattendue et bienvenue, cette concession dura un mois. Un conflit au Liban, bientôt suivi par l'Opération Kadesh à la suite de la nationalisation du canal de Suez par l'Égypte et du déblocage auquel participeront les forces britanniques, françaises, et israéliennes, mirent fin à cette aubaine. Mon bateau, amarré à Charleston, en Caroline du Sud, allait joindre une des escadres américaines en Méditerranée orientale, et je me réjouissais de faire un long voyage en mer avec escales aux Azores, à Gibraltar, Marseille, Naples, Pirae, Chypre, et peut-être même Haïfa. Il n'en fut rien. Je serai à nouveau transféré, cette fois-ci sur un vieux rafiot qui ne quittait jamais le port. J'apprendrai plus tard que le capitaine ne voulait pas avoir un Juif à bord tant qu'Israël était en guerre. Écœuré, révolté, je m'absenterai sans permission pendant une semaine.

Je me rendis aux autorités, comparaîtra devant un tribunal militaire, perdrai un gallon, et manigancerai mon retour à la vie civile avec un empressement alimenté par l'asthénie et la rancune. Je simulerai des horribles cauchemars durant lesquels je battais des bras et des jambes tout en sanglotant et hurlant. Cette pantomime dura quelques jours à la fin desquels je fus muté à l'hôpital naval et placé sous les soins d'un psychiatre militaire, le Capitaine Schwartz. Nos entretiens, durant lesquels le Dr. Schwartz, un Freudien, sonda ma vie *in utéro* et petite enfance, étaient souvent suivis par le Test de Rorschach. Mon père m'avait expliqué quelques années auparavant qu'il était prudent de ne rien voir de très bizarre ou exotique dans les taches symétriques qu'on est invité à interpréter. Je me souviens lui avoir dit que ceux qui ne remarquent rien au-delà de l'harmonie des images souffrent d'un manque d'imagination.

— La « normalité, » j'ajouterai, n'est-elle pas un signe de stérilité mentale, d'un intellect insipide ? Mon père avait éclaté de rire.

— Les personnes fécondes et ingénieuses sont souvent accusées de déviance … ou d'hérésie. Le génie a un aspect pathologique absent chez les « normaux. » Je me souvins des aperçus de mon père et décida d'exhiber la richesse de mon esprit fantaisiste … et de continuer à simuler la folie.

— Je vois une chauve-souris géante. Elle me menace. Ses ailes semblent vouloir m'empoigner ; deux ours s'éventrent tandis que leurs petits se blottissent à leurs pieds ; deux frères siamois joints par un phallus commun se crèvent les yeux avec leurs queues ; je vois un vagin béant armé de crocs et prêt à me dévorer. Et ainsi de suite.

Je n'oublierai jamais le sourire narquois du Dr. Schwartz. Son regard semblait dire, « tu me prends pour un con, Gutman ? » Il se pencha vers moi — nos fronts se touchaient presque — et déclara :

— Qui se donne tant de peine pour contrefaire la démence doit être soit malade soit désespéré. Alors réfléchis bien, es-tu malade ou désespéré ?

— Mon cher docteur, le désespoir peut convier la maladie, n'est-ce pas ?

— Dans les circonstances les plus extrêmes. Mais ton argument, aussi discutable soit-il, ne manque pas de mérite.

— Je vous supplie, aidez-moi à sortir de ce trou. Je n'en peux plus.

— Je vais y réfléchir.

◆

Il existe des troubles psychiques si mal définis, si subtils, si adroitement dissimulés, et qui passent si inaperçus qu'ils échappent même à ceux censés de reconnaître les innombrables visages derrière lesquels ils se cachent. Est-il dément celui qui prétend être sain d'esprit ? Est-il fou celui qui contrefait la folie ? Est-ce qu'un comportement « normal » est preuve de raison ? Est-ce que les clowns sont dingues ? Leurs bouffonneries seraient-elles sanctionnées en dehors du cirque ? Ce n'est qu'un jeu de rôle, vous dites ? Et les automobilistes qui dépassent consciemment les vitesses limites, ne sont-ils pas cinglés ? Et les citoyens qui se présentent aux urnes et votent pour des candidats ineptes et pourris sous l'absurde prétexte qu'ils participent au « processus démocratique » — possèdent-ils tous leurs facultés ? Ou alors sont-ils des crétins qui méritent les vauriens qu'ils ont élus ? Est-ce qu'un soldat qui pointe son fusil vers un ennemi qu'il ne voit pas, qu'il ne connaît pas, et dont il ignore l'humanité, est-il désaxé, ou prétend-t-il tirer à blanc chaque fois qu'il presse la gâchette afin de soulager sa conscience ? Sinon, s'il trouve dans l'homicide une justification morale et éprouve une sorte de jouissance intime, est-il toqué, un scélérat ou un débile inguérissable ? Est-ce que les boxeurs qui se bousillent le portrait saisissent l'absurde bestialité de leur sport ? Est-ce que leurs combats sembleraient-ils moins sauvages s'ils n'avaient pas l'air d'y prendre plaisir ? Et les enthousiastes qui bavent à la perspective d'un knock-out sanglant, ne sont-ils pas tout aussi déséquilibrés ? Faut-il croire que les fanatiques en soutane que personne n'invite, qui forcent les aborigènes à couvrir leurs génitales sous prétexte que la nudité est un pêché, qui gavent leurs enfants de concepts biscornus, qui banalisent la culture de leurs parents, et qui dévalorisent leur identité sont des psychopathes dangereux ? Et les « prophètes, » furent-ils des simples pronostiqueurs ou des perfides terroristes démontés par le zèle religieux ; des envoûtés ; des conspirateurs aveuglés par un tel amour pour « Dieu » qu'il se transforme en haine ; des devins qui débitaient des charades et confabulations ésotériques ; des intrigants roublards portés à semer la peur et le désordre ; des vendeurs de rêves, des démagogues qui déconstruisent la réalité et répandent des imitations bon marché d'une fausse et insaisissable Utopie ? Leurs intentions étaient-elles nobles, ou souffraient-ils d'une mégalomanie aigue, de monomanie et de thanatomanie, cette morbide hantise envers la mort ? N'auraient-ils pas tous été enregistrés « bon à enfermer » ou traités de charlatans si le corps médical moderne ne refusait lâchement de les voir tels qu'ils étaient—des paranoïaques qui peignaient tout phénomène inexplicable comme l'avatar d'une entité invisible et inconnaissable ?

Si on enfermait les hommes pour leurs tendances naturelles, les prisons et les asiles de fous déborderaient de détenus On ne sait pas trop pourquoi mais la folie (comme le crime) semble moins condamnable quand elle infecte les magnats, les patriotes « mon pays avant tout, » quand elle ignore les mensonges, absout l'injustice, légitime la corruption et les chicanes politiques, quand un évangélisme acharné et les mouvements charismatiques envahissent les structures gouvernementales, quand des guerres frauduleuses, immorales, et ingagnables qui enrichissent les banquiers et les armuriers sont menées loin de chez soi au nom de la « défense nationale, » quand la liberté d'expression est traitée d'hérésie, et quand les codes de conduite vertueuse sont résiliés afin de protéger les intérêts des élites nanties.

À chaque époque, les mouvements utopiques ont paradoxalement provoqué des branlements dystopiques et éveillé la profonde animosité qui existe entre des peuples qui auraient dû déjà avoir appris à se tolérer, peut-être même à s'entendre. Nous sommes des êtres ambivalents, bagarreurs, têtus, d'humeur inégale, et de nature schizophrène qui nous permet d'aimer et de haïr en même temps, et de croire que nos berlues sont logiques et fondées sur des vérités éternelles.

Alors, qui sont les fous ? Telle est la question que je posais, tout en me demandant, en pleine tourmente, quel sera le verdict du Dr. Schwartz. En attendant, feindre la folie, j'en étais sûr, était le seul moyen de recouvrer un brin de raison dans un monde avarié.

◆

Invoquant une « incompatibilité insoluble avec les exigences et rigueurs du service militaire, » le Dr. Schwartz recommanda mon prompt retour à la vie civile. Je passerai les derniers quelques jours de mon hospitalisation en compagnie d'hommes qui s'étaient donnés des coups de couteau dans la poitrine, qui avaient avalés des lames de rasoir, et étroitement échappés à la mort par d'autres tentatives exotiques de mortification et de suicide. Certains se débattaient violement, hurlaient, ou sanglotaient pendant la nuit. Ce n'était pas du théâtre.

Le 16 Janvier 1957, huit mois après m'être engagé pour quatre ans de service, le Dr. Schwartz, accompagné d'un infirmier, me remit une enveloppe. Il souriait.

— T'es libre, Gutman. Allez, fiche le camp !

— Merci, docteur, mille fois merci, je …

— Ne me remercie pas. J'ai fait mon boulot. Plus j'y ai pensé, plus je me suis rendu compte que la marine et toi se rendriez un immense service mutuel en vous écartant définitivement l'un de l'autre. Bonne chance.

Je me mis au garde-à-vous et nous échangeâmes un salut militaire. Mes anciens délits et mon court séjour à l'hôpital naval furent sûrement notés et survivent peut-être encore dans les archives de la marine américaine. Le certificat de démobilisation que le Dr. Schwartz avait préparé ne fait allusion ni à mon service turbulent, ni à son abrupt dénouement. L'infirmier m'escorta à travers une série de portes blindées jusqu'à l'entrée principale de l'hôpital. La délivrance, je me souviens, avait un parfum exquis. Je la humai avec délice. Je lançai mon sac de mer par-dessus mon épaule et quitta les lieux. J'avais moins de vingt ans.

LE QUATRIÉME POUVOIR

**Pour les empêcher de se moquer des hommes,
Dieu ôta aux animaux la parole.**

Parler l'anglais n'est pas une vertu. Ne pas le parler est une infirmité. L'ayant maîtrisée dès l'âge de treize ans, je continuerai à savourer cet idiome viril et concis aux résonances anglo-saxonnes, rythmes incisifs, et locutions succinctes dans laquelle je travaillerai désormais. Mais une aisance dans cet idiome adoptif, je découvrirai, ne suffit pas. Toutes les langues sont imprégnées d'éléments congénitaux et culturels spécifiques à ceux qui les utilisent. Elles incarnent et énoncent des aperçus indispensables à l'existence d'une culture. Pour comprendre une langue, il faut comprendre la culture dans laquelle elle a évoluée—et vice-versa. Une culture représente l'ensemble des connaissances, mœurs, et attitudes partagés et diffusés par les membres d'un groupe de personnes réunies autour d'un passé, de croyances, d'intérêts, et de buts communs. Le rôle que joue une langue est incalculable. Elle définit et relie ce groupe. Elle sert aussi d'outil par lequel cette collectivité s'identifie, exprime ses convictions, explique le monde qui l'entoure, et interprète la réalité de leur existence. Je me sentais privé de cette éloquence subtile, de cette facilité intuitive accordée à ceux qui la parlent dès leur naissance, à ceux qui absorbent, sans le moindre effort, toutes les doctrines, toutes les partialités, tous les attributs formateurs qui la caractérisent et la distinguent des autres langues, la plupart jusque-là inconnus et aussitôt contestés, ce qui me privera dorénavant des récompenses d'une intégration totale dans le monde insolite auquel mes parents m'avaient livré. Après plus de soixante ans aux États Unis, j'ai toujours du mal à concilier une foule d'excentricités, d'anachronismes, et d'aberrations—entre autres une structure politique fondée sur deux partis, les deux impossible à démêler sauf pour les abus et les antipathies qu'ils inspirent dans leurs camps respectifs, les deux amarrés aux grosses entreprises, les deux investis à bloquer les réformes sociales et économiques au nom du capitalisme effréné qui les soutiennent, les deux impliqués dans la malversation de la classe ouvrière, les deux qui se moquent de la volonté populaire, les deux qui craignent comme la peste le suffrage universel. Le reste, un mélange de contradictions, de coutumes bizarres, de préjugés, et d'affronts : les lois « bleues ; » l'obscène incongruité de *Thanksgiving* alors que les tribus indiennes, les « premières nations » américaines, languissent dans des « réservations ; » la vénération des idoles de l'écran ; la portée aux nues des célébrités dont la renommée ne dépend que de leur notoriété ; le culte des sportifs, la plupart des créatures médiocres qui, si ce n'était pour leur taille, leurs muscles, leur agilité, leur adresse avec un ballon, une raquette, un club, une batte, ou une paire de gants de boxe, vivraient dans l'anonymat au lieu de gagner des salaires démesurés ; le télé-évangélisme ; la peine de mort ; le chauvinisme ; la prétendue suprématie de la race blanche ; la fausse présomption que les États Unis est un pays « chrétien ; » le base-ball ; les majorettes ; la guimauve ; et les rodéos.

Un américain, j'apprendrai très vite, est avant tout quelqu'un qui croit sans réserve à l'image chimérique que son pays s'est façonnée : un parangon de vertu, une nation magnanime et incorruptible que le reste du monde doit à tout prix imiter, la Nouvelle Sion, la Terre Promise, la gloire éternelle de Dieu. Un américain doublera un automobiliste même s'il dépasse la vitesse limite parce qu'il ne souffre pas qu'on le devance et bien qu'il n'ait aucune raison d'aller plus vite si ce n'est que pour réaffirmer son machisme démesuré. Un américain croit en Dieu, adore Jésus, réprouve l'avortement … et applaudit avec enthousiasme chaque fois qu'un condamné est pendu, rôti sur la chaise électrique, ou injecté avec un cocktail de drogues qui produisent des douleurs atroces et entraînent une mort lente et

Jeu de Rôle

violente. Un américain qui n'a jamais quitté son bled est convaincu, sans se donner la peine de le prouver, que le reste du monde est primitif, antidémocratique, vieux-jeu, et dépravé. Être américain c'est se vautrer sans gêne dans la superlativité : « Nous sommes [le pays] le plus grand, le plus puissant, le plus riche, le plus vertueux. » Contrairement aux japonais que la délicatesse, l'élégance, et l'harmonie enchantent, les américains sont obsédés par la grandeur, la masse, le volume, le gigantisme des choses. Plus leurs camions sont gros et lourds, plus ils se croient importants, on dirait même invincibles. Un américain suit des cours de sciences sociales au lycée. Ses parents lui enseignent les mœurs sociales. Hostile à toute forme de contrat social, partisan du Darwinisme social, il travaille dur pour grimper l'échelle sociale. Ayant atteint le sommet, il embauche une secrétaire sociale qui s'occupera d'un calendrier social débordant d'obligations sociales. S'il est trop sociable, il risque d'attraper une maladie sociale. À sa retraite, il bénéficiera de la Sécurité Sociale. On ne sait pourquoi mais il n'a rien contre le mot « social » sauf quand on le relie au mot « médecine, » et qu'il devient alors une calamité, une obscénité, un complot socialiste contre la libre entreprise.

♦

Il me faudra plus de trente ans pour gravir les pentes raides et glissantes du Quatrième Pouvoir. Les débuts furent modestes et décevants : aiguiseur de crayons, bon à tout faire, garçon de courses à l'éminent quotidien, le feu *New York Herald Tribune*. Mes compétences et le stoïcisme avec lequel je tolérais la froide indifférence et les affronts journaliers lancés vers moi par les demi-dieux sous le contrôle desquels je faisais mon apprentissage, me rapportèrent finalement une espèce de promotion ; je pouvais maintenant vider les corbeilles à papier du chef de rédaction dans la grande poubelle, près de l'ascenseur de service.

Un jour, croyant ma requête modeste et raisonnable, j'ai prié la direction qu'on me permette à m'occuper, à mi-temps, de la rubrique nécrologique. Elle fut refusée sans commentaire. Sensible à mon état d'âme et aux aspects frustrants de ma situation, Walter Hamshar, l'aimable et sagace chroniqueur maritime, m'envoya à deux ou trois reprises sur les quais « en mission, » c'est à dire pour me faire prendre de l'air. Je rentrai au bureau les mains vides, ayant rempli mon calepin de prétextes bouffons soutenant les raisons pour lesquelles je devrais me faufiler sur un cargo transportant de la bauxite à Vancouver, Valparaiso et Vladivostok, ou de m'embarquer sur un vieux bateau à vapeur qui fait la navette entre Portsmouth, Panama, et Papeete, au lieu d'aiguiser des crayons et de vider les ordures.

De temps en temps, quand les Muses me faisaient signe ou quand, imprudemment, je voulais me faire remarquer, quitte à en souffrir les conséquences, il m'arrivait de composer des courtes diatribes sur ceci et cela et de les présenter au rédacteur en chef ... qui les lançaient aussitôt, sans être lues, dans un panier à ordures qu'il était mon devoir de vider plusieurs fois par jour. Le rédacteur en chef, un journaliste chevronné, n'était pas amateur d'humour noir. À chaque fois, il m'interpellait :

— Boy !

— Oui monsieur.

— Passe-moi la corbeille.

— Tout de suite, monsieur.

— Le papier est un produit précieux. On le fabrique à partir du bois, c'est à dire des arbres. Il ne faut pas le gaspiller. Il déchira mon pamphlet en mille morceaux qu'il laissa voltiger dans la corbeille que je tenais à bout des bras. Et maintenant, va vider les ordures. Nullement découragé, je renouvellerai mes assailles et subirai les mêmes remontrances et vexations.

Quand on s'y habitue, les coups de pied au cul ne font plus mal. C'est là une constatation comprise par ceux qui les administrent et ceux qui les reçoivent.

♦

En face de l'étroit no-man's land qui séparait le rédacteur en chef de son équipe, était assis un homme d'un certain âge dont les traits crispés, la mine renfrognée, la lèvre supérieure retroussée d'un air menaçant, le rictus, et les narines frémissantes communiquaient un mélange d'hostilité et d'exaspération. Il était difficile de savoir s'il était contrarié ou s'il se voyait contraint de vivre dans une immonde et perpétuelle puanteur. Sur son bureau, se levait une grosse pile de serviettes en papier et une timbale dans laquelle il versait de l'eau d'une immense carafe en verre qu'il était mon devoir de remplir quand elle était vide. Une carafe vide suscitait une litanie de marmottements et un chapelet de jurons dont j'étais le destinataire et qu'il lançait sans me regarder. Tous les quarts d'heure, il empoignait quelques serviettes, les trempaient dans le gobelet et se mettait à frotter la palme et le revers de ses mains avec une véhémence évoquant un dégoût de soi incontrôlable. Je le surnommai Lady Macbeth. La peau de ses mains avait acquis l'écœurante blancheur et l'aspect de poulet bouilli. Il m'interpellait—« Boy ! » son regard enfoui dans sa besogne, et je devais courir au distributeur d'eau fraîche et d'abreuver sa carafe. Je n'appréciais pas ses ingérences mais je les supporterai en tissant des scénarios infâmes : Je l'imaginais, encore enfant, en train de se masturber furieusement tandis que sa mère, l'ayant surpris en flagrant délit, le comblait de remontrances pour avoir « gaspillé sa semonce et pollué ses mains en présence de Dieu l'Éternel. » Cet homme, dont je ne me souviens pas le nom, avait sale caractère ; il invitait mes cruelles fantaisies. Je le détestais et j'étais incapable de m'apitoyer devant les troubles obsessionnels qui l'affligeaient.

Être partiellement sale n'est pas être propre. Être relativement propre c'est être encore très sale.

♦

Et puis un jour, l'éminent *New York Herald Tribune* expira. En très peu de temps, New York, la capitale médiatique américaine, se verra privée, l'un après l'autre, de plusieurs quotidiens, et envoyant une centaine de journalistes et d'employés de bureau au chômage. La chasse aux emplois s'avéra féroce et je n'étais pas en mesure de disputer des postes qui, de droit, appartenaient à des hommes de carrière mûrs alors que je n'étais qu'un blanc bec d'à peine vingt-deux ans incapable de se défendre dans un cadre professionnel où la sélection naturelle avait déjà produit sa propre espèce de prédateurs armés jusqu'aux dents. Afin de survivre, je devrai mettre de côté le journalisme-enquêteur que j'ambitionnais et m'acheminer d'un pas en avant et de deux en arrière sur une piste raide et glissante. J'irai travailler comme secrétaire de rédaction pour des revues spécialisées : alimentation ; climatisation ; sciences médicales ; aéronautique. Mon emploi le plus long — j'arracherai les rênes d'une revue mensuelle d'ingénierie environnementale quand le rédacteur en chef, un pauvre ivrogne, s'écroula un beau matin ivre-mort et sera aussitôt congédié — durera huit ans. J'attribue cette insolite pérennité à mon impudence, le hasard, les exigences d'une vie menée depuis longtemps dans la gêne, et surtout l'amitié, l'estime, et le soutien d'une équipe avec laquelle j'aurai le privilège et la joie de collaborer. Je décrocherai d'autres gagne-pains. Je serai tour à tour rétrogradé, mis en période d'essai ... et mis à la porte soit pour incompétence, excès de zèle, ou insubordination. À mon tour, je démissionnerai, parfois après une semaine, souvent après quelques heures ; j'irai déjeuner et ne reprendrai pas mes fonctions. Plusieurs magazines feront faillite, décamperont d'une ville à l'autre, et disparaîtront dans l'anonymat et l'inutilité. Je me disais journaliste mais je dépendrai souvent des allocations de chômage entre des courtes périodes de travail : plongeur, barman, garçon de café, aide-serveur, chauffeur de taxi, télégraphiste, agent maritime, coursier, brocanteur, bibliothécaire, gardien de nuit, homme-sandwich, vendeur à domicile, mareyeur, pompiste, dactylo, traducteur, remanieur, scribe, nègre, déménageur, et gérant d'un cabaret à Greenwich Village où l'on servait des boissons imbuvables tandis que des bardes défoncés récitaient des poèmes à dormir debout. Je compterai environ quatre-vingts « jobs » durant mes soixante ans de résidence aux États Unis. Mes amis m'envient un passé bariolé qu'ils n'ont pas eu le courage (ou la malchance) de vivre.

Je m'acharnerai à écrire avec impétuosité, parfois avec colère, étant le médium docile d'une inspiration subite ou l'instrument d'un projet free-lance providentiel mais assommant. Ni les échecs, ni les conseils prévenants—« Sois raisonnable ; il est temps de faire un vrai métier »—n'affaibliront ma résolution. J'écrivais et je faisais des progrès, même si je n'avais pas encore atteint le degré d'excellence auquel je m'étais voué. Je croyais dans la légitimité de ma cause, la pertinence de mes visées.

Souvent, en échange à la sécurité relative d'un emploi à plein temps, on renonce à la liberté, on avale son amour-propre. La prestigieuse Académie des Sciences de New York, où j'avais décroché un poste de rédacteur-adjoint, entretenait un climat d'abnégation frôlant le masochisme. La directrice, Madame Eunice Thomas Miner (1899-1993), était une ogresse. Petite de taille, capable de regards glacials et de sarcasme tranchant, elle gouvernait son empire par la peur et les menaces. Mené par Frank Furness, un homme très quelconque qui avait dépassé l'âge de la retraite et qui tremblait devant elle, le personnel était recruté par Mme. Miner d'un ramassis d'inadaptés, de refoulés, et d'insociables—homosexuels, noirs cultivés mais sans autres perspectives de travail, et journalistes en herbe qui acceptaient de trimer pour des salaires de misère. Je ne me souviens plus des études scientifiques sur lesquels je me penchais à l'époque mais je n'oublierai jamais l'ambiance Dickensienne où la coupe de cheveux, le type de cravate, et la prestance étaient l'objet d'un examen journalier minutieux, où le bavardage était interdit, les heures supplémentaire obligatoires, le retard et les absences punies par des retenues sur le salaire, et où les remontrances très publiques sur les vertus de la ponctualité, du dévouement, et de la bienséance faisaient partie du lavage de cerveau auxquels nous étions tous soumis.

Je démissionnerai après moins de trois mois.

On déplore les revers sans jamais tenir compte des ennuis que le succès aurait pu entraîner.

◆

J'avais 48 ans quand j'eu mon premier grand coup de veine. Des années de monotonie, de contrariétés, et d'échecs culmineront en un triomphe aussi inattendu qu'il fut court. Je serai invité par la directrice de la populaire revue futuriste, *OMNI*, à monter un magazine destiné à l'étude d'un phénomène alarmant universel—la chasse aux armes nucléaires, biologiques, et chimiques. Dès son lancement, la revue fut un énorme succès. Enfin, je voyageais et consultais les sommités du monde scientifique et militaire. Choisis parmi une élite de chercheurs, de hauts fonctionnaires des services de renseignement, du contre-espionnage, et des armées de terre, de l'air, et de la marine, des correspondants de presse rédigeaient des reportages et des commentaires frappants. Nos pigistes dénichaient des faits inédits que même les grands quotidiens, craignant affoler leur public, se gardaient d'enquêter, pis encore d'ébruiter. Cette expertise nous vaudra un lectorat fidèle, surtout dans les cercles militaires et diplomatiques. Nous serons le premier magazine à montrer Saddam Hussein du doigt, à mettre en garde contre la croissance du terrorisme, et à offrir un inventaire des pays qui détenaient, ainsi que ceux qui cherchaient à acquérir, des armes biochimiques. Nous diffuserons, au grand chagrin de quelques entités politiques, des photos clandestines de stocks d'armes capturés, de masques à gaz, et de dispositifs de décontamination en Asie, Afrique, et Amérique latine. Nous serons les premiers à annoncer que l'Argentine avait entreposé des quantités de gaz neurotoxique et qu'elle s'apprêtait à l'utiliser contre les forces britanniques durant la guerre des Malvinas. Nos envoyés se rendront en Iran où ils observeront l'horrible séquelle des bombardements d'ypérite que l'Irak avait lancée dans des centres civils iraniens. [À l'époque, Saddam était « *our man in Bagdad,* » et les États Unis lui avait non seulement fait un clin d'œil et donnée carte blanche, mais aussi financée ses incursions contre l'Iran]. Nous découvrirons que la Russie et la Corée du Nord étudiaient les moyens de transformer le venin de serpent, le botulisme, l'ergot, l'anthrax, la variole, et le ricin en des armes de destruction en masse. Bref, nous ferons beaucoup de bruit pendant nos dix-huit mois d'existence et nous nous éteindrons en silence comme tant d'autres jeunes entreprises d'un jour au lendemain.

Je n'étais donc nullement surpris d'apprendre que le Colonel Anatoly Makhov, l'attaché militaire de la mission soviétique aux Nations Unies, deviendra un des fanatiques les plus tenaces de notre revue. Imprimée à Birmingham, Angleterre, elle était distribuée d'abord en Europe de l'ouest et expédiée ensuite aux États Unis. J'avais fait connaissance de Makhov lors d'une réception aux Nations Unies. Ancien pilote de guerre et un agent du KGB, Makhov m'avait fait une étrange requête : Pourrais-je m'arranger à lui fournir la revue *avant* que son homologue à Londres la reçoive. Je me souviens avoir trouvé cette curieuse rivalité entre deux associés servant le même maître aussi étrange que touchante. Makhov avait l'habitude de se glisser dans notre immeuble sans être intercepté par nos gardiens, ni au rez-de-chaussée, ni au quatrième étage où mon bureau était situé. Je n'arriverai jamais à comprendre comment il exécutait ce tour de passe-passe. Chaque fois que je lui posais la question, il souriait d'un air coquet. Je me souviens de lui avec une certaine tendresse. C'était un homme intelligent et cultivé qui se gardait de s'aventurer dans les chausse-trappes de la politique internationale. Nous parlions plutôt de la musique et de la littérature — Borodine, Glinka, et Prokofiev, Dostoïevski, Pouchkine, et Tourgueniev. Il aimait Hugo et Debussy. Je pense souvent à lui.

Après un an et demi de revenus publicitaires flasques, et malgré un lectorat fidèle et croissant, nous deviendrons la première et dernière gazette de son espèce. Sa publication fut abruptement suspendue et je fus congédié. « N'y voyez rien de personnel, » m'assura-t-on. Douze mois de chômage plus tard, durant lesquels j'épuiserai mes maigres épargnes, *OMNI* me rappellera et, cette fois-ci, me conféra deux titres : Expert-conseil (je n'ai jamais très bien compris la nature des conseils que l'on attendait de moi) ; et rédacteur en chef de l'édition américaine de *Sciences en URSS*, l'organe officiel de l'Académie de Sciences Soviétiques qu'*OMNI* publiera en anglais et diffusera dans les pays anglophones durant sa très brève et turbulente existence. Cette nouvelle entreprise me mènera plusieurs fois à Moscou. Je rentrerai chaque fois à New York assombri par les aberrances frappantes dont je serai témoin.

◆

Le parc Krasnopresnensky côtoie un des coudes de la rivière Moskova. On y trouve des amants qui s'embrassent tendrement comme le font tous les amoureux le monde entier quand le désir, comme une sève printanière et bouillonnante, réchauffe le corps et monte à la tête. Des pigeons roucoulent tout en picotant les sentiers en gravier. Des oies dandinent ci et là à la recherche de quelques miettes. Pleins d'entrain, les moineaux pépient dans un langage compris par les moineaux du Parc de Vincennes au Grand Mûr de Chine. Emmitouflés, des tous petits aux joues empourprées gambadent sous le regard austère de leurs parents.

Pelotonnées les unes contre les autres sur un banc, cinq vieillardes édentées, rabougries, et ridées, leurs têtes recouvertes d'un fichu chamarré, tricotent furieusement avec un empressement frôlant la marotte. Au loin, se tenant sur un petit pont en dos d'âne, son reflet dansant dans l'étang artificiel qu'il enjambe, une petite fille parée d'un énorme ruban blanc dans ses cheveux blond pâle lance une canne à pêche munie d'un hameçon dépourvu d'appât dans une eau dépourvue de poissons. Le regard fixé sur les cercles concentriques rayonnant du fil, elle attend. Je prends sa photo. Elle est peut-être toujours là, chimérique et indomptable, le symbole d'une Russie débordant de rêves inexaucés.

Soixante-treize ans après la Révolution de Septembre, je m'étais dit en flânant dans ce joli parc boisé, les rêves sont non seulement indispensables, ils permettront de détromper un grand nombre de russes qui croient encore que l'écrasante camisole de force du bolchevisme est préférable aux risques et récompenses de la liberté et du libre arbitre. Je me trompais.

Gris et triste, le crépuscule s'abattit sur Moscou comme un gigantesque linceul, accentuant la monstrueuse architecture de l'Hôtel Ukraina qui se dressait devant moi sur la rive droite de la rivière Moskova. Peu à peu le crépuscule goba les ombres et céda à la nuit qui, comme toutes mes nuits à Moscou, seront passées en attendant l'aube. Le parc était maintenant presque vide, et je savais que des jeunes voyous ivres s'en empareraient bientôt. Je rebroussai chemin et rentra dans mon hôtel sous l'œil inquisiteur de la « dame de palier, » une amazone corpulente et redoutable installée à chaque étage, près de l'ascenseur, et dont l'unique fonction était de signaler au KGB, avec lequel elles collaboraient, tout ce qui leur semblait étrange ou suspect. Je serai l'objet de cette méfiance paranoïaque chaque fois que je visiterai Moscou. Je m'enfermai dans ma chambre et m'installa devant la télé pendant une demi-heure de nouvelles sur CNN, la seule chaîne offrant un aperçu lucide d'un monde désaxé.

Suivant le bulletin d'information, l'autre visage du rêve soviétique était présenté aux téléspectateurs : Le Dr. Anatoli Kashpirovsky, l'homme alchimique, le faiseur de miracles, le guérisseur extraordinaire, et le prophète de la perestroïka, s'apprêtait à tordre les ondes comme le charlatan Uri Geller tordait des vulgaires cuillères. En enlevant de nombreux tabous, la perestroïka, ou « remodelage, » rouvrit les vannes de cette crédulité maladive connue chez un peuple noté pour son mysticisme. L'impérieux besoin de se cramponner aux miracles, renforcé par un déferlement de troubles sociaux et économiques, permettra à Kashpirovsky de galvaniser les russes qui, hantés par les cataclysmes auxquels ils étaient assujettis, consentaient à confier leur destin à un bluffeur qui leur offrait le rêve suprême — un remède contre le désespoir. Alors que soir après soir, les téléspectateurs étaient bercés jusqu'à l'inertie par le ronronnement soporifique des discours propagandistes, Kashpirovsky tentait de conquérir l'âme slave meurtrie en exploitant les superstitions et les convoitises les plus ardentes. Telle était, les producteurs constateront, l'inspiration d'un programme promettant de guérir, par l'intermédiaire d'une foi inébranlable dans ce gourou envoûtant, l'acné et la sénilité, la goutte et la cécité, les cors au pied, et le cancer. Il avait même proposé que la mort, dans certaines circonstances, est parfaitement évitable, et les architectes de la perestroïka espéraient qu'il parviendrait à secouer l'inertie et la paralysie psychique du peuple. Alors que les réformateurs avaient vite compris que les réformes sociales et politiques peuvent atténuer les suites deshumanisantes de la répression, aucune « restructure, » aussi rapide et radicale qu'elle soit, est en mesure de les éliminer. La télévision, ils croyaient, pouvait servir d'intermédiaire thérapeutique et de soulager le spleen national. Il n'en fut rien. Né d'une crise idéologique, incapable de rafistoler le tissu effrangé du « communisme » et donc se privant des compensations d'un au-delà aguichant, la perestroïka, l'instrument d'assainissement moral et intellectuel, ne réussit guère à garantir la liberté, à stimuler l'abondance, à éliminer les débauches et les abus, à éveiller la conscience collective, à établir un équilibre social, et à promouvoir la justice. On se demandera pendant longtemps, et tant que le cauchemar dura, quel schisme les malcontents adopteront, quelle espèce d'idéalisme humaniste choisiront-ils maintenant que le « communisme, » dans toutes ses incarnations falsificatrices, fut remplacé par une rivalité farouche entre les partisans d'un néo-capitalisme criminel duquel seuls les kleptocrates pourront profiter.

◆

Un an plus tard *OMNI* suspendra son entreprise soviétique. Une série de remous internes aboutira à la création d'un poste fait sur mesure pour moi : rédacteur international, Après trente ans d'itinérance et de « carrières » sans issue, cette attribution m'allait comme un gant. Je faisais enfin ce que j'avais toujours voulu faire. Je voyageais souvent, j'invitai des sommités du monde scientifique et de la science-fiction à nous proposer des articles, et j'en écrirai moi-même sur des thèmes qui me passionnaient — la prolifération des armes chimiques, le monachisme, les OVNIS, le vodou, la physique et le lyrisme de la vitesse, les rouleaux de la Mer Morte, les moyens de transport ultra-rapide, y compris la nouvelle ligne TGV Paris-Marseille que la SNCF venait d'inaugurer, la montée et chute météorique d'Éric Gairy, le feu premier ministre de la Grenade, dont l'Assemblée Générale des Nations Unies s'était moqué quand, afin d'esquiver un torrent de plaintes contre son régime inepte et dissolu, il tenu un discours cocasse sur les soucoupes volantes qu'il prétendit avoir vu un beau soir du haut de sa villa perchée au sommet de la colline qui surplombe l'anse de St. George's.

Quelques mois plus tard, je soutiendrai pendant une réunion présidée par Kathy Keeton, la fondatrice d'*OMNI*, que le « futurisme » doit aller au-delà de la conquête de l'espace, des gadgets, et de la recherche aux intelligences extra-terrestre ; que des problèmes sociaux vexants, tel que l'inhumanité des hommes, sont autant capables de changer le cours de l'histoire que les merveilles scientifiques et technologiques, et les tours de force époustouflants de la science-fiction. Je me souviens avoir suggéré que « l'avenir » est un endroit réel, que la postérité a le droit d'y vivre et de goûter à ses fruits et, j'affirmerai, que ce droit était abrogé dans certains pays et remplacé par des orgies de violence, y compris le meurtre des êtres les plus vulnérables de la société — les enfants de rue.

— Où, demanda Keeton.

— Dans notre hémisphère, au Brésil, au Guatemala, et en Honduras.

— Le Brésil est trop loin, répondit l'économe Keeton. Va au Guatemala et en Honduras.

◆

Je ferai des recherches pendant trois mois. Je solliciterai aussi les conseils et le concours des principaux défenseurs des droits de l'enfant. L'UNICEF admettra que des mineurs sans-abri sont méthodiquement tourmentés, battus, violés, et assassinés par des agents de l'état, mais elle refusa de montrer qui que ce soit du doigt. « Nous ne pouvons pas nous permettre d'aliéner les pays où nous avons une présence, » expliqua un porte-parole. « Une attitude d'affrontement de notre part contre ces outrances serait mal vue. Nous devons professer une stricte neutralité. » Le porte-parole parla aussi des « exigences du relativisme culturel. » N'étant pas d'humeur à me laisser embobiner par des propos ambigus ou des raisonnements pervers, je ripostai que la « neutralité » devant des crimes hideux est la forme la plus obscène d'apathie. Le porte-parole se tut. Il me tendit une grande enveloppe, se leva, et me montra la porte. L'enveloppe contenait des comptes rendus élogieux sur la reconquête des terres en friche, la reforestation, l'éradication du vers guinéen, tous accompagnés de photos d'enfants du tiers-monde bien nourris et souriants—mais pas un seul mot sur le calvaire que souffrent encore des millions d'enfants sans abri. Les photos que j'avais prises d'enfants tristes, affamés, et souvent mutilés que j'offrirai plus tard à l'UNICEF, seront repoussées sous prétexte qu'elles étaient « aptes à traumatiser nos sponsors. » Et pourtant, la politique de complaisance envers les despotes, son habitude de dorloter les crapules et d'exonérer leurs crimes au nom de la « clémence » et de la « réconciliation nationale » ne semblaient pas trop déranger les sponsors qui d'ailleurs n'ont aucune idée que moins de dix centimes sur chaque dollar qu'ils contribuent sont assignés à l'aménagement des enfants.

Une autre ONG défenseur des droits de l'enfant mais qui, comme l'UNICEF, ne se consacre pas aux enfants sans foyer, admettra que les mineurs abandonnés sont persécutés et souvent supprimés au Guatemala et en Honduras par la police nationale. Elle refusa catégoriquement de me donner des renseignements ou de me permettre de prendre contact avec leurs homologues en Amérique Centrale. Citant des « obstacles logistiques, » une ONG « chrétienne » refusa d'être interviewée et contrecarra toute tentative de ma part de rendre visite à l'un de ses asiles. Ces deux dernières organisations seront plus tard impliquées dans des scandales. Elles seront accusées de détournement de fonds et d'allouer des salaires outranciers à leurs cadres supérieurs. Une quatrième ONG, indirectement associée à l'UNICEF, m'accordera quelques pistes utiles mais saisira l'occasion de vilipender « des institutions activistes qui, au nom de la justice, s'immiscent dans les affaires des nations souveraines. » Ce sera précisément un de ces organismes d'aide bénévole hardis et litigieux qui me fournira tout ce dont j'avais besoin et qui m'orientera dans l'abysse puante où les enfants de rue centre-américains vivent et meurent. Rien n'aurait pu me préparer pour ce que je verrai, éprouverai cette première nuit à

Guatemala Ciudad. Raconté en détail dans un article intitulé, *Witch Hunt in the Land of Eternal Spring* [Chasse aux Sorcières au Pays de l'Éternel Printemps] et publié par *OMNI*, cette descente dans un monde de terreur et de souffrance marquera un tournant dans ma vie. Le dévouement envers une cause doit être mesuré selon les résultats qu'il occasionne. Après douze ans dans les entrailles du monstre, je me rendrai compte que j'étais impuissant contre les corruptibles — chefs d'état, juristes, gendarmes, prédicateurs, cardinaux, et politiciens — que j'étais en fin de compte hors-combat. D'autres reporters intrépides me remplaceront, tous débordant d'utopisme, jusqu'au jour où leur zèle sera miné et évincé par la nausée. Rien ne changera. J'avais entendu les sanglots et essuyé les larmes d'une centaine d'enfants. J'avais défendu et patronné les tribus autochtones persécutées. Ce n'est pas que j'étais insensible à leurs tourments. C'est qu'après douze ans j'avais épuisé mes réserves de tolérance envers le mal.

OUI, ON TIRE SUR LES ENFANTS

Quand la volonté s'endort, l'instinct se réveille.

Au Guatemala et en Honduras, les *niños de la calle*, les enfants de rue, sont kidnappés, battus, violés, et méthodiquement supprimés par la police nationale, la gendarmerie citadine, et les gardes des prisons où, en contravention des lois, beaucoup de mineurs sont enfermés avec des criminels adultes. En guise d'avertissement, on leur coupe les oreilles (ils avaient entendu des propos compromettants) ; on leur arrache la langue (pour avoir mouchardé) ; d'autres encore auront les yeux crevés (ils avaient observé des choses nuisibles à leurs persécuteurs) après avoir été abattus d'une une balle à la nuque. Leurs cadavres seront ensuite largués au fond des innombrables vallons qui entourent les bidonvilles, les gouffres pestilentiels débordant d'immondices où vivent chiens sauvages et desperados. Les photos que j'ai prises en témoignent la barbarie et l'incongruité.

◆

La Ciudad de Guatemala est une métropole poussiéreuse et bruyante qui a grandi au-delà de ses bornes, physiques et économiques. Comme une plaie suppurante, loin des opulentes estancias et élégantes villas où les riches vivent dans leur superbe isolement, la ville a déployée ses tentacules vers des bas-quartiers sordides et le long de flancs débordant d'ordures où des enfants aux pieds nus, des vautours, et des rats partagent une existence précaire.

Pour la plupart des enfants sans-abri guatémaltèques le cauchemar commence dès leur conception, un acte glorifié et sanctifié par l'Église et très bientôt banalisé après leur naissance quand leur vie n'a ni sens ni mérite. Distante et céleste, l'Église est soutenue par des puissants complices qui se soumettent à ses doctrines plutôt qu'à la vertu. A son tour, l'Église se soumet aux intérêts politiques du Vatican, des éléments de l'extrême droite chrétienne ; elle collabore avec les services de renseignement américains et les cellules paramilitaires. Elle ne s'intéresse guère aux enfants de rue. Bien qu'elle ne puisse être directement liée aux sévices auxquels ils sont assujettis, elle est coupable par omission, par insouciance ; elle défend aux femmes la contraception et l'avortement ; elle interdit l'éducation sexuelle et démontre une lamentable indifférence envers les origines et conséquences du surpeuplement. Et à cause de son affinité pour le conservatisme politique et son soutien du corps militaire, elle est aussi fautive par association. La vie in-utéro qu'elle divinise n'a aucune valeur après le post-partum. Celle des enfants de rue est bon marché. Ils ne grandiront pas. Ils risquent de ne jamais vieillir. J'en parlerai avec Billy Graham, le prédicateur chrétien évangélique américain, dans une lettre à laquelle un de ses larbins répondra aigrement :

« *L'Association Évangélique Billy Graham vous informe que le Révérend Graham est trop occupé pour répondre à votre correspondance.* »

Les actions du clergé, ou l'absence d'action envers son troupeau, la compagnie qu'il tient, son arrogance, et la ténacité de son emprise sur ceux qu'il contrôle et domine, résonnent plus fort que les mots et, bien trop souvent, attestent à une vicieuse indifférence envers la vie. J'en parlerai aussi au feu Cardinal John O'Connor qui, comme Graham, se déroba à mes questions. Son porte-parole, le Père Whalen, répondra en son nom :

« *Son Éminence m'a chargé de vous dire qu'il n'a pas le temps de commenter sur les informations que vous lui avez transmises.* »

◆

Une semaine après mon retour à New York, j'apprendrai qu'un gîte d'enfants de rue au Guatemala avait été criblé de balles et qu'un des préposés fut grièvement blessé. Armés de mitraillettes, les agresseurs, des policiers habillés en civil, avaient menacés de tuer le directeur, le personnel, et les enfants. Quelques jours plus tard, on m'informera qu'un gosse de sept ans avait été battu à mort par des gendarmes. Son visage était si grotesquement défiguré qu'il fut impossible de l'identifier. Le même jour, un garçon de quinze ans sera enlevé vers un terrain vague où il fut sauvagement battu et brûlé sur plus de 90% de son corps, y compris ses parties génitales.

Je téléphonerai à Tom Stroock, l'ambassadeur des États Unis au Guatemala avec lequel je m'étais entretenu lors de mon premier voyage.

— Tom, j'ai besoin d'une déclaration écrite, quelques paragraphes qui évoquent votre optique personnelle et qui reflètent la position de votre gouvernement ; quelque chose de solide que je peux citer dans mon prochain exposé.

— D'accord. Je vous le faxe demain matin.

« *Les conditions dans lesquelles vivent les enfants de rue au Guatemala, hélas, ne sont pas différentes de celles vécues par les enfants sans-abri des autres pays du tiers-monde.* »

Je relu le texte anémique de l'ambassadeur et failli vomir. Je rappelai Stroock et le pria de refaire son communiqué, d'y joindre une phrase qui témoignerait d'une attitude virile envers un problème chronique qui scandalisait le monde.

— Je regrette mais je ne peux rien ajouter.

Je tisserai le chef-d'œuvre échappatoire de Stroock dans un article publié simultanément au Guatemala et en Honduras. On m'accusera de manque de tact. Les crimes que mon article éventa ne suscitèrent aucune réaction.

◆

J'apprendrai aussi cette semaine que le correspondant du *Financial Times* venait d'être abattu. Il enquêtait les liens entre le scandale de la Banque de Crédit et Commerce International et des personnes haut-placées au Guatemala. Plus de cinquante journalistes seront tués au Guatemala depuis 1978. Ce chiffre doublera pendant les décennies suivantes.

◆

Ah, le Quatrième Pouvoir. Quelles étranges et merveilleuses nouvelles il diffuse quand il ne confectionne pas la vérité et ne manipule pas les événements. C'est comme si s'était hier. Un beau matin de printemps, en parcourant le *Wall Street Journal* en route vers mon bureau, je lu qu'*OMNI* avait fait faillite. Méfiant de tout ce que les journaux racontent, ce n'est qu'en arrivant au bureau que j'appris que le *Wall Street Journal* n'avait pas exagéré. On m'accorda le reste de la journée pour ranger mes affaires et quitter les lieux. Mes collègues étaient bouleversés. Plusieurs avaient fondus en larmes.

— Ne prenez pas les choses trop à cœur. Ne vous sentez pas visé, me dit d'un ton dépourvu de miséricorde le chef du personnel qui n'avait pas [encore] perdu son emploi.

— Vraiment ? Vous vous foutez de ma gueule. J'aurai bientôt cinquante ans. Je viens de perdre mes moyens d'existence, peut-être à perpétuité, et vous me demandez d'être soulagé parce que cette castration radicale n'est pas exclusive ?

— Qui sait, si les choses s'arrangent, si l'économie redémarre, euh... vous pourriez...

Oui. C'est ça. Les journalistes sont superflus, surtout quand les choses ne s'arrangent pas. Mais, après tout, nous sommes les « connards aux machines à écrire » dont les éditeurs ne peuvent se passer. Nous courrons toutes sortes de risques : Un marché du travail volatile ; un public volage ; de longues nuits blanches passées devant une page vierge (de ces jours un écran d'ordinateur oisif) ; des délais impitoyables ; des rédacteurs féroces qui prennent plaisir à tronçonner notre précieuse prose ;

des lecteurs que la vérité exaspère ; et des salaires minables. Nous vivons dans une société qui méprise les érudits, déteste les insoumis. Les délices de la lecture sont peu à peu remplacés par des heures de stupeur catatonique devant un téléviseur. La programmation éclairée dépérit, les spots publicitaires se multiplient, et leur fréquence et sottise augmentent. L'objectif est de prendre au piège le plus grand nombre de téléspectateurs, de berner une multitude de consommateurs crédules, de les encourager à collectionner les produits des sponsors. Dans la presse écrite, les photos dominent la page tandis que les textes rétrécissent. Journaux et revues crèvent comme des cigales dès les premières fraîcheurs d'une nuit d'automne, leur vie éphémère coupée court par un tirage décru et des revenus publicitaires anémiques. Ainsi, la superbe *OMNI,* l'élégant engin futuriste par lequel Isaac Asimov, Ray Bradbury, Carl Sagan, et d'autres sommités nous transportèrent vers les confins du cosmos, éclata en plein vol en 1995. On le ranimera pendant un certain temps ; il sera téléporté vers les régions glaciales de l'espace virtuel, son dispositif de propulsion inerte, un OVNI dont le triste trépas plongera dans le deuil toute une génération de fanas qu'il avait catapulté aux frontières du savoir et aux limites de l'imagination. Et je me retrouverai, une fois de plus, au bureau de chômage au bout d'une très longue queue de chômeurs.

NOTRE PAIN QUOTIDIEN

Contrairement au bonheur, la misère
s'installe sans être invitée et s'éternise.

C'est à l'UNICEF, où je travaillerai pendant un an, que je maîtriserai le jargon bureaucratique, le langage de la supercherie et de l'obscurantisme. J'avais décroché le poste d'expert-conseil et fut chargé de retaper le réseau médiatique mondial et de diriger une équipe de correspondants qui rédigeaient des rapports concernant divers projets communautaires en Afrique, Amérique latine, Asie, et le sous-continent indien. Dirigés vers les donateurs, leurs envois contenaient des comptes rendus assommants et écrits dans le jargon et l'optimisme propagandiste que l'UNICEF avait perfectionné. Dissimulés dans des récits arides sur l'irrigation, la purification de l'eau, une dizaine de recettes de soupe à la mangue, l'éradication de la mouche tsé-tsé, les avantages du lait maternel, et la diarrhée infantile, se faufilaient des mots-clefs d'espoir et de triomphes conçus afin de dorloter les gros sponsors qui eux ne s'aventurent jamais trop loin du confort et de la sécurité de leur existence privilégiée par peur d'être éclaboussés par l'infecte relent de la vérité. Les photos qui accompagnaient les rapports arboraient des enfants souriants prises contre un arrière-plan de saleté repoussante et de masures en ruines que les graphistes retouchaient à l'aérographe avant d'être publiées et distribuées. Alors que je savais qu'un vaste nombre d'enfants du tiers-monde naissent, vivent, et meurent dans des conditions sordides, l'UNICEF obstinément dragéifiaient la réalité au profit des donateurs qui, on m'avait averti, ne supportent pas le répugnant visage de la misère.

— Chaque mot que vous proférez, on me répétera souvent, chaque paragraphe que vous diffusez, chaque geste que vous faites en public, doivent être consciemment affinés afin

Jeu de Rôle

« d'extraire » [sic] des dollars de nos bienfaiteurs. Vous devez accentuer le positif, adoucir le négatif. Un « problème » est une épreuve, une opportunité bienvenue ; un « obstacle » est une précieuse occasion que l'UNICEF mesure attentivement et résout avec le généreux appui de ses sponsors. Votre seul devoir est de les délester de leur argent. Les histoires larmoyantes ne les intéressent pas et nuisent à nos quêtes.

♦

Je venais de revenir de la Grenade, « l'Île aux Épices, » un des joyaux des Petites Antilles où j'avais passé deux semaines de recherches et de repos bien mérité. Ma mission : Enquêter « *les enfants se trouvant dans des conditions particulièrement difficiles,* » une des antiphrases officielles de l'UNICEF qui, traduite par une personne attentive et honnête, évoque « des enfants qui vivent et crèvent dans la merde. » La cible : Les victimes de violence physique et sexuelle, la faim, les carences de l'hygiène publique et des systèmes sanitaires, et la médiocrité des services médicaux. Les coupables : L'indigence, l'analphabétisme, les superstitions, l'alcoolisme, la drogue, les grossesses infantiles, les jeunes mères non mariées, l'inflation, et la corruption, l'indifférence, et l'apathie des régents. Tels sont les démons qui hantent le paradis, car la Grenade est précisément ça, un superbe îlot qui se dresse des profondeurs d'une mer d'un bleu turquoise au sud d'un archipel étincelant surplombé de sommets verdoyants, ceint de rivages dorés, et bercé par les alizés. Et telle est la Grenade vers laquelle les touristes se précipitent. Ils l'envahissent, débarquant d'un jumbo-jet après l'autre, passant leurs vacances dans des hôtels de luxe « tout-compris, » armés de leurs raquettes de tennis et clubs de golf, et d'où ils ne sortiront qu'en quittant le pays sans jamais l'avoir vraiment vu or connu.

— Soyons raisonnable, me dit Trevor Best, l'éditeur de l'hebdomadaire local. La canne à sucre, la noix de muscade et le safran, le rhum et les mélasses, et les courtes visites d'amitié de sa majesté la reine ne suffisent pas. Nous sommes surpeuplés, en déficit permanent, et le Commonwealth qui assume nos dettes est lui-même au bord de la faillite. Nous aurions pu tisser un autre rêve — on a essayé mais les États Unis nous a puni pour avoir tenté le modèle socialiste — et puis nos silos auraient été de toute façon à moitié vides. Alors nous invitons le monde. Et chaque fois qu'un avion atterrit, qu'un paquebot amerrit débordant de fausses blondes et de magnats chaussés en blanc, nous remettons nos visages affables, nos sourires accueillants, et nos voix douces d'indigènes avenants. Le paradis a cette manie, ce talent de camoufler l'indigence, les insalubrités, la décrépitude sociale et politique. Alors ils reviennent. Ils nous envoient leurs amis, leurs parents. Et leur redécouverte du paradis nous garantit un listing dans les guides touristiques ; elle nous permet de hisser notre drapeau. Nous ne pouvons hélas pas nous priver de ces hordes d'intrus à temps partiel. Nos rêves mêmes leurs appartiennent. Si ça continue, nous n'arriverons jamais à apprendre ce que nous pourrions faire sans eux.

Trevor Best avait raison. J'avais découvert le « paradis » dix ans plus tôt en bourlinguant sur un chalutier entre la Barbade et la Grenade. Et tout en me livrant à ses délices dionysiens je m'étais rendu compte que le paradis est un lieu que l'on visite volontiers mais dans lequel ne peuvent vivre que ceux que le sort empêche de quitter.

♦

La directrice du bureau d'information parcouru mon rapport. Elle était furieuse.

— Mais bon sang ! Vous voulez épouvanter nos sponsors ?

— J'ai dit la vérité.

— Justement. Combien de fois vous a-t-on dit de filtrer la vérité et de n'accentuer que les aspects positifs.

— Croyez-moi, j'ai fait de mon mieux, mais la vérité n'a qu'un seul visage, et...

— Menteur ! Vous vous êtes efforcé de peindre un canevas enduit d'obscénités et de sang.

— J'ai peint ce que mes sens ont enregistrés, ce que ma conscience a dictée. J'aurai pu dire beaucoup plus.

— Vous osez me contredire ?

— Si la vérité intimide vos commanditaires, je n'y peux rien. Je refuse de baisser les yeux devant tant d'horreurs, de rester insensible, et de raconter des balivernes.

— Vous ferez ce qu'on vous ordonne de faire !

Je regardai la directrice. Ses yeux saillants étaient striés de rouge. Son visage était cramoisi. Ses lèvres étaient tordues en un rictus menaçant. En un instant d'extrême clarté d'esprit incité par des mois d'indignation, j'éclatai :

— Jamais ! Je fis volte-face, ramassa mon veston et ma mallette, et me dirigea vers l'ascenseur.

— Revenez cet instant, vous m'entendez, hurla la directrice. Comment osez-vous me désobéir ?

— Essayez de m'en empêcher. Je pris l'ascenseur, atterri au rez-de-chaussée, et sorti calmement dans la rue. Je respirai profondément l'air oxygéné du salut. Soutenu par la colère et les ressentiments refoulés, je me laissai emporter par une euphorie qui dura jusqu'au soir. Ce n'est que le lendemain que je compris que le mot qui m'avait affranchi, le mot qui exige une forte dose de courage pour être dit—« jamais »—m'avait livré, une fois de plus, au chômage.

TROISIÈME ACTE

L'ESTUAIRE

LES ENTRAILLES DE XIBALBA

**Les grands obstacles nous mettent en garde.
Les petits aiguisent nos convoitises et nous font tituber.**

Ce qui débuta par une enquête sur les massacres d'enfants de rue sponsorisés par l'état, prépara le terrain pour une étude approfondie d'autres crimes dans l'isthme centre-américain, surtout au Guatemala et en Honduras, tous redevables aux vestiges du colonialisme économique et du matraquage religieux, à la corruption, aux fourberies politiques, à l'apathie, la paresse, et autres indices de décadence. Ce sera pour moi, pendant douze ans, un périple cahoteux sur une route jonchée de pièges et de déboires durant lesquels je m'efforcerai de déterrer des vérités que certains voulaient enfouir à perpétuité et dont d'autres, bien plus nombreux, étaient grossièrement indifférents.

◆

Des brumes de l'antiquité et des profondeurs de la jungle guatémaltèque nous parvient un remarquable document, le *Popol Vuh,* une chronique fragmentaire des allégories, croyances, et attitudes des Mayas. Un poème épique d'une grande richesse lyrique et de mélancolie, le *Popol Vuh* est aussi une évocation des pérégrinations d'un peuple coincé entre les exigences de la survie, l'identité ethnique, et l'autodétermination culturelle.

Les Mayas craignaient la mort et seuls quelques individus exceptionnels, ils affirmaient, peuvent franchir les portes du paradis. Le reste, les indignes, sont expédiés sur-le-champ vers Xibalba, l'enfer Maya, « la Maison des Ténèbres ; » « le Domaine des Fantômes ; » « le Manoir des Damnés ; » un abyme glacial dans lequel des monstres infligent des tourments épouvantables. Quoique les Mayas se donnaient beaucoup de mal à retarder leur chute vers le redoutable gouffre — ils se consacraient à des automutilations grotesques et des sacrifices humains orgiaques — ils se rendaient compte que la vie sur terre est aussi affreuse que celle qui les attend dans les entrailles pestilentielles de Xibalba. Narcissisme, avidité, bestialité, duperies, vendettas, tous se déroulaient dans une incontinence frôlant la psychose. Saignées, guerres, décapitations, amputations, bref, des carnages insensés empoisonnaient une triste existence prédestinée à clore dans les régions ténébreuses où leurs âmes seraient bannies. Craignant tout autant la mort, anticipant l'aube mais dédaigneux des bouleversements dont ils étaient les auteurs, leurs dirigeants convoitaient un réveil spirituel qui n'aurait jamais lieu. Ils glorifiaient des demiurges sourds et muets, et offraient des holocaustes afin d'expier des péchés inexpiables tandis qu'ils condamnaient les masses à une vie de dégradation et de servitude à l'écart d'un élite tyrannique avili par la drogue et les orgies de sang. Occupés à ériger des panthéons extravagants, obsédés par le rang que la postérité leur accorderait, les demi-dieux nihilistes que le peuple était forcé d'idolâtrer, n'étaient pas plus charitables que les seigneurs de Xibalba. Ils les savaient mensongers et malveillants envers leurs sujets, et ils craignaient que leurs caprices et délires mèneraient à des conflits, à la déchéance et, le moment venu, à l'apocalypse.

Peu à peu, les débauches, les narcoses, le mysticisme affecté, et les loisirs hermétiques auxquels se livraient leurs maîtres et seigneurs, scandalisèrent et épuisèrent le peuple. « À quoi sert l'ésotérisme d'un calendrier cosmique aux péons illettrés que nous sommes ? Que faire de l'astronomie et des hiéroglyphes mystérieuses qui tracent leurs exploits ravageurs quand ce savoir appartient exclusivement à nos souverains, » demanderont-ils. Pendant des siècles, le peuple avait été contraint de vivre dans un état d'asservissement ; il trouvait astreignants et crevants l'érection et l'entretien des temples, des autels sacrificiels, et des terrains de jeu où les gagnants vivaient et les perdants mouraient. Les péons avaient marre de soigner les fiefs des castes princières et de payer des tributs exorbitants à des potentats qui se vautraient dans le luxe et la luxure, et qui se moquaient de leurs souffrances. Pendant des siècles, ils s'étaient livrés à la synarchie régnante. Le dard du despotisme et l'ignominie de l'inégalité à laquelle ils étaient soumis, mèneront inévitablement à la révolte. L'étouffante emprise des dirigeants, leur style de vie libre de toute contrainte morale, leur opulence, leur gloriole exigeront un plus grand nombre d'asservis employés à assouvir les besoins d'une minorité oisive et dégénérée. Il est fort probable que ces contraintes causeront des hostilités entre les basses classes et leurs maîtres. La fin de « l'Époque Classique » (aux environs de l'an 900 de notre ère), la période présageant « la chute, » connaîtra un surpeuplement massif, accompagné d'une baisse de ressources vitales paralysantes et de fissures sociales qui eurent un impact profond et définitif sur les Mayas. Ces bouleversements les conduiront aux bords d'un précipice qu'ils n'auront ni les moyens, ni le courage d'éluder. Mortellement blessés, poussés par un élan que l'on peut qualifier de morbide, la magnifique civilisation Maya frémit, figea sur place, et s'éteint. Les circonstances qui mèneront à son ahurissant effondrement ne sont pas encore très bien comprises. La famine, provoquée par le déboisement, le défrichage, les anomalies climatiques, les sécheresses et les inondations, ainsi que les épidémies de maladies contagieuses, la haute mortalité infantile, et le mécontentement envers une ploutocratie de plus en plus distante et insensible, en seront les causes et les séquelles. Elles déclencheront le chaos, la fragmentation, l'anarchie, et la diaspora.

Paru en 2006, *Apocalypto,* le film envoûtant de Mel Gibson, se penche sur quelques jours d'une lutte entre la vie et la mort au début du 15ème siècle quelque part en Mésoamérique. L'extrême violence à laquelle les protagonistes s'adonnent offre un avant-goût des bouleversements que le glorieux empire Maya endurera la veille de son écroulement. Sauvage, hypnotique, cet étrange spectacle transmet un message subtil que Monsieur Gibson, un homme de l'extrême droite politique et religieuse n'aurait pu consciemment insérer dans son film : Il met en garde contre un système de gouvernance féodale rigide et impitoyable qui favorise les riches et les puissants aux dépens du peuple.

Les Mayas pur-sang—il en reste environ quatre millions répandus entre Belize, Guatemala, le Honduras, et le Mexique—vivent dans un état cyclique de sujétion, d'assimilation forcée, et de persécutions aux mains des intrus qui, depuis la découverte du « nouveau monde, » occupent leurs domaines ancestraux. Ils restent suspendus entre deux mondes incompatibles et rivaux : ancien (intime et familier) ; et moderne (déracinant et menaçant). En Amérique Centrale, où le galvaudage et le manque coexistent honteusement côte à côte, et pour la communauté atrophiée Maya, Xibalba est un signe routier coutumier sur un chemin qui ne mène nulle part.

Monsieur Gibson est un acteur et metteur en scène doué. Aura-t-il le courage moral de faire suivre *Apocalypto* d'une séquelle qui reprend la scène finale, alors que les « sauvages » cuivrés et mi nus scrutent l'horizon, stupéfaits et terrifiés, que des voiliers gréés en carré jettent l'ancre dans une baie cristalline, et que des hommes hirsutes revêtus de heaumes et de cuirasses, débarquent de leurs chaloupes en brandissant l'épée d'une main et la croix de l'autre. Est-ce qu'une superproduction Gibson jettera un coup d'œil cinématographique honnête sur les horreurs des Croisades, qui précédèrent le viol des « Indes Occidentales, » et la « Sainte Inquisition, » dont les flammes brûlaient déjà l'Europe quand Colomb posa pied sur les Bahamas ? Est-ce que les luttes intestines de l'ancien monde Maya sont comparables au barbarisme dépravé des conquistadors ?

♦

Les journalistes ne s'intéressent pas seulement aux faits. Un fait peut être l'épine dorsale d'un compte rendu dans lequel figurent les éléments cardinaux : Quoi, qui, quand, où, et comment. Mais il existe un treillage de chair, nerfs, muscles et tendons — le « pourquoi » ou « pourquoi-pas » d'un événement qui exige d'être disséqué parce qu'une telle autopsie rend justice à la vérité. Mettre en relief les détails externes qui influencent l'histoire, pour ainsi dire remuer la vase, est le devoir sacré du journaliste intègre, même si ses dires scandalisent le courant dominant, même si on l'accuse de démagogie et de radicalisme, un étiquetage que les journalistes du courant majoritaire se gardent de se faire attribuer. Un tel manque de fermeté, souvent inspiré par des engagements implicites avec les exigences politiques du moment et non pas par les scrupules, aboutit à des « faits » sélectifs et partiels ou à des inférences qui s'accordent à l'orthodoxie dominante tout en déformant la vérité. Dans un climat de nationalisme outrancier et de ferveur religieuse, cette pusillanimité a tendance à corrompre le journaliste et, par surcroît, à ternir le Quatrième Pouvoir.

Mes douze ans en Amérique Centrale m'offriront d'innombrables occasions d'enfreindre certains tabous ou d'ignorer les injonctions de mes éditeurs de m'éloigner de certains sujets — souvent au péril de ma vie. J'avais depuis longtemps décidé de ne suivre aucun maître : Je ne singerai ni la propagande américaine ni les mensonges des républiques bananières qu'elle avait créées, et je n'obéirai surtout pas aux règlements imposés par certains des journaux pour lesquels je travaillais free-lance. Petit à petit, enhardi par l'acrimonie que mes évocations inspiraient, séduit par l'effet qu'elles auront sur mes lecteurs dans l'Isthme et aux États Unis, je me pencherai désormais sur les aberrances les plus sinistres de l'histoire. L'une d'elle sera la liaison incestueuse entre l'état et l'Église, une grotesque symbiose par laquelle la religion et la politique s'entrecroisent, se confondent, et s'ingèrent. Je scruterai aussi les conséquences déstabilisantes de l'aventurisme américain dans la région. La fourbe hostilité du Vatican envers la Théologie de la Libération, un courant de pensée chrétienne visant à rendre dignité et espoir aux pauvres et aux exclus en les délivrant d'intolérables conditions de vie ; les méfaits de la U.S. Army School of the Americas (SOA), l'école militaire qui produira un grand nombre de dictateurs et de criminels, m'offriront d'autres cibles.

◆

Il est très facile de se débarrasser de quelqu'un. Détruire les rêves populaires exige un plus grand effort mais on peut toujours compter sur ceux qui n'hésitent pas de se salir les mains pour de l'argent, les privilèges, l'influence, et le pouvoir, surtout le pouvoir. Quand les moyens conventionnels — élections, plébiscites, referendums échouent, ou quand le résultat de tels formules démocratiques menacent les oligarques, la SOA, une usine de guerre cachottière et redoutable cantonnée à Fort Benning dans l'état de la Géorgie, se tient prête à fomenter des coups d'état, à ébranler les pays réfractaires, à déposer un dirigeant gênant, voire à l'assassiner, et même à massacrer des centaines d'hommes, femmes, et enfants, comme ses soldats, sous ordres et financement de la CIA, l'ont fait dans le village d'El Mozote en El Salvador, ou d'exterminer des centaines de milliers d'indigènes pendant les épurations ethniques au Guatemala et au Mexique.

La SOA est une école-modèle. Ses instructeurs sont recrutés de la crème de l'établissement militaire centre-américain. Le programme d'enseignement comprend les méthodes de contre-insurrection ; les combats « irréguliers » (la répression) ; services d'information militaire (espionnage) ; interrogations et guerre psychologique (torture) ; embuscades (assassinat à distance) ; raids commando (guerre sale) ; et opérations en jungle (déboisement massif, dressage de pièges meurtriers, et l'emmagasinage de la cocaïne dans des orées impénétrables). Mais les étudiants de cette « école pour assassins » telle qu'elle fut peinte par la presse, ne sont pas entraînés à défendre leurs frontières contre des ennemis étrangers ; on leur apprend à agresser leurs propres compatriotes, à écraser la vérité, à réduire les poètes au silence, à apprivoiser les visionnaires indisciplinés, à museler le clergé activiste, à obturer le syndicalisme, à étouffer les dissidents, à neutraliser les pauvres, les affamés, et les dépossédés, à éteindre les rêves, à irriguer les champs avec les larmes et le sang d'une société captive, et à transformer les protestataires en vassaux dociles — même s'ils en meurent.

« Les diplômés de la SOA, » dira le père Roy Bourgeois, un prêtre Maryknoll américain qui fit deux ans de prison pour avoir lancé des manifestations contre la SOA, « ont invariablement obstrués l'affermissement de la démocratie en Amérique Latine. » Les défenseurs de l'école, récipiendaire d'une allocation de quelques millions de dollars par an, précisent qu'elle est une institution militaire légitime où l'on enseigne les arts guerriers. « Nous ne sommes pas fautifs si un petit nombre de diplômés ont commis des actes déplorables. » D'autres insistent avec encore moins de droiture, que la SOA stimule la démocratie. Ce sont là des cynismes obscurantistes que même le Pentagone refuse d'endosser. Un haut fonctionnaire américain avouera en privé que des anciens élèves de la SOA « manipulent les élections et encouragent la transplantation de régimes réactionnaires dans tous les secteurs des gouvernements centreaméricains. Je doute fort qu'un ou deux trimestres dans une école qui enseigne, entre autres, l'art de dépecer un être humain en moins de temps qu'il m'a fallu pour vous le dire, sont en mesure d'inculquer des principes démocratiques. »

Ce genre d'aveux aurait dû commander l'attention d'un pays qui se prétend le défenseur de la démocratie, surtout quand la lumière, le désinfectant le plus efficace contre la corruption et l'incompétence, est obscurée. Il n'en fut rien. Entre temps, une démarche sans précédent conçue à calmer un grand nombre de détracteurs, peut-être afin de détourner l'attention d'une CIA embourbée dans des controverses qui firent parler d'elle, le Pentagone, mine de rien, publia sept manuels d'instruction de la SOA. La levée du secret de ces documents mit fin à des années de conjectures quant aux objectifs pédagogiques de l'école. Elle mit aussi en relief le lien direct entre le programme éducatif de la SOA et les atrocités dans lesquelles un grand nombre de ses meilleurs élèves furent impliqués durant les guerres sanglantes des années 1980. C'est dans un langage dépourvu d'ambiguïté ou de paradoxe que l'abécédaire enseigne comment torturer et exécuter des guérillas ; payer des primes pour chaque cadavre ennemi ; motiver les masses par la peur et le chantage ; intimider la presse ; séquestrer les réfractaires et leurs familles ; subvertir et apprivoiser les populations rurales ; et faire des piqûres de sodium pentothal — le sérum-vérité — afin de forcer des confessions ou d'arracher des renseignements. Le Pentagone, on pouvait s'y attendre, n'offrit ni explication ni excuse. Déjoué, la SOA s'innocenta à son tour. Elle continue à se cramponner à une évocation révisionniste de la réalité qui va au-delà d'une amnésie sélective ; elle s'exonère en justifiant son existence.

♦

Ce n'est qu'après quelques mois de pourparlers par l'intermédiaire d'un de mes informateurs en Honduras, qu'un ancien élève de la SOA consentit d'être interviewé. Notant n'avoir reçu qu'une formation militaire « classique, » il refusa de parler des manuels. Et vu que les sinistres exploits de la SOA avaient été copieusement exposés par la presse, j'avais consenti à contrecœur de ne pas me pencher sur les détails compromettants de sa carrière militaire. C'était ça ou rien.

Le lieutenant-colonel (retraité) Roberto Nuñez Montes, ancien chef des services secrets, sera cité par un comité de surveillance pour avoir dirigé un raid par effraction sur le domicile d'un parlementaire hondurien. J'apprendrai par la suite qu'un de ses complices, le feu colonel Lionel Gutierrez, lui-même un diplômé de la SOA, était le frère aîné du propriétaire de *Honduras This Week*, l'hebdomadaire hondurien de langue anglaise, maintenant déchu, qui diffusa plusieurs de mes reportages. Quoique Nuñez sera plus tard inculpé d'autres crimes, les indices fournis par mon informateur étaient maigres. Ce que notre entretien, enregistré et dégarni de menus propos, manque en détails compromettants sera amplement équilibré par la candeur, les féroces convictions de Nuñez, et une rhétorique ancrée dans l'inflexible doctrine martiale du soldat de carrière. Ses propos offriront un âpre aperçu de l'âme militaire, de l'humeur, de l'héritage, et des contradictions engendrées par la paranoïa de la guerre froide.

— Parlez-moi d'abord de vos instructeurs.

— Les cours d'officier étaient donnés par des anciens élèves de la SOA.

— De quels pays venaient-ils ?

— Pérou, Argentine, Colombie, Guatemala, Honduras, Bolivie, Panama.

— Vous a-t-on jamais parlé des droits de l'homme ?

— Je ne m'en souviens pas.

— Croyez-vous que certains de vos compagnons d'armes auraient pu commettre des atrocités ?

— *Atrocités ?* Les adversaires nomment les éléments techniques de leurs opérations militaires différemment. Ce que certains appellent des atrocités, d'autres considèrent comme une nécessité stratégique militaire, un pis-aller.

— *Opération militaire ? Pis-aller ?*

— Oui. Nous étions en guerre.

— Contre vos compatriotes ? Contre des civils ? Vous n'étiez pas en guerre avec un autre pays. Vous ne repoussiez pas une invasion de l'extérieur.

— Les civils subvertis par des influences externes sont capables de détruire un pays.

— Des vieillards, des femmes, des enfants ?

— Ils faisaient tous partie d'une cabale communiste.

— Vous êtes convaincu que les jeunes prêtres, les instituteurs, les étudiants, les campagnards, les journalistes, et les syndicalistes qui furent égorgés étaient des communistes, ceci afin de justifier...

— C'est exact ; des communistes ! Ils menaçaient l'ordre public et la sécurité nationale et régionale et...

— Ceci afin de justifier le meurtre de religieux, d'enseignants, de travaillistes parce que leur altruisme se heurtait aux intérêts de la ploutocratie minoritaire ?

— Et alors ?

— Afin de justifier le viol et l'abattage de nonnes qui enseignaient des enfants à lire et écrire, afin de légitimer la « disparition » de milliers de civils, de blanchir l'assassinat d'un archevêque et de six Jésuites qui défendaient les impuissants et les sans-voix ?

— La guerre se moque du renom, des titres. Ils étaient tous des sales communistes. On aurait fait de même s'il s'agissait du Pape. Ils méritaient tous d'être exterminés.

— Ou de larguer des gens d'un hélicoptère à plusieurs centaines de mètres du sol ? Ou de réquisitionner des résidences privées et de les transformer en chambres de torture ?

— Oui, oui, oui. Folie ! Personne ne prétend que la guerre est belle. Nous n'avions pas d'autres moyens. On ne doit se poser qu'une seule question morale : Que pouvait-on faire dans les circonstances du moment, et non pas qui l'a fait ou comment. Beaucoup de bonnes décisions sont prises pour des mauvaises raisons et beaucoup de choses nocives sont promues avec les meilleures intentions.

— Les bonnes intentions et l'inébranlable conviction dans la vertu d'une cause n'attestent pas à leur intégrité.

— C'est aux philosophes de s'en mêler, pas aux soldats. En fin de compte, il faut aussi se demander à quel point les actions militaires d'un pays endetté sont stimulées par les objectifs de son créancier.

— Si je vous comprends bien, un pays, disons le Honduras, dont la survie dépend d'une superpuissance, disons les États Unis, ne peut jamais être libre.

— C'est une façon de le dire.

— Est-ce que la démocratie règne de nos jours en Honduras ?

— Pas du tout. Ce que nous avons est une société amorphe gérée à l'improviste, un gouvernement dépourvu de conscience communautaire, une nation incapable d'avancer une doctrine intégrante, un pays qui manque de savoir-faire et qui a perdu de vue ses priorités. Plus la situation est grave, plus il s'enlise dans l'inertie. Quand tout devient essentiel, rien ne l'est plus.

Nuñez décèle partout des complots aussi « vastes et funestes » que ceux qui mirent feu à la région dans les années 1980. Son optique, obstinément énoncée et minoritaire, ne saisit que les rêveries nostalgiques d'un vieux guerrier. Il se réjouit que ses anciens camarades soient libres, qu'ils se prélassant au soleil comme des iguanes en compagnie d'expatriés américains impliqués dans les tueries qu'ils commandèrent ou auxquelles ils participèrent, leur retraite en Amérique Centrale, aux Antilles, et même aux États Unis subventionnée par ceux qu'ils obéirent, qui les aidèrent à échapper aux lacets de la justice ou à obtenir des hautes fonctions. Nuñez savoure aussi la triste ironie que les peines exigées par un petit nombre de députés américains pour ceux qu'ils reconnurent coupables de crimes contre l'humanité ne seront jamais imposées.

Ceux qui plaident en faveur de la « vérité » dans l'abstrait tout en protégeant les coupables font preuve d'hypocrisie et de bassesse. Cet artifice suggère qu'au nom d'une « réconciliation nationale » les victimes du barbarisme doivent non seulement oublier les outrances du passé, ils doivent à tout prix faire semblant qu'elles n'ont jamais eu lieu. Le Honduras est un pays qui a joyeusement collaboré avec les États Unis, témoigné d'une expertise criminelle sans précédent, et qui insiste à s'absoudre en exigeant que le peuple se soumette à une amnésie collective. C'est là que fut fondé le Bataillon 3-16, l'escadron de la mort financé par la CIA, composé d'anciens élèves de la SOA, et dont l'occupation principale était l'assassinat politique.

— Oublions le passé, Nuñez plaida quand nous nous quittâmes. Les morts sont enterrés et les égorgeurs sont des vieillards. Jusqu'à quand devons-nous régurgiter les maux de l'histoire ?

— Vous-rendez-vous compte du diabolisme de votre argument ? J'ai survécu le Shoa ; mais plusieurs membres de ma famille et quelques millions de leurs compatriotes sont morts bien avant de connaître la vieillesse.

— Vous avez raison. Mais nous avions un travail à faire. Nous avions nos ordres. J'avais entendu cet ignoble plaidoyer pendant le procès de Nuremberg et plusieurs fois depuis un peu partout.

— Y avait-il des assassins parmi vous ?

— Je répète, nous avions nos ordres.

Un menteur méticuleux dit des mensonges croyables ou indétectables. Seul un cynique dit des mensonges absurdes.

LA RELATIVITÉ REMÉMORÉE

Il y a des hommes qui n'ont pas de visage...
Ils errent comme des fous.
Le Popol Vuh

Séparés par trois siècles, le philosophe Baruch Spinoza et le physiciste Albert Einstein se prononcèrent sur la relativité, le premier en explorant le domaine ontologique, le second en postulant des lois cosmiques immuables. Ils aboutirent à des conclusions analogues, parmi elles la constatation que ce que nous percevons dépend de notre point de repère. Je me souviens d'une histoire que mon père m'avait racontée quand j'étais encore enfant. Il l'avait préfacée en disant que ceux qui manquent d'imagination sont incapables de distinguer toutes les facettes dont la réalité est parée ; ils n'en voient qu'une seule — celle qui leur convient. La provenance de cette histoire m'échappe mais la leçon qu'elle diffuse donne à la relativité un aspect plus « vécu » que le rationalisme religieux de Spinoza ou les théorèmes ahurissants d'Einstein.

Venus d'une planète lointaine, des voyageurs visitent la Terre. Ils sont conduits vers un magnifique palais. Introduits dans les appartements du roi, ils remarquent que des gens se prosternent devant lui, qu'ils posent leurs fronts sur ses robes dorées et baisent ses pieds. Fort émus, les navigateurs extraterrestres infèrent par ces gestes d'adulation que leur hôte est sûrement un grand personnage, un bienfaiteur aimé de tous, peut-être même un saint ; autrement pourquoi feraient-ils preuve d'une telle servilité ? Les voyageurs sont ensuite invités à visiter une mine de charbon. Là, ils voient des pauvres êtres au visage noirci qui peinent de l'aube au crépuscule dans la suffocante obscurité des profondeurs stygiennes. Assurément, ils se disent, ces hommes sont des malfaiteurs ou alors ils n'auraient pas été condamnés à cette lamentable existence.

Les connaissances humaines, nous dit Spinoza, ne sont pas toujours ancrées dans la réalité. Il suggère avec une subtilité rationaliste qui n'échappera pas à *l'Index Librorum Prohibitorum* où ses œuvres seront consignées, que le caractère et la structure de la réalité dépendent non seulement de notre point de repère, mais des croyances d'occasion que nous adoptons (ou contre lesquelles nous sommes acculés) et qui l'estompent. Einstein ira plus loin. Il proposera que la réalité est non seulement ce que le « soi » perçoit mais que l'action même de la scruter la transforme. J'aurai bientôt l'occasion de vérifier cet étrange phénomène, non pas dans la parfaite géométrie du cosmos, ni dans les dédales de la logique cartésienne, mais dans deux régions à la fois hostiles et attenantes, un endroit où le référent et son sens ne peuvent être séparés, où nulle distinction ne peut être faite entre ce qui « est » et ce qu'il « signifie. »

Un jour, de passage au Guatemala, j'assiste à une réception dans un hôtel de luxe. Je rencontre des dames embijoutées et peinturlurées afin de camoufler les ravages d'une vieillesse prématurée. Je serre la main de gentilshommes suffisants, parfumés, brillantinés, et affublés de tailleurs croisés, de cravates en soie, et de chaussures en peau de crocodile. J'échange des platitudes et souffre le badinage sirupeux entre ceux qui étaient venus pour être vus et ceux qui insistaient à être entendus, tous joutant afin d'attirer l'attention de gens qui ne faisaient attention qu'à leur propre personne tandis que des bons crus et des amuse-gueules voyageaient d'un bout à l'autre de la grande salle sur des plateaux en argent charriés par des laquais gantés de blanc. Tant de richesse et d'ostentation, je remarquerai, dans un pays aussi pauvre, doivent être l'apanage même de la vertu, de l'incorruptibilité.

Tôt le lendemain matin, alors que j'explorais les bas-quartiers de la ville, là où les incorruptibles ne s'aventurent jamais, je rencontrai des enfants à demi endormis qui tiraient des charrettes éclopées, des paysans trempés de sueur entassés comme des sardines dans des mini-camions crachant des jets de fumée noire, et à moitié ensevelis sous les biques, les pourceaux, la volaille, et les légumes qu'ils transportaient depuis leurs hameaux lointains. Assis contre un mur dans la suffocante pénombre d'une bâtisse abandonnée des jeunes garçons en guenilles inhalaient de la colle pour mieux échapper à une réalité qu'ils étaient contraints de vivre. Plus loin, allongée sur une litière de haillons crasseux près du caniveau où coulait un ruisseau d'eau d'égout, une femme somnolait, un nourrisson à son sein tandis qu'un enfant plus âgé essuyant sur sa manche un nez qui ne cessait de couler, gémissait lugubrement. Et quand j'atteignis le *Basurero,* le tentaculaire dépotoir municipal sous le bleu d'un ciel limpide assombri par des escadrilles de vautours, j'ai vu des tout petits fourrageant des amas d'immondices. Au fond du ravin, ensevelis jusqu'aux genoux dans des ordures fumantes, se disputant avec les odieux charognards, des gamins fouillaient la fange comme si elle recelait des trésors. Me trouvant dans cette réalité jusque-là inconnue, je me demanderai quels pêchés monstrueux cette masse humaine aurait pu commettre pour mériter un tel sort. Voletant sur les ailes d'un coup de vent soudain, une serviette en papier froissée et barbouillée de rouge à lèvre atterrit à mes pieds. Je reconnu le monogramme doré de l'hôtel où la réception avait eu lieu la veille. J'ai failli hurler.

De retour sur l'élégante *Avenida Reforma,* je rencontrai un fantôme sans nom. Les sans-foyers sont privés d'une identité. La folie, dans son cas, avivait l'éloignement, l'anonymat. Elle n'avait pas de nom et elle passerait d'un bout à l'autre de cette dimension et de cette vie inconnue, inaperçue, oubliée. La démence et l'amnésie l'avaient arrachée des griffes de la réalité. Et pourtant elle était réelle, vexante, le symbole et victime de la société qui l'avait enfantée. Évitée, détestée, elle inspire le dégoût, non pas la pitié parce qu'elle se montre impénitente, défiante dans son grotesque palais de carton, parmi les débris de ferraille qu'elle collectionne, les déchets dont elle se nourrit, les souvenirs inutiles qui la hantent peut-être encore. Près d'elle, intemporelle, édentée, devenue sauvage et folle, trop folle pour ériger son propre asile, sa compagne se berçait de droite à gauche, en avant et en arrière, ou piquait un somme agité sur le trottoir. Secouant une longueur de tube en caoutchouc ou un vieux manche à balais, elle harcelait les passants et les spectres, un poing décharné levé contre la circulation et les taquineries des enfants, frappant le sol sous l'empire de la colère, confuse, exaspérée, crachant sur les badauds, lançant un torrent d'invectives. Parfois la rage se levait comme une flamme et les larmes inondaient son visage raviné par l'âge, l'indigence, et le désespoir. Et puis elle se calmait, se rebranchait momentanément sur l'univers qui l'entourait, et reprenait sa veillée ahurie et muette, son regard éteint perdu dans le vide.

Un beau matin, la police arriva sur les lieux et démolit la charpente de papier, ficelle, et toile de plastique que sa compagne avait érigée. Les deux femmes se défendirent férocement mais les représentants de l'ordre prévalurent. Les décombres de leur fragile demeure furent emportés. On leur accorda la permission de continuer à vivre sur le trottoir et de se débrouiller pour le reste.

Le long du chemin, au bout de l'étroite ruelle qui côtoie les flancs d'une église, un homme sans nom ou âge se tordait violement sous l'effet de stupéfiants. Il bavait, ses yeux fulminaient d'une colère née de la déraison. Il s'écroula au sol et poussa des cris terrifiants. Se vautrant dans les ordures, il s'attaqua aux démons qui le tourmentaient et failli se faire écraser par une voiture. Blottis l'un contre l'autre, sains et saufs dans leurs bancs d'église, les fidèles assistaient au grand spectacle de la messe de midi. *Dominus vobiscum*, psalmodiait le prêtre. *Et cum spiritu tuo*, les fidèles répondirent, inconscients de l'impiété et des monstruosités qui les entouraient.

Au coin, un groupe d'estropiés exhibait leurs grotesques infirmités tandis que des piétons, distraits sinon insensibles, les enjambaient et poursuivaient leur chemin. En face, une jeune fille nourrissait au sein son nouveau-né pendant que trois fillettes, chacune conçue par un autre père, apprenait le métier de mendiant.

Qui sont les fous, je m'entendis dire une fois de plus, et qui sont les pauvres d'esprit qui hériteront le royaume de « Dieu ? » J'appris peu après que les cadavres de trois enfants de rue venaient d'être découverts tout au fond du *Basurero*. Ensanglantés, méconnaissables, ils avaient été ligotés, bâillonnés, et abattus. J'apprendrai le même jour qu'un garçonnet de douze ans — on ne lui en aurait donné que six — avait été battu à mort par quatre gendarmes, parmi eux une femme, parce qu'il inhalait du Résistol [*une marque de colle industrielle toxique fabriquée et commercialisée en Amérique Centrale par la compagnie américaine, H. B. Fuller*].

La seule chose qui sépare « Dieu » de sa création est une perspective divergente de la réalité. La relativité les empêche de changer de place, de se tolérer, de se comprendre. Sur la planète Terre, où le paradis et l'enfer coexistent, la vertu et le mal sont moins nettement circonscrits. Pour les riches, les puissants, et les favorisés, la vérité n'est que le plus convainquant d'une série d'opinions contradictoires ou incompatibles. Pour les pauvres d'esprit, les sans-voix, les esseulés, la vérité, tout comme la relativité est un paradoxe inutile. Ce qui reste c'est l'univers, indifférent et aveugle, et l'ensemble des intérêts de l'assise politique dominante.

À QUEL PRIX LE SILENCE ?

On décortique le mal, souvent pour le justifier.

C'était pendant une courte visite à Paris, tandis que je regardais longuement le bâtiment Haussmannien où j'avais fait mes études de journalisme quarante ans plus tôt, que je me souvins de l'homélie du président de l'École. J'étais alors un jouvenceau, un reporter en herbe armé d'une présomption de talent et un semblant d'attirance envers le journalisme affûté par un caprice irréfléchi, non pas par la raison.

J'étais venu en France, croyant pouvoir aérer la puanteur qui adhérait à mes pores, étouffer les hurlements de colère qui brûlaient ma gorge, peut-être même ranimer dans la ville où j'étais né et que je ne cesserai jamais d'aimer, l'idéalisme romanesque qui m'avait soutenu dans mes moments les plus difficiles. Alors que Paris s'épanouissait devant moi comme un bouquet de fleurs printanier, je me rendis compte que j'avais été souillé par les horreurs dont je fus témoin et que j'étais tenu de dévoiler, avili par les causes sans espoir dont je me fis le champion et dans lesquelles je m'étais enchevêtré. Les obscénités devant lesquelles j'avais reculé seraient atténuées par la distance, calmées par la beauté de Paris et la douce senteur de muguet dont mes souvenirs de jeunesse furent imprégnés. Mais le malaise persista.

> « *Si tu veux bien le dire, ne dis rien,* » conseille le penseur. « *Si tu veux mieux le dire,* » l'homme d'action contrecarre, « *dis-le à haute voix.* »

Quelques semaines plus tôt j'avais interviewé le maire de Tegucigalpa, le récemment élu et populaire César Castellanos, un homme massif dont l'énergie et les idées innovatrices égalaient son embonpoint. La capitale hondurienne était pleine d'espoir. Et puis l'ouragan *Mitch* et un « accident » d'hélicoptère qui puait la négligence criminelle, sinon pire, mirent fin à cet espoir. L'homme sur lequel le Honduras comptait pour les présidentielles prochaines, *El Gordito*, comme on l'avait tendrement surnommé, était mort et ses idées et l'enthousiasme qu'il avait inspiré moururent avec lui, terrassés par le cataclysme et submergé sous un raz-de-marée d'inertie collective.

Un mois plus tard on tirait encore des cadavres à moitié ensevelis dans la bourbe et recouverts de mauvaises herbes. Tournoyant dans le ciel, une escadrille de vautours visait leur prochain repas. Les plus affamés descendirent en pique et se ruèrent au sol. D'autres attendaient leur tour, perchés sur les toits ou au faîte des arbres que la tempête avait épargné. La tempête qui s'abattit sur le Honduras, un pays affaibli par une nature impitoyable et accablé par un climat d'incompétence et d'inertie politique tua dix-huit mille personnes et fit plus d'un million de sans-abri.

Au *Parque Central*, un microcosme incrusté de guano et un symbole des contradictions qui incarnent le Honduras, se rassemblaient les désœuvrés. Ils y venaient pour exalter l'indolence à l'autel de l'ennui, pour endurer la banalité de leur vie, pour tuer le temps, pour se gaver de cacahuètes, de glaces, de confiseries, et de mangues vertes saupoudrées de sel et arrosées de limette, pour acheter des billets de loterie, pour regarder bouche bée des clowns sans talent et des jongleurs maladroits, et pour écouter d'une oreille distraite les sermons d'évangélistes ambulants et les menaces apocalyptiques d'un fou. Croyant que le salut se transmet par osmose, des hordes de mendiants, d'estropiés, d'ivrognes, de clochards, et d'écœurantes putains y passaient des heures. Manchot, une de ses ailes depuis longtemps démantelée, privé de sa lance, Saint Michel, le chasseur de dragons, se tenait au-dessus d'une fontaine asséchée, fixant de son regard morne une bête qui ne saurait mourir, tandis que les cireurs publics astiquaient des chaussures qui ne sauraient rester propres. Accoutumés aux

Jeu de Rôle

désastres--les honduriens les qualifient d'actes « divins, » ils se croisent au lieu d'être écœurés par les conséquences prévisibles de leur propre manque de prévoyance. Après tout, qui oserait intenter un procès contre « Dieu » ?

— C'est une question de culture, César Castellanos affirmera quelques jours avant de mourir quand l'hélicoptère dans lequel il inspectait les ravages de Mitch s'écrasa mystérieusement au sol. Mon peuple, que le Seigneur le protège, est incorrigible, il dit, levant les sourcils et haussant les épaules. Nous avons besoin de réformes radicales mais mes compatriotes n'ont pas la notion de l'urgence. Ils sont méfiants. La méfiance invite l'inertie. Les dirigeants qui tiennent leurs promesses déconcertent les électeurs. De plus, vous nous empêchez de gérer notre destin, il ajouta sans rancune. Par « *vous*, » il voulait dire les américains.

Dans la confusion générale, une poussée d'activité commerciale effrénée inattendue avait donnée à Tegucigalpa un air trompeur de rénovation urbaine. Alors que les bidonvilles poussaient comme des verrues purulentes sur les collines avoisinantes, on venait de construire un autre hôtel de luxe, cette fois-ci à deux pas du palais présidentiel—on se demandera pourquoi, et pour qui ; les touristes évitaient le pays comme la peste.

— Nous vivons avec une réalité que nous n'avons ni le courage, ni la volonté de retoucher, observa le chauffeur de taxi qui me conduisit à l'aéroport et jeta une peau de banane par la fenêtre.

C'est sur ce fond de chaos imputable à l'incompétence colossale des gouvernements régionaux, la corruption générale, l'indifférence chronique du peuple et son dédain envers les lois, que j'avais mis le cap sur l'Amérique Centrale, d'abord au Guatemala, ensuite en Honduras. Dans les sociétés ouvertes, une presse libre est à la fois un atout et un animateur de la démocratie. Dans certains pays on la craint—et on la met en muselière—car elle dénonce soit les dérives du capitalisme, de la dictature, ou d'une théocratie étouffante, et ses inculpations sont susceptibles de nuire aux oligarques. Ce phénomène a engendré dans la presse un autoportrait qui la prédispose soit au silence ou à la connivence. J'appelle un pays qui contrôle ou intimide ses médias en les obligeant de se censurer ou de se taire un nid de gangsters.

♦

Fixant longuement mon ancienne école, me souvenant des leçons apprises dans sa grande salle d'étude et, plus tard durant mes sorties en Amérique Centrale, je me rappellerai que c'est dans la censure que les semences du soupçon, de la peur, et du mécontentement populaire s'enracinent. Et quand la vérité est sacrifiée au profit de certains intérêts politiques et économiques, les conséquences sont incalculables. Le philosophe espagnol, Miguel de Unamuno (1864-1936) l'a bien dit : « *Se taire, c'est mentir.* » Se taire est aussi une forme de complot, une incitation au meurtre. Un journaliste est pourvu de ses mots. Ses adversaires—un triumvirat d'intérêts collusoires—sont équipés d'armes à feu braquées sur la vérité: ceux qui prétendent gérer l'économie mondiale en établissant un « ordre nouveau » fictif et élitaire au sommet ; ceux qui visent à installer des empires coloniaux rentables au milieu ; et bien au fond de ces structures vampiriques, les régimes politiques réactionnaires et dociles des pays débiteurs qui bavent comme les chiens de Pavlov quand leurs créanciers sonnent la clochette de l'aide étrangère. D'autres disent que les mots « persistent. » Cet énoncé n'est valable que *sui generis*. Les mots *persistent* sur la page imprimée mais ils ne *prévalent* pas. Bien au contraire, ils laissent traîner derrière eux un fouillis de rhétorique qui n'a jamais su corriger la nature humaine, dompter les passions, ou maîtriser la haine, enrayer la violence. Ni l'affirmation de Nietzsche que « Dieu est mort, » ni les satires de Lucien de Samosate ou l'athéisme assertorique de

Rabelais, Kafka, Camus, Sartre, Rushdie, et Dawkins, ont réussi à détourner les hommes de leurs obsessions religieuses, et pas plus que les Dix Commandements parviendront à supprimer le mal. Certaines illusions et certaines horreurs sont au-delà des mots.

Face aux horreurs, un idéalisme en déclin produit une toute autre amertume que l'on ressent au plus profond de son être. Pendant des années j'ai cru que le seul moyen de pécher par excès de prudence au nom de la justice était de me ranger du côté des victimes de l'injustice — les vaincus, les exilés, les avilis, les persécutés, les oubliés. Dans les prisons. Devant les charniers et les sépulcres hâtivement creusés. Là où la voix des dissidents est noyée dans un maelstrom de mensonges. Parmi les os que l'on trouve encore sur les champs de bataille. Pogromes, exils, invasions militaires, tortures, ethnocides : Ils furent tous estompés, ensevelis sous cette tempête ininterrompue d'agonies humaines. Les images choquantes diffusées aux heures de grande écoute de l'inhumanité de l'homme envers les hommes ne mentent pas. Le monde, les bulletins d'informations nous redisent, est un cloaque dans lequel nous pataugeons, enfoncés jusqu'au cou, dans le sang des martyres. À table, en famille, nous les regardons mourir ou disparaître comme des fantômes. « Le passé est prélude, » nous déclarons d'un ton altier tout en continuant nos agapes tandis que nous nous perdons dans le spectacle envoûtant que nous propose la télé. Notre psyché fragile et surmenée nous force de glisser sur l'histoire — les Croisades ; la « Sainte » Inquisition ; les conquêtes ; le Shoa ; l'extermination des peuples autochtones de l'Amérique ; l'esclavage ; le massacre de plus d'un million d'arméniens ; le Biafra ; les ossuaires du Cambodge ; les carnages intertribaux entre Hutus et Tutsis ; les bains de sang dans le Chiapas et les jungles du Guatemala ; les égorgements du Bataillon 3-16 hondurien ; les spasmes de violence auxquels s'adonnent israéliens et palestiniens ; les guerres en Irak, Syrie, et

Afghanistan ; les ateliers clandestins où les gosses et les femmes sont exploités ; le meurtre dévergondé des enfants de rue.

Où était « Dieu » ?

La géographie, les différences raciales, les incongruités culturelles, toutes nous permettent d'intellectualiser la souffrance des autres. Nous la supportons en chassant sommairement de notre esprit les images que ces infamies évoquent. « On ne peut changer la nature humaine, » nous pontifions, alors que nous prenons le dessert. À la rigueur, une sitcom sotte à en pleurer nous mettra à l'aise. Nous survivons la vérité en regardant ailleurs.

Le gros capital d'idéalisme que j'avais investi pendant ma chasse aux vampires avait depuis perdu sa valeur. Cette lassitude n'avait pour cause ni un manque d'énergie ou d'engagement envers la justice ; elle procédait d'un côté de mon agacement envers un peuple handicapé par la peur et l'inertie, et de l'autre de la hargne que j'éprouvais envers ceux qui en profitent. J'avais passé douze ans à faire la guerre des autres comme si elle était la mienne. Mon activisme, les risques que j'avais pris en agitant la conscience populaire m'avaient épuisé. Peu à peu, j'avais compris que je me battais contre une formidable hydre : les séquelles de la *conquista* ; une dynastie de kleptocrates — une dizaine de familles de barons pillards qui ne cessent de s'enrichir ; une gouvernance maladroite, pourrie, et despotique ; et un peuple indifférent à son propre sort. J'avais aussi admis que ce peuple est incapable de s'émanciper, qu'il ne se révolterait jamais, ni dans les rues, ni aux urnes. Telles sont les conséquences d'une courte mémoire et d'une faiblesse de caractère. Craignant les mutations tout autant que le statut quo, déconcerté par la vaine promesse de réformes insignifiantes, le peuple continuera à être séduit par l'écho de vieux slogans au lieu d'être ranimé par leur triste réalité. Passif, docile, le peuple centre-américain ne se penche pas sur le passé. Il est trop occupé à exister, à se nourrir, et à procréer comme des lemmings pour se rendre compte qu'on l'emmène à l'abattoir, et qu'il sera dévoré par les bergers auxquels il a confié son existence. Apathique, sinon inerte, il s'acharne à élire des nullités dont le seul talent est de remuer l'espoir messianique populaire et de polir leurs prochaines allocutions au lieu de torcher la merde que leurs prédécesseurs avaient créé et qu'ils s'étaient engagés de faire selon leurs discours antérieurs. La majorité se contentera de se cramponner à des slogans. Aux urnes, il n'y aura pas de surprises. Les électeurs voteront pour le « moins-pire » tout en espérant pour le mieux. Les convictions sont facilement subverties par la conformité. Tout en cherchant à blâmer quelqu'un pour sa souffrance, le bon peuple centre-américain exorcise et innocente ses bourreaux. Ce n'est plus un rôle ; c'est un instinct.

♦

Que reste-t-il de l'idéalisme, du zèle, et de l'élan qui m'avaient jadis inspiré ? Pourquoi ce dégoût, cette amertume, cette décevante indifférence ? Est-ce l'âge ? La surprenante découverte que j'avais hurlé dans les oreilles des sourds et gesticulé devant des aveugles ? Que mes exposés n'avaient touchés personne, n'avaient rien changé ? Était-ce la misère noire, l'omniprésente saleté, les amoncellements d'ordure, les inébranlables ploutocraties, et la corruption effrénée de pays tellement dépourvus d'amour-propre, d'ambition, et d'initiative qu'ils se roulent dans leur propre excrément et qu'ils continuent à sourire ? Était-ce peut-être la sensation surréelle que tout ce que j'avais dit, écrit, et fait était en vain ?

Tout passe, tout casse, tout lasse. « *Blanchi par mes travaux guerriers,* » blessé et scandalisé, je posai mes armes. Les lois de la nature sont immuables : Il y a ceux qui mangent et ceux qui sont mangés. J'avais eu marre de trier parmi les hécatombes. Enfin de retour chez moi, décrassé et bien reposé, et ayant hâte de les dépister, je découvrirai d'autres saloperies et le prétexte de pousser un vivat final d'inimitié, un dernier accès de furie contre les pouvoirs établis, et qui me vaudront le vitriol, la censure, et les formes les plus subtiles de réprimande et de désaffection, cette fois-ci non pas dans un coin perdu du tiers-monde mais dans le royaume mythique, le « home des libres et des braves, » le fief du Grand Maître de la décadence et de la supercherie, le *capo di tutti capi,* les États Unis d'Amérique.

Jeu de Rôle

QUATRIÈME ACTE

EN PLEINE MER

Jeu de Rôle

MIDI À QUATORZE HEURES

**L'écrivain passe la moitié de sa vie à tisser des rêves,
le reste à s'en souvenir.**

En aval, là où leur voyage tire à sa fin, les rivières se parent d'une certaine majesté. Mais sous leurs eaux vitreuses, les tourbillons limoneux frémissent nerveusement. C'est ici que la mémoire d'une genèse lointaine se pose et s'enfonce dans un état de dormance artificielle en attendant que le courant les libère et les conduise en pleine mer. Amateur d'allégories, je saisi la métaphore ; la brièveté du temps me stupéfie. « Le temps, » a dit le physicien américain, John Archibald Wheeler (1911-2008) « est ce qui empêche le tout de se dérouler instantanément. » C'est la perspective d'un optimiste. Le temps est un voleur : il reprend tout ce qu'il donne et s'enfuit.

♦

Ayez pitié du diariste. C'est un esprit qui erre à la recherche d'un moi qui le devance. Évoquer le passé c'est se détacher de la réalité qu'il représente, de contourner un domaine vaste et illimité où les monstres, mythiques et réels se cachent. La traversée est bourrée de dangers ; le cap—inexploré. C'est le caractère fondamental de ces épopées qui oblige ceux qui s'embarquent sur leurs ailes de mousseline à se demander, tôt ou tard, s'il valait la peine de quitter le foyer, de risquer l'inconnu. Car las et désorientés, ils concluront en faisant escale, comme je le fis en débarquant en Amérique, qu'ils n'avaient eu aucune raison d'entreprendre un tel voyage.

Influé par l'inquiétude de mes parents—ils craignaient qu'on m'envoie faire la guerre en Algérie où plus de vingt-cinq mille français furent égorgés— poussé par la curiosité et inconscient des conséquences que mes actions pourraient entraîner, j'avais fait l'impensable : J'avais traversé l'Atlantique, non pas pour éviter le service militaire ou pour faire fortune, mais — je m'en rendrai compte plus tard — afin de sonder les séquelles qu'une telle expédition pourrait infliger. En y pensant, j'aurai pu plaider mon cas et rester en France. Mais, insuffisamment scrutés, trivialisés par l'immaturité, et refoulés par l'amour du voyage, les arguments qui me revinrent plus tard par esprit d'escalier s'étaient tus à l'époque. J'étais encore incapable de suivre mes idées jusqu'au bout ; elles seront sapées par l'impatience, érodées par la hâte, et minées par l'irrésistible envie de me trouver là où je n'ai encore pas mis les pieds. Curieux, nerveux, j'avais passé mon enfance à explorer l'univers qui m'entourait et je m'étais retrouvé majeur, sinon éclairé, tentant le diable, taisant mes doutes et mes craintes, et payant le prix fort d'une expatriation involontaire suivie de mon service militaire dans la marine américaine, de mon premier mariage, du calvaire de la discorde conjugale, de l'adultère, du divorce, et de la dépression. Je sauterai d'un emploi à l'autre — quelques dizaines en soixante ans — la plupart abrutissants, deux ou trois qui me conduiront autour du monde tandis que je courrais après ma queue en quête du Nirvana.

À la fois sinistre et séduisante, New York, la fabuleuse mégapole que je calomniais ouvertement et adorais secrètement, témoignera de ces épreuves avec une désinvolture qui inspira d'autres calomnies tout en affûtant le béguin. J'en veux à New York d'avoir rendu mon exil étrangement supportable au début. Et je me reproche d'avoir été grisé par son chant de sirène alors que je passais des années à parcourir ses vastes labyrinthes. J'aurais dû déguerpir quand j'en avais l'occasion une soixantaine d'années plus tôt, ou me rendre à elle corps et âme.

Tant de choses s'étaient passées depuis mon arrivée en Amérique. Mon oncle avait réussi à s'échapper de la Roumanie après avoir été rayé du barreau par un régime « communiste » plus voué à dévaliser les classes privilégiées qu'à la justice. Installé à Paris, il devint écrivain et critique d'art. Sa mère (ma grand-mère) après quelques années en Israël, à laquelle elle ne put s'habituer, vivait maintenant à ses côtés. Mes parents avaient eux aussi franchi l'Atlantique. Comme moi, ils furent au début éblouis par la richesse et l'abondance ; l'amourette sera très courte. Ils regretteront amèrement d'avoir quitté la France. Et comme moi ils se laisseront prendre au piège comme des insectes sur du papier tue-mouche par l'aisance matérielle de leur vie dans un pays où ils ne se sentiront jamais chez eux.

Mon père sera très vite embauché par un grand hôpital newyorkais. Ayant toujours tenu un cabinet privé, inaccoutumé au tempo endiablé et à l'atmosphère impersonnelle d'un établissement public — il le comparera à une « chaîne de montage médicale » et à « un service de santé à la pièce, » il démissionnera un mois plus tard. Mes parents déménageront dans une petite ville de l'état de l'Ohio où mon père avait obtenu un poste dans un asile psychiatrique. Dès le début, il voudra humaniser un hospice antédiluvien en essayant d'enrichir et d'alléger la vie des internés, la plupart qui avaient été traités avec cruauté et indifférence par les docteurs et les infirmières. Cette contenance lui vaudra des ennemis. Il se fâchera quand il découvrit qu'un de ses confrères avait placé deux patients — un homme et une femme mentalement handicapés — en isolement et les avaient privés de dessert pendant deux semaines pour avoir essayé de faire l'amour derrière une haie. Quelle ne fut son horreur quand il apprit que le couple, internés à perpétuité, avaient été stérilisés.

— Nous devons inspirer une éthique chrétienne, Dr. Gutman, protesta le directeur.

— Nom de dieu, nous sommes dans un hôpital, pas un monastère, riposta mon père ; c'est le vingtième siècle, pas le Moyen Âge. Votre serment hippocratique est de rendre la vie de ces malheureux aussi douce que possible, et non pas de punir des simples d'esprit parce qu'ils sont humains et qu'ils sont assoiffés de tendresse et d'intimité.

Mon père aura d'autres accrocs avec le personnel de l'asile et finalement avec l'état de l'Ohio qui, même de nos jours, et comme un grand nombre d'autres états, affiche un tempérament puritain. Il tenait un journal intime dans lequel il documentait les délits et les actes de cruauté envers certains détenus. Ce document qui incrimine plusieurs de ses anciens collègues, tous décédés, et qui tend un doigt accusateur sur les normes psychiatriques de l'état de l'Ohio, est depuis longtemps sous clef. J'ai grande envie de le livrer au public. Intransigeant en matière de conscience et de probité médicale, prévenu de ne pas se mêler des « méthodes en vigueur, » mon père démissionna. Quelques semaines plus tard il sera nommé médecin-chef d'un autre hôpital psychiatrique, cette fois-ci à Syracuse, dans l'état de New York. Il y restera jusqu'à la mort de ma mère, survenue en 1973. Il découvrira que l'état de New York n'était pas moins collet monté que l'Ohio. Il ajoutera à son journal d'autres exemples d'abus d'autorité : l'application forcée de « lois bleues, » un ensemble d'ordonnances sociales abrogées pour la plupart au cours du vingtième siècle et qui avaient été instituées pour garantir la morale publique ; et l'usage de drogues psychotropes à l'insu des patients, parmi eux des enfants. Ce journal, si jamais je décidais de le publier, ajouterai une nouvelle dimension aux divulgations macabres dans la presse (plus tard confirmées avec réticence par le gouvernement) que des milliers d'américains avaient été involontairement exposés à des agents biologiques, chimiques, et radioactifs dans les années 1940-1970. Et comme j'écrirai dans une série d'articles, l'expiation-confession tardive du gouvernement de ses multiples offenses dévoilerait bien plus que sa décision de mettre à nu sa conscience ternie. C'était carrément une ruse calculée à enfouir des secrets bien plus sinistres sous l'épais manteau de la censure officielle. Comme un iceberg, les complots de robotisation de milliers d'américains gisent sous la surface. Et parce que cette supercherie, soi-disant dictée par la nécessité de contrecarrer les menaces de la guerre froide, exige un secret absolu, le gouvernement réussira à dissimuler cet élément ultrasecret de sa machine de guerre. *Presque.* Des petites fuites jailliront d'un chaudron débordant et maléfique. La plupart seront étanchées. Une courte mémoire et le flegmatisme culotté du peuple envers les excès du gouvernement aideront à apaiser les scrupules des américains et à éventer de leurs délicates narines les fumets révélateurs.

♦

Et puis je verrai ma mère mourir. J'avais 34 ans. Elle en avait à peine 59. Non, elle ne mourra pas soudainement. Elle mourut un peu tous les jours pendant des mois de douleur constante, vive, tenace. Sa peau jaunit, elle perdit ses cheveux, la moitié de son poids, et enfin la raison. J'observerai cette métamorphose immuable avec incrédulité, impuissance, colère. Nos mensonges lui avaient donnée de l'espoir. Elle s'y cramponnait sans vraiment y croire, pour nous faire plaisir, pour alléger l'angoisse que nos regards inquiets trahissaient. Elle abandonnera la lutte après dix mois d'agonie. Un jour, quand mon père avait quitté son chevet pour se dégourdir les jambes après une nuit de veille, je caressai sa joue et l'appela.

— Maman, maman, ne t'en vas pas.

Elle ouvrit les yeux pendant un instant. J'étais sûr qu'elle m'avait vue, senti ma présence, entendu ma voix. Elle rendit l'âme le soir même. On était au début du mois de juin et l'air était riche de toutes les senteurs du printemps. Et tous les vestiges de mon enfance moururent avec elle. Seuls les rêves qu'elle avait conçus pour moi survivront, la plupart inaccomplis, d'autres hors de portée. Je me souviens l'avoir maudite. Personne ne comprit la rage que je ressentais. Je me croyais trahi, abandonné. Ma mère aurait été la première à saisir ce paradoxe.

Seul mon père qui, accoutumé aux contradictions de l'âme, discerna dans mes calomnies les éclats fragiles d'un cœur brisé. Nous enterrâmes ses cendres au cimetière parisien de Bagneux dans un lotissement où reposeront plus tard les dépouilles de ma grand-mère et de mon oncle. Il plut ce jour-là. Il pleuvra à coup sûr chaque fois que je me recueillerai devant sa tombe. Et je me plaindrai infailliblement parce que mes chaussures seraient trempées et encrottées de boue.

Il est dans la nature des coïncidences de contenir un soupçon d'ironie.

♦

Une pluie drue et monotone me recevra à mon retour à New York. Broadway s'étendait devant moi, un canyon assombri dans lequel vacillaient des milliers de lueurs multicolores sur un fond de brume sulfureuse. Ils étaient tous là : les clochards et les mendiants, les ivres et les colporteurs, les prophètes du Jugement Dernier, les réformateurs, les sans-abris et les touristes, les banlieusards et les belles filles si bien fardées qu'elles avaient l'air d'avoir passé la journée à taper à la machine. C'était le « West Side » et des hommes aux cols relevés et au regard vide me dévisageaient comme si je n'existais pas. Un défilé de créatures m'invitait à les regarder dans le blanc des yeux et je ne savais pas si leurs yeux communiquaient la haine, la concupiscence, ou l'insensibilité, ou s'ils lançaient un défi. Je ne voulais me soustraire à aucune de ces nuances alors je les suivais aux confins de ma vue périphérique et me branchais à d'autres yeux le long du chemin.

♦

La mort de ma mère mettra fin à la longue carrière de mon père. Il dit « Merde ! » à la médecine et prit sa retraite. Il avait soixante-neuf ans. Attristé, déçu par l'inexactitude des sciences médicales, aigri par les carences du corps humain, il se retira à

New York en compagnie d'un chat sauvage et psychotique, Minou, qu'il avait recueilli dans la rue quand il était encore chaton durant une nuit glaciale d'hiver. Il survivra ma mère pendant quatorze ans de veuvage, un reclus enclin à la neurasthénie, à des moments de colère et de désespoir durant lesquels il s'attaquera à la Bible et aux outrances de la religion. Le 9 Septembre 1987, après avoir souffert une série de défaillances, il fut transporté une dernière fois à l'Hôpital St. Luke. Le 16, son médecin me convoqua : « Votre père est mourant. Il n'en a que pour quelques heures. Je me souviens avoir pris sa main dans la mienne. Il la serra sans ouvrir les yeux. Je me tus. Mon père détestait les minauderies, la banalité des mots. Né pauvre, de souche modeste, un homme franc, généreux, et compatissant, un médecin de campagne, un thérapeute qui avait versé des larmes quand son tout premier patient mourut, faisait maintenant lui aussi face à la mort. Aux environs de dix-huit heures, ce soir-là, il ouvrit les yeux et me regarda avec la même tendresse qu'il m'avait prodiguée quand j'étais tout petit.

— Quand on y pense, il dit, me fixant de ses yeux bleus, la distance entre la source et la pleine mer est très courte. Il refermât les yeux et, d'une voix lasse, prononça ses dernières paroles : Ne cherches pas midi à quatorze heures. Il expira aussitôt après. Il avait enfin trouvé sa « place, » un home sans adresse qui ne figure sur aucun planisphère et qui lui avait échappé de son vivant. Trouverai-je ma place, je me demanderai à son enterrement dans un modeste cercueil en pin, nu et emmailloté d'un suaire comme il l'avait stipulé dans son testament. Il avait quatre-vingt-trois ans. J'en avais à peine cinquante. Comme moi, il n'avait jamais cessé de penser à la France.

Intitulé « *A Magnificent Misfit,* » [Un Magnifique Anticonformiste] mon hommage à mon père sera publié par le

Wall Street Journal le 30 janvier 1996. Je n'en cite ici qu'un abrégé.

Mon père faisait tout lui-même sans infirmières, équipe de bureau, et alcôves de consultation austères et impersonnelles. Il vous examinait de la tête aux pieds, prenait votre pouls, température, tension artérielle, il étudiait vos réflexes, palpait votre abdomen et faisait les piqûres. Je me souviens d'un centrifuge, d'un autoclave luisant, d'un fluoroscope, et d'un vieux Roentgen qui bourdonnait imperturbablement dans une salle ensoleillée qui sentait l'iode et le girofle.

… Vous n'étiez jamais surpris d'apprendre qu'il avait fait quelques kilomètres à bicyclette, en pleine nuit, pour faire un accouchement sur une vielle table de cuisine ou dans un grand lit en laiton, ou de tenir dans la sienne la main d'un patriarche mourant tandis que la famille et les amis veillaient à son chevet.

… Combien vous dois-je, docteur, demandaient ses clients. Oh, je ne sais pas, il répondait fixant le plancher tant la question le gênait. Ce que vous pouvez, il ajoutait très vite, ce que vous pouvez. Ne vous inquiétez pas, réglez ça la prochaine fois. Mon père savait que la plupart de ses patients étaient fauchés. Il trouvait incongru l'idée de faire payer quelqu'un pour l'avoir guéri de ses douleurs ou de lui avoir sauvé la vie. C'était l'éthos remarquable d'un homme qui, de son propre aveu, avait fait la médecine afin d'échapper l'abjecte misère de son enfance et avait vendu son sang pour payer les frais de scolarité.

…Un étudiant en première année de médecine lui avait demandé quels sont les trois tabous cardinaux de la profession. Mon père répondit sans hésiter : Ne pas opérer si ce n'est pas dans l'intérêt vital du client ; ne pas le bourrer de médicaments ; et ne jamais le faire payer plus qu'il n'en a les moyens. Ignorez les deux premières consignes et vous manquez de scrupules ; violez la troisième et vous êtes un vampire. L'étudiant se vante d'un cabinet de luxe, d'une maison de campagne, et d'un yacht. Il faut trois mois pour obtenir

un rendez-vous. Il n'accepte pas les urgences, et il ne fait pas de visites à domicile.

... Mon père était incorruptible. De combien a-t-on besoin pour vivre avec dignité, il demanda à un confrère richissime qui trouva la question effrontée. Mon père mourra pauvre mais sans dettes. J'aimerai avoir un dollar pour chaque patient qu'il soigna gratuitement, pour chaque pâté de foie gras, gigot, livre de beurre, et panier d'œufs qu'il accepta à la place d'un honoraire.

... Trouverai-je un médecin comme mon père quand je prends ma retraite et que mes maigres écrits me permettront à peine un cercueil en pin ? On dit qu'il est moins cher de mourir que de vivre. Mon père consacrera sa vie et sa carrière à déconstruire les aphorismes. Il était, après tout, le magnifique non-conformiste que d'autres hommes n'ont pas le courage d'être.

Une semaine plus tard je recevrai un coup de fil de David Asman, à l'époque le rédacteur de la page édito du Wall Street Journal.

— Willy, la Maison Blanche vient de nous contacter. Le président Clinton a lu votre commentaire. Il désire vous répondre. Puis-je lui donner vos coordonnées ?

Bien sûr, je répondis, interloqué

Quelques jours plus tard, le facteur me remit une enveloppe portant le sceau de la Maison Blanche. J'en retirerai une note écrite à la main et signée par le président.

« Cher Monsieur Gutman, j'ai récemment lu votre très émouvant hommage à votre père. Il m'a tellement impressionné que je l'ai découpé du journal, le portant sur moi et le relisant souvent. Mon grand-père, qui avait à peine fini l'école primaire, ressemblait beaucoup à votre père. Il tenait une épicerie dans le quartier pauvre d'une petite bourgade du sud et bien avant les bons alimentaires. Il vendait ses produits à crédit tout en sachant que les âgés et les classes ouvrières ne pourraient pas toujours régler leur note et

qu'ils faisaient de leur mieux pour survivre. J'essaye de stimuler un dialogue sur ce que nous nous devons l'un à l'autre dans notre pays alors que nous sommes à la veille d'un nouveau siècle. Votre superbe éditorial me sera très utile. Cordialement, Bill Clinton. »

La lettre de Clinton, inattendue et réconfortante, restaura ma confiance dans l'ampleur et la puissance de l'idéalisme. Il n'en sera rien. Les bonnes intentions sont souvent subverties par l'opportunisme, les intérêts personnels et, en ce qui concerne un système de santé universel, par une politique de droite mercenaire. Clinton sera forcé de mettre de côté ses promesses électorales et l'utopisme qui les inspiraient. Il cèdera devant les champions du statu quo en signant des projets de loi favorisant la droite et qui renforceront la puissance colossale des grosses entreprises. Son antipathie déclarée envers les « maux du capitalisme, » et son serment d'effectuer une « redistribution radicale du pouvoir économique et politique, » seront à leur tour répudiés au profit d'une « symétrie bipartite. » Comme ses prédécesseurs (et successeurs, y compris Barack Obama et Donald Trump) il servira les riches et les puissants jusqu'au bout. Obama réussira à instaurer un système d'assurances médicales plus généreuses … que Trump s'efforcera de démanteler dès qu'il déménagera dans la Maison Blanche.

Ainsi, mon article avait ému Clinton mais il ne parviendra pas à attendrir le nerf sympathique de l'établissement médical américain. Je recevrai une dizaine de lettres au vitriol, toutes écrites par des médecins. Ils me traiteront de tire-au-flanc, d'agent provocateur, de touche-à-tout, de pleurnicheur, et … de « communiste. » Ils m'accuseront aussi de finasserie, de romantisme, et de naïveté. Je ne peux m'empêcher de me souvenir d'une époque pas très lointaine quand un docteur était tour à tour infirmière, sage-femme, pharmacien, psychologue, et confident de famille, et que cette compétence et ce dévouement étaient récompensés selon les moyens du client et non pas par ce que le « marché » exige.

UN ROUGE NUANCÉ

**Les dogmes aveuglent l'homme ;
poussées à l'extrême, elles le rendent fou.**

En 1999, officiellement retraité mais nullement hors de combat, j'entrepris la traversée en voiture des États Unis. Ce voyage de cinq mille kilomètres dura cinq jours. L'inimaginable étendue du pays, sa beauté, parfois sauvage, la richesse de ses paysages me grisèrent momentanément et calmèrent le vide, l'éloignement que je ressentais. Je me retrouverai dans un vide bien plus vaste et plus troublant quand j'atteins le désert californien. Derrière moi, l'autoroute, droite comme une flèche, disparaissait aux confins d'un horizon dépourvu de traits marquants. Devant moi s'étendait un plateau pétrifié et stérile. Dépaysé par l'immensité, le silence, et la solitude qui m'entouraient, je m'arrêtai et scrutai la voûte d'un ciel bleu insondable A perte de vue, des arbustes rabougris, des amarantes desséchées, et des cactus de Joshua tordus se cramponnaient à cette terre inféconde. J'eu envie d'hurler. C'était peut-être le vestige du cri réprimé quarante-trois ans plus tôt quand je me retrouvai dans le brouillard et les exhalaisons rétro-futuristes du port de New York. Le cri mourut dans ma gorge. Au sol, les pétales délicates d'un coquelicot jaune frémissaient à mes pieds. Je me souvins des coquelicots rouge sang d'Abou Gosh en lisière de Jérusalem, où je me promenais quand j'étais écolier, humant leur arôme enivrante, piquant un somme sur un tapis ondoyant de fleurs écarlates, et rêvant des rêves Technicolor. Ce rappel évoqua la belle et mélancolique chanson, *Comme Un P'tit Coquelicot,* interprétée par l'incomparable Mouloudji. Je me souvins de Paris et sa voix fit taire le silence assourdissant du désert. Et je m'entendis poser la même question qui m'avait hantée, à l'aube, le 31 janvier 1956, alors que le S/S Constitution se glissait dans le port de New

York : « Qu'est-ce que je fais ici ? Cette pérégrination insensée n'en finit pas ? »

J'avais 62 ans.

◆

Au printemps de l'an 2000, j'irai travailler comme secrétaire de rédaction dans un quotidien régional, un des organes de l'arche-conservatisme politique naissant en Amérique. L'ironie de ce mandat n'échappera, au début, qu'à la direction qui, séduite par ma formation et mes compétences, ignorait mes penchants gauchistes. Peu après j'écrirai des reportages et des éditoriaux. En Octobre 2001, un mois après les événements tragiques du 11 septembre, je publierai une série d'articles consacrés à l'histoire et l'évolution des armes chimiques et biologiques, et à leur prolifération dans un monde porté à la démence. Je citerai les pays qui en possèdent et ceux qui veulent les acquérir à tout prix. En dernier, je décrirai les effets qu'ils ont sur le corps humain. Les lecteurs m'accusèrent de vouloir semer la panique. Personne ne protesta, soit en se tordant de rire ou par répugnance envers le grotesque, quand le « Homeland Security » [le ministère chargé de la sécurité intérieure] — et alors que les États Unis se préparaient à faire la guerre en Irak — conseillait les américains à se protéger contre un cocktail de poisons et de pathogènes mortels avec du ruban adhésif et du film étirable. Une apostille dans laquelle j'inventoriai les expérimentations clandestines du gouvernement américain avec des substances toxiques et hallucinogènes, y compris le LSD, sur des sujets qui n'en comprenaient pas les conséquences, sera blackboulée par le journal sans explication.

En Novembre, alors qu'un climat de nationalisme farouche embrasait le pays, je publierai, « *Notre École d'Assassins,* » un exposé dans lequel je déclarais mon soutien pour une manifestation qui venait de se dérouler contre la SOA (U.S. Army School of the Americas) et à laquelle avaient participés des étudiants, des octogénaires, des jeunes mères et leurs bébés, des anciens combattants des guerres du Vietnam, d'Irak, et d'Afghanistan festonnés de médailles, des prêtres, des nonnes, des agnostiques, et des athées, tous assoiffés de justice. Ils étaient tous venus, comme ils le faisaient chaque année, pour ranimer la conscience ternie de leurs concitoyens, pour dénoncer le terrorisme sponsorisé par l'état, et pour exiger la fermeture d'une école militaire qui pendant soixante ans avait entraîné et dorloté, aux frais des contribuables, une bande de repris de justice, de despotes, et de criminels en Amérique Latine.

Très peu de lecteurs partagèrent mon optique. C'était l'ère du « *my country right or wrong* » [c'est ma patrie, qu'elle ait raison ou tort]. Je serai réprimandé par l'éditeur qui, par voie détournée, me fit apprendre que « les salariés de ce journal doivent se garder d'exprimer des opinions qui contredisent celles de la direction, des annonceurs, et des lecteurs. » Je m'inclinerai devant cette mise en garde et écrirai provisoirement des articles apolitiques qui correspondaient aux critères « bipartites » que la direction et les lecteurs considéraient bienséant. L'autocensure, ce que la presse s'imposait de plus en plus en Amérique, battait son plein.

En avril 2002, je ripostai à une lettre rédigée par un professeur universitaire dans laquelle elle attaquait « la néfaste influence de la pensée gauchiste » sur l'éducation aux États Unis. Les œuvres littéraires qu'elle citait et jugeait « utiles aux jeunes esprits non pollués par la propagande socialiste, » (y compris celles d'Ayn Rand, la théoricienne du capitalisme individualiste et la championne du nombrilisme), évoquaient et prêchaient tous des objectifs réactionnaires. L'attitude casuiste et pompeuse du professeur, en politisant le déclin de l'enseignement en Amérique et en blâmant les programmes d'étude « libéraux, » pour sa déchéance, je déclarai, était spécieuse et ignoble. Je serai licencié une semaine plus tard. Mes opinions, nettement contre-culturelles et troublantes à une époque de patriotisme enfiévré, avaient irritées un grand nombre de lecteurs et d'annonceurs publicitaires. Le rédacteur en chef, un ancien parachutiste tout feu tout flamme, m'avait obliquement accusé d'iconoclasme et attribué mon irrévérence à « des penchants socialistes fâcheux. » Il ne me pardonnera pas d'avoir critiqué la SOA et, par surcroît, l'ensemble de l'établissement militaire américain. Je m'étais gardé de le contredire ; j'avais souri et haussé les épaules. Je me présenterai au bureau le lendemain pour toucher mon indemnité, vêtu de ma T-shirt noire blasonnée d'un gros **CCCP** carmin, un souvenir de mes voyages en Russie vingt ans plus tôt, juste pour le faire chier.

— Gutman, je me suis toujours douté que vous êtes un rouge, il dit avec un mélange de dégoût et d'amertume

— Pensez-vous ... un rose nuancé tout au plus. Nulle de ces précisions n'était conforme à la réalité, ni la sienne ni la mienne. Incapable de soutenir quelque parti, moins encore de m'y inscrire, je m'étais toujours contenté d'agiter, de me cabrer contre la tyrannie des dogmes inflexibles, politiques ou religieux. Mon tempérament, mon éducation, et la vie que j'avais menée m'avaient mis en garde contre toute doctrine dont la règle suprême exige la sujétion, sinon l'asservissement. Je considérais le patriotisme « *le dernier refuge d'une crapule,* » une incongruité, une émotion hideuse devant laquelle je reculais avec horreur. Je n'ai jamais ressenti la moindre allégeance envers un pays, prince, ou potentat. J'aime la France comme on savoure le chocolat ou comme un enfant s'amuse à fourrager dans un vieux coffre plein de joujoux—avec émerveillement, avec hédonisme. Cet engouement est épicurien, pas tribal. La Roumanie, le pays de mes ancêtres où j'ai vécu pendant quatre ans, n'évoque que le souvenir lointain et troublant d'une nation mercenaire et portée à chaque ère de son histoire—de l'empereur Trajan au tyran Ceausescu—à l'avilissement politique. Israël, où j'ai passé cinq tristes années, n'anime aucun sentiment d'intimité, national ou spirituel. Je déplore son emprise théocratique et je lui reproche son inhabilité (ou réticence) de faire la paix avec les palestiniens. Cosmopolite, épuisante et électrisante, New York, où j'errais pendant plus de quarante ans, ne réussira pas à m'américaniser. Comme Paris, elle séduit, taquine, fascine, ensorcelle. Comme Paris, elle attise les sens et éperonne l'intellect. Mais elle n'a jamais été « home. » Quand, très rarement, on me demande mes « origines, » je réponds sans la moindre affectation, « apatride. » Ce n'est ni fanfaronnade ni romantisme ; c'est un désaveu. Quoique de ce monde, je n'en fais pas partie. Dans cette auto-optique se résume le rejet de toutes formes de nationalisme. De toutes les émotions synthétiques humaines, le chauvinisme est celui qui me fait le plus peur. Je découvre au plus profond de mon être un sentiment indescriptible et omniprésent d'une identité foncièrement Juive. Mais je n'ai pas de religion et cette intuition, nébuleuse, impalpable, et peu susceptible de me mener vers un état d'exaltation, mourra avec moi. Pour des raisons que j'ai du mal à expliquer, ma « judaïcité » est privée, pas communautaire. Cette aliénation ne me réjouis pas mais puisque le souffle et les principes de l'éthique Mosaïque se reposent sur une croyance infaillible en « Dieu » —je n'y crois pas—et sur l'observance et la commémoration collective de ses lois et traditions—je ne fête rien—il n'y a aucun espoir que je subirai une épiphanie transformatrice. Mes fils, nés à New York, assimilés, accablés par la vie, ne risquent pas non plus de retrouver leurs origines. Je reconnais dans cette insensibilité, ce détachement des valeurs ancestrales une maladie de l'âme inguérissable.

◆

Deux mois plus tard je fus rengagé, à condition de reprendre mes fonctions de secrétaire de rédaction ... et de m'abstenir d'écrire quoique ce soit. Cela ne m'empêchera pas de proposer des articles et de me faire publier par d'autres journaux. Ce fut pourtant une triste épitaphe pour un homme qui avait passé sa vie à exhumer les laides vérités de constater une fois de plus, alors qu'il l'avait toujours su, que même aux États Unis, le pays qui se vante d'avoir inventé la liberté d'expression, on trouve toujours ceux qui s'efforceront à l'ensevelir.

Je m'étais adressé à Jeremiah Gutman (aucun lien de parenté) l'éminent avocat et spécialiste du premier amendement de la Constitution des États Unis et dont la liberté de presse en est un des piliers. Décédé en 2004, Gutman avait répondu en soulignant que la liberté de presse appartient à ceux qui font marcher les imprimeuses. Ce privilège, il ajouta, leur donne le droit :

> « ... d'expurger et d'exclure tout ce qui ne s'harmonise pas à leurs doctrines et visées, ainsi que de mettre à la porte ceux qui les ignorent ou qui les défient. Nous vivons à une époque de liberté de parole surveillée et avariée par les allégations éhontées de l'extrême droite politique que des points de vue discordants nuisent aux intérêts financiers du Quatrième Pouvoir. Même la Cour Suprême donnerait raison à votre employeur et pas à vous. Susceptible à l'érosion quand on a le plus besoin d'elle, la liberté d'expression est sans défense contre les calomnies, les insinuations, et les mensonges propagés par les marchands de mythes. C'est le comble de l'ironie que les États Unis, dans son empressement d'immoler les éléments les plus sacrés de notre constitution, se donne le droit de les imposer à d'autres pays au nom de la démocratie. Quant à vous, vous n'avez que deux options : Faire la musique que votre patron exige ou démissionner et chanter votre propre refrain. »

Je démissionnerai peu après.

◆

J'ai entamé ma carrière de pigiste en aiguisant les crayons des grands journalistes du feu *New York Herald Tribune* et je la finirai en astiquant la syntaxe de jeunes reporters qui, eux aussi, rêvaient d'un scoop magistral, d'un reportage sensationnel, d'un éditorial désarmant. Libre enfin de fredonner mes propres mélodies alors que mon âge et mes polémiques m'avaient éloignées du courant dominant américain, je continuerai à faire campagne contre l'orthodoxie, le laissez-faire, le nationalisme, l'intolérance, la niaiserie, le fétichisme, le dogmatisme, l'ignorance, l'hypocrisie, et les mensonges. Le défi et l'inimité alimenteront ma plume. Je secouerai les conformistes non pas par pitié pour leur manque de discernement mais parce que j'avais reconnu dans cette vaste masse égocentrique, étourdie, aveugle, et muette tous les germes du mal.

ECCE HOMO

**Un homme cultivé ne peut se souvenir de tout.
Il a la pudeur d'oublier le superflu.**

America ! America ! Soixante ans passés à courir après ma queue. Oui je suis un étranger rétif, un apostat indomptable, mal à l'aise non pas dans ma peau mais dans tout ce qui l'effleure, un intrus dans un monde que j'ai du mal à comprendre, en apparence apprivoisé, plein de rage, inquiet, et endolori dans mon for intérieur, nageant sur place, perdu dans la clarté aveuglante du jour.

Où suis-je ? Je rembobine ma vie. Hier, la France, souriante, ensoleillée. Dix jours plus tard, New York, grise, froide, maussade. Je grelotte sur le pont du gros paquebot qui a franchi le temps et l'espace, et j'essaye de comprendre cette étrange désincarnation. J'en veux à mes parents qui m'ont expédiés à l'autre bout du monde—pour me soustraire à la guerre en Algérie, ils avaient souligné. J'ai honte de la docilité avec laquelle je m'étais soumis à cet exil. Aiguillonné par un élan séculaire, assoiffé de nouveaux horizons, convaincu que la constance ne peut être réalisée que par les mutations, et croyant ainsi pouvoir reprendre une vie de nomadisme, je m'engage dans la marine. Je fais naufrage sur les rives d'un port militaire qui hait les militaires, les noirs, les Juifs. Une libido hyperactive se dresse devant mes horizons chimériques et, comme un con, je me marie à l'âge de vingt-quatre ans, piteusement mal préparé pour l'état conjugal, moins encore pour la paternité.

Je tourne les pages et j'épluche les souvenirs comme un oignon. L'Amérique, 1956. Travailleuse. Riche. À l'aise avec elle-même. Elvis Presley choque l'élite puritaine avec ses chansons et déhanchements érotiques mais personne ne semble être scandalisé quand, sauvagement opposés à l'assimilation raciale, quatre-vingt-seize députés signent le Manifeste Sudiste. Nul ne sera choqué d'apprendre après sa mort, que le sénateur Strom Thurmond, un raciste pénétré et un des auteurs du manifeste, avait fait un enfant avec sa domestique noire. Les écoles, restaurants, w.-c., et les distributeurs d'eau fraîche sont séparés. Selon la loi, les noirs sont relégués à l'arrière des transports publics. Ils sont souvent lynchés, on les arrête pour des motifs factices, ils sont reconnus coupables, emprisonnés, avilis, déshumanisés. Beaucoup parmi eux sont exécutés après avoir passé des années en isolement au quartier des condamnés à mort parce que la justice blanche n'est pas daltonienne. Et pourtant, si on est blanc et on bénéficie d'un emploi stable, l'Amérique est le pays de cocagne. Décontractée, astucieuse, frivole, portée à la sottise si on la juge par l'irréalité des films et des comédies de télévision insipides qu'Hollywood sort cette décennie, on la devine aussi anxieuse. La Guerre Froide mijote à petit feu. Reflétant les inquiétudes qui rongeront le pays et le conduiront de la gloriole à un état de vigilance, Hollywood devient introspectif, fébrile. George Orwell publie sa dystopie, *1984*, œuvre visionnaire qui présage l'état de prémonitions paranoïaques et la diminution des libertés qui s'imposeront en Amérique après les attentats du 11 septembre 2001. *Big Brother*, le monstre métaphorique d'Orwell, devient l'épiphénomène réel que les américains s'habitueront à craindre et à ressentir mais qu'ils se garderont d'exorciser. Ils se sont toujours soumis au diable qu'ils connaissent ; celui qu'ils ne connaissent pas leur fait peur. Ils sont portés à croire que le silence c'est l'absence du bruit. Il y a un autre genre de silence, bien plus sournois, celui qui, au lieu de supprimer le bruit, l'amplifie. C'est le silence de l'insensibilité, de la complaisance, de la lâcheté. Ne dire rien est une forme de trahison.

◆

Les années 1960 et 1970 inaugurent une ère oxygénée par la naissance d'une contre-culture qui irritera pendant un temps la majorité conformiste. Libérée du puritanisme frimeur des années 50, assainie des obscénités du Maccarthisme, épuisée par la débâcle au Vietnam, écœurée par la fusillade à l'université de Kent, où la Garde Nationale tua quatre étudiants et en blessa neuf autres qui la protestaient, révoltée par le scandale de Watergate … l'Amérique accueille les Beatles, laisse pousser ses cheveux et sa barbe, brûle les ordres d'incorporation, met feux au drapeau et aux centres de recrutement, et adopte le pantalon à pattes d'éléphant, la veste Nehru, et le dashiki. Malcolm X électrise son peuple et stupéfie la majorité blanche. Eldridge Cleaver, le leader des Panthères Noires, et Dick Gregory, le satiriste et l'éloquent tambour-major des droits civils, se servent d'une langue acerbe et d'un humour mordant pour inciter un activisme social destiné à remonter le moral de l'Amérique noire. De retour de Paris, qui lui avait accordé le respect et l'admiration que son pays lui avait refusés, James Baldwin sort de l'obscurité et devient un des apôtres de la littérature militante américaine. Après un long séjour en France, l'adepte de Jean-Paul Sartre et de Herbert Marcuse, et déclarée un des fugitifs les plus recherchés par la FBI, Angela Davis prend l'Amérique d'assaut. Phénomène culturel, le livre, *Roots,* d'Alex Haley, offre pour la première fois une perspective strictement noire de la vie en Afrique et enregistre la bestialité de l'esclavage. Le protagoniste, Kunta Kinté, incarne les horreurs et l'héroïsme des serfs noirs. L'irrévérence et les satires politiques des humoristes Lenny Bruce, Mort Sahl, et George Carlin narguent une société en apparence collet monté et cependant dépravée. Jack Kerouac, l'analyste cinglant de la « *beat generation* » — c'est lui qui invente le terme — choque l'Amérique avec des esquisses autobiographiques qui trahissent une angoisse que seuls l'alcool, la drogue, et le spiritualisme semblaient calmer. Son prosélyte, Allen Ginsberg, soulage sa colère contre le matérialisme en écrivant des poèmes sous l'influence d'hallucinogènes. Les enfants-fleurs prêchent « *love, not war.* » *Oh ! Calcutta*, pièce de théâtre inoubliable pour ses scènes de nudité, et *Hair*, la comédie musicale inspirée par la contre-culture hippie et la révolution sexuelle, recueillent des critiques élogieuses. C'est une époque de sexe rebelle, de drogue, et de victoires contre les entraves de l'immobilisme, une ère d'impiété et de méfiance envers les structures politiques, deux décennies dont les nervis de l'extrême droite se souviennent et bafouent jusqu'à ce jour parce qu'ils en ont tant peur. Pour moi c'est un entracte, une trêve hélas trop courte de rationalité, de courage moral, et d'espoir. J'observe ces transformations avec un ravissement qui n'inspire aucun désir d'y prendre part. Je me réjouis de la consternation que ces bouleversements animent dans la psyché hypersensible américaine, mais je n'adopte aucune des causes qu'ils soutiennent ou engendrent. Je n'adopte ni la mode ni les affectations d'ailleurs passagères de ce cycle de phénomènes — vêtements de sport en polyester et larges cravates psychédéliques et bandanas et sabots à talons hauts et symboles de paix anti-bombe. Je ne me sers ni du jargon ou des néologismes populaires, et je n'affecte nulle des préciosités typiques de ce temps. Je ne ressens aucun besoin de faire valoir mon personnage en adoptant les excentricités conformistes des autres. Mon attrait pour la politique de dissidence est voyeuriste. Craignant de compromettre mon rôle de spectateur, je refuse de m'y mêler.

Je fume la marijuana mais j'évite bientôt les soirées sybarites auxquelles on m'invite. Je ne supporte pas les éclats d'hilarité écervelée, j'ai marre des séances de sexe bestial, de la torpeur abrutissante, et des goinfreries dionysiaques. Je « plane » seul chez moi, en silence et dans le noir, sondant les images et les sensations que le cannabis stimule. Las des « paradis artificiels, » dégoûté de la faim insatiable qui accompagne ces bacchanales, abattu par les abîmes de spleen dans lesquels je sombre quand l'euphorie s'évapore, j'y renonce. Je m'y livre provisoirement quand mon premier mariage se désagrège vingt ans plus tard.

J'imite Baudelaire, Cocteau, Huxley, Poe, et de Quincy, et je compose sous l'influence de cette mauvaise herbe divine la première esquisse d'un roman surréaliste qui me prendra vingt ans à achever. Implicite dans cette allégorie est une question issue du malaise que je ressens envers le paradoxe qu'est l'Amérique—en théorie sublime, infiniment moins que parfaite dans sa réalité incarnée, débordant d'idéaux nobles, prête à les révoquer quand ils menacent les intérêts politiques et économiques d'une puissante élite. Imaginez, je propose, une société qui épie et punit les rêves—ceux que l'on saisit en plein sommeil ou auxquels on se livre consciemment—un cartel qui châtie les rêveurs récidivistes soit en les robotisant ou en les supprimant. Je soutiens que notre connaissance du monde est inextricablement formée et conditionnée par les opinions que nous héritons (ou que nous fabriquons) et que rêve et réalité sont les symptômes rivaux de la même maladie. La réalité est incurable ; elle dépasse les bornes de la raison. Impie, façonnée de manière à effarer et scandaliser le courant dominant, cette crypto-nouvelle, (*NOCTURES*) plus tard convertie en une pièce de théâtre intitulée *UN DERNIER RÊVE*, anticipe le césarisme et la tyrannie des idées fixes qui infecteront les États Unis. Je demande : Les songes que nous tissons, les idées que nous enfantons, nos fantasmes et nos chimères—pourraient-ils un jour nous trahir, nous prendre au piège, nous inculper, nous faire taire pour avoir rêvé les rêves interdits ? L'inégalité, l'incompatibilité des rêves, l'antagonisme qu'ils suscitent, seraient-ils à l'origine de tout conflit humain ? Les rêveurs, seront-ils guettés, pistés par une police du rêve et réduits au silence ? Peut-on transformer les insoumis en abrutis serviles ? Quelles sont les conséquences d'un autodafé moderne dans un monde où la libre pensée est honnie, où le savoir est calomnié, et où la vertu n'est qu'un alliage pharisaïque de croyances collectives codifiées ? Reçu par très peu de lecteurs, mal compris par certains, bafoué par ceux qui réussiront à le lire jusqu'au bout, le livre, publié en 2006, souffrira un échec commercial foudroyant. Un grand nombre d'exemplaires non vendus languissent au fond d'une armoire. Ils me répètent en silence que personne n'aime être scandalisé, même si la vérité est peinte dans les couleurs pastel du symbolisme et racontée dans l'idiome des rêves.

◆

Les années 1980 et 1990 m'accordent quelques succès professionnels, suivis d'une série de revers. Je divorce ma femme après vingt-trois ans de mariage. Je me remarie cinq ans plus tard. Nous voyageons. J'écris. Les bons emplois et les gros salaires sont vite remplacés par des occupations assommantes et mal payées. Le chômage monte en flèche durant la présidence de Ronald Reagan. Trente millions d'américains sont sans travail ; j'en suis un. Je suis aussi parmi les seize millions de chômeurs qui ont en outre perdu leur couverture médicale. À l'âge de quarante-cinq ans on me considère déjà « surqualifié, » c'est à dire vieillot, périmé, désuet, quelqu'un qui mérite d'être bien payé mais que l'on remplace avec un jeunot qui se contentera d'un salaire de novice. Le spectre d'un chômage chronique se dresse devant moi, menaçant, impitoyable. Les indemnités tarissent. Alors que les contribuables ont du mal à joindre les deux bouts, des grosses sommes sont prélevées afin de financer des guerres, dira-ton de « libération, » de « *nation-building,* » c'est-à-dire de corruption et d'assujettissement aux normes politiques et économiques des États Unis. Au mépris d'une loi qui interdit de subventionner les opérations militaires et paramilitaires au Nicaragua, le régime Reagan se moque du décret et soutient les Contras en vendant secrètement des armes à l'Iran, un ennemi avoué des États Unis. Reagan sollicite l'entraide de l'Arabie Saoudite et reçoit 32 millions de dollars. Le Guatemala et le Honduras servent d'intermédiaires dans le trafic d'armes destinées aux rebelles antisandinistes. L'Israël, un débiteur important qui arme et entraîne l'armée et la police de ces deux pays, prend part à cette cabale.

Et puis un jour l'empire soviétique s'écroule. La politique étrangère des États Unis s'éloigne de la paranoïa de la Guerre Froide et prend pour cible le nationalisme naissant des pays du tiers-monde et les soulèvements alimentées par les luttes intestines ethniques et religieuses, la misère noire, et la turpitude et apathie des gouvernants. Noam Chomsky, professeur de linguistique américain et sympathisant du mouvement anarcho-syndicaliste, déclare :

> *La « sécurité nationale » est un prétexte frauduleux invoqué afin de justifier la répression du nationalisme indépendant.*

En effet, le nationalisme des pays du tiers-monde ne menace personne si ce ne sont que les intérêts d'Anaconda Copper (le premier producteur mondial de cuivre), United Fruit, Dole, International Telephone-Telegraph, Coca Cola, Pepsi Co, General Electric, Aramco, IBM, et d'autres sociétés géantes multinationales qui s'enrichissent et créent des multimillionnaires parmi leurs actionnaires en suçant la moelle épinière économique des pays pauvres qu'ils exploitent.

Entre temps, en Amérique Centrale, les kidnappeurs, les tortionnaires, et les assassins sortent de prison en soudoyant les gardes-chiourmes, les procureurs, et les juges. Les officiers de haut rang reconnus coupables de meurtres, de génocide, et de traite de stupéfiants sont acquittés et absous au nom de la « réconciliation nationale » une ignoble connivence qui innocente les criminels tout en demandant aux victimes de pardonner et d'oublier, et à laquelle ils se soumettent honteusement. L'inertie est l'opium du peuple. Elle l'empêche de saisir l'abjecte inutilité de leur vie.

Au Guatemala et en Honduras je suis vu comme un touche-à-tout, menacé d'expulsion par l'un, forcé de décamper en pleine nuit de l'autre. Aux États Unis, mes écrits sont honnis — la droite m'accuse de sédition ; la gauche me reproche un manque de « sensibilité culturelle » envers les pays du tiers-monde que je plains mais dont le manque de cran me dégoûte. Les enfants-fleurs et les manifestants anti-guerre de ma jeunesse sont devenus des septuagénaires empâtés et égocentriques. Les anciennes voix de l'hétérodoxie et de la dissidence se sont tues. Je regrette mon cynisme et ma neutralité alors que des jeunes américains exprimaient leur écœurement envers l'injustice et la fourberie, alors qu'ils défilaient contre les ignobles guerres fomentées par leur pays et que des milliers de leurs compatriotes mourraient loin de leurs familles ou revenaient gravement blessés ou psychiquement mutilés sous prétexte qu'ils protégeaient une Amérique qui se montrait indifférente à leur sort.

◆

Un jour, mon oncle me demande :

— N'es-tu pas un peu trop vieux pour jouer le paladin ? Il s'inquiète de mon sort. Le journalisme est devenu une profession dangereuse, il ajoute. Sa question me surprend, m'agace.

— Je me sens plus jeune que mes années. N'est-ce pas là le secret de la jeunesse éternelle ? Je ne suis conscient de mon âge que quand je me regarde dans un miroir. Je mens. Les petits maux, les vagues troubles de santé, la fatigue qui s'insinue dans les os et l'esprit des hommes d'un certain âge ne mentent pas ; je ne suis pas immortel. Mon oncle me devise d'un air narquois pour mieux s'assurer de la sincérité de mes dires, inclinant sa tête de travers, arquant ses sourcils avec une ironie avunculaire.

— Je te souhaite longue vie, mon neveu bien-aimé. Mais ne crois-tu pas qu'il est temps de passer le flambeau à des jeunes ?

— Je ne suis pas si vieux que ça, je proteste, piqué au vif en constatant que les autres ne me voient pas tel que je m'imagine.

Jeu de Rôle

D'un côté je me sens capable de reprendre le combat ; d'un autre j'avoue n'aspirer qu'à la quiétude. Mais la quiétude, je crains, est une forme d'inertie, la défaite de l'esprit anéanti par la chair. Je ne suis pas si vieux que ça, je répète cette fois-ci avec bien moins de conviction.

Mon oncle mourra six mois plus tard. Il avait quatre-vingt-sept ans. J'en avais soixante.

♦

Un nouveau siècle se lève plein de promesses illusoires, de présages fantasques. « L'American Dream, » je découvre petit à petit, est une vaste exagération, un mythe inventé par et commercialisé au profit d'une minorité privilégiée et ingénieuse qui sait comment jouer le « jeu, » traire le système, et vendre, vendre, vendre. Autrefois un pays bourgeois qui se vantait de ses vertus essentielles de justice et de franc-jeu, les États Unis se trouve maintenant balayé par un tsunami d'influences politiques, économiques, et religieuses droitistes. Victime de la rapacité des grosses entreprises, la classe moyenne se désagrège tandis que la droite radicale et les groupes évangéliques chrétiens se rebiffent contre les changements démographiques et, notamment, l'élection du premier président de souche africaine. Un contrecoup violent contre ce que les dirigeants politiques et religieux prétendent être la « socialisation » de l'Amérique engendre les monstres de la xénophobie, de l'anti-intellectualisme, de la censure, du profilage racial, de la brutalité policière, et d'une forme de chauvinisme qui excuse ou glorifie la torture et autres méthodes barbares d'interrogation de terroristes présomptifs. Les États Unis entretient des relations incestueuses avec des régimes dictatoriaux. Son comportement, à la maison et à l'étranger, éveillera la perception d'ailleurs justifiée qu'elle parle avec une langue fourchue et agit uniquement dans le but de sauvegarder son influence et ses intérêts politiques et hégémoniques. Une surabondance de canulars propagés par les médias, les élections faussées, les guerres « préemptives » illégales, les camps de torture, et les renseignements falsifiés produiront une véritable crise de confiance. Il est clair que cette crise a pour cause l'incapacité du Quatrième Pouvoir de devier la conscience incorruptible du peuple.

Il est impossible de ne pas conclure que l'Amérique est un pays essentiellement et irrévocablement impérialiste. Les guerres sans fin des dernières seize années, le mal et le désordre qu'elles ont créées — des milliards de dollars gaspillés sans aucun bénéfice stratégique, la mort de plus de cinq mille soldats, et des dizaines de mille de blessés — réaffirment que ces conflits étaient non seulement diaboliques mais stupides.

♦

Un rêve plus modeste existe pour ceux qui ont tout perdu sauf le droit de rêver. Ils comprennent que ce qui les sépare du « rêve américain » c'est l'Amérique même — le bâtard issu d'un idéalisme corrompu par les slogans et les diktats d'un capitalisme invétéré, par l'étendard, les serments de loyauté, l'ingérence omniprésente de « Dieu » dans les affaires d'état, par ses airs de supériorité morale, par son caractère pugnace, par son insolente tendance de se croire sublime et sans reproche. Les mots d'ordre sont gravés dans sa peau. Ils aident à perpétuer une auto-optique mythifiée qui ne correspond pas à la réalité.

Évidemment, l'Amérique a son bon côté. Tant que je me « comporte » comme un américain — ou en joue le rôle — l'Amérique m'accorde le droit de me faire passer comme tel. *Être* américain est un art, un don subliminal que l'on ne peut acquérir qu'à la naissance et qu'il faut affiner dans le creuset de la culture pharisaïque à laquelle on est assujetti dès le début. *Devenir* un américain est beaucoup plus difficile. Pour certains, les efforts qui s'imposent et l'inévitable transformation qui en résulte en sont la suprême récompense. D'autres, comme moi, s'égarent dans la bousculade. Les amarres qui me lient à mon passé, là où je me reconnais, sont élimées. Je me perds dans l'impermanence et l'indécision, réduit à mimer le monde dans lequel je me retrouve. Je fais la comédie avec un aplomb simulé et, pire, sans la moindre conviction. Je ne critiquerai pas l'Amérique pour n'avoir pas répondue aux conjectures imaginaires d'un adolescent ingénu et auxquelles je m'étais cramponné pendant un certain temps parce qu'elles s'accordaient à mon modèle imaginaire de l'Eldorado. J'ai tout fait pour résister à ses appas ; je me suis habitué à ses conforts matériels mais à aucune de ses dogmes. J'ai savouré ses cornes d'abondance et bafoué le système qui les rendait possibles. Est-ce peut-être ça que d'être américain — un assentiment réflexe des choses telles qu'elles sont, une complaisance par étapes envers les séductions qui font part de l'expérience américaine ? Et pourtant, il manque quelque chose. En fin de journée, au bout d'une randonnée à travers un champ de mines, je cours vers les coulisses, j'essuie le fard, j'empoche le libretto, et je sombre en moi-même comme dans un fauteuil profond et douillet. Je scrute mon monde intérieur et le trouve plus ou moins intact. Une grosse couche du maquillage, comme l'encre d'un tatouage, est impossible à effacer. Serai-je devenu, malgré moi, un américain ? Je salue l'Amérique des Patriotes, des Whigs, et des Fils de la Liberté ; je déteste son exceptionnalisme, ses marchands de rêves, son chauvinisme va-t-en-guerre, sa xénophobie, et ses discours cocardiers.

◆

Les souvenirs défilent devant moi à une allure folle et je les attrape l'un après l'autre dans le filet d'une mémoire qui rétrécit. Paris. Oui, toujours Paris. Je n'ai jamais cessé de l'aimer, de la désirer. Et pourtant je la connais à peine. Seuls les souvenirs animent la convoitise ; alors j'y goûte avec la discrétion qu'un rêve d'enfant exige. Paris est ancrée dans mon passé mais elle fait part d'une réalité à laquelle je me cramponne quand les autres rêves deviennent banals. J'ai le mal du pays. La France que je redécouvre lors de mes visites de plus en plus rares, ou quand mes souvenirs me remettent entre ses bras, est une amante que j'ai eu l'imprudence de quitter. Elle ne vieillit pas. Je la trouve toujours belle, désirable. Et je pleure chaque fois que nous nous quittons. C'est moi qui, en son absence, m'étais transformé de soupirant pimpant en un Dorian Gray décrépit. Chaque ride, chaque émotion meurtrie, refoulée, et remise endommage mes traits et cingle mon âme. L'intimité qui avait été la nôtre, je crains, est irrécupérable.

◆

Quand le soleil se lève, je remets mon fard, je répète mentalement mon script, et je grimpe sur scène, ce tribunal public où les hommes comparaissent sous les feux de la rampe et se trahissent.

◆

Nietzsche a dit du mal qu'il est « humain, bien trop humain. » Comme le phénix, il renaît de ses cendres. Tout ce que je lis dans les journaux, vois à la télé, entends à la radio, tout ce qui reste inexprimé ou qui échappe à l'œil impitoyable de la caméra, présage un avenir douteux. Des guerres font rage sur tous les quadrants du globe. L'appétence des hommes envers la violence est démesurée. On ne peut exterminer un grand nombre d'innocents sauf au nom de la vertu. Alors la boucherie continue.

Le mercure dépasse 45 degrés. Les rideaux sont tirés mais le soleil torride du désert s'insinue à travers les fentes les plus étroites comme des doigts de feu dans la rafraîchissante obscurité de mon living-room. Je préfère le silence à la parole, la solitude à la société, le repos songeur à la kinésie sans objet, un simple repas dans ma cuisine à un gueuleton dans un restaurant surpeuplé.

◆

À deux pas de chez moi, le long d'un chemin poussiéreux et inculte que le conseil municipal a eu le culot de baptiser « boulevard, » démunis de toute allégorie, comme le poste d'essence ou le McDonald du coin, se dressent certains commerces dont la marchandise ne peut être ni mangée ni servir de carburant. Ce sont les panthéons de l'idolâtrie, les temples de la fumisterie qui foisonnent et font fortune tandis qu'on coupe les vivres aux musées et aux salles de concert, que les hôpitaux font faillite, et que les écoles ferment leurs portes. Dans leurs *sanctum sanctorum* sont manipulés les craintes et les obsessions et les espoirs et les chimères qui hantent ceux qui s'y rassemblent. Ne pas croire, leurs pasteurs affirment avec un cynisme qu'une foi aveugle transforme en un décret divin, est une forme d'esclavage et un péché mortel. Alors les pécheurs se ruent sur leurs autels afin d'être affranchis, purifiés, et déclarés dignes du royaume céleste que les Catholiques, les Luthériens, les Baptistes, les Presbytériens, les Témoins de Jéhovah, les Pentecôtistes, les Scientistes Chrétiens, et les Mormons se disputent avec an manque d'œcuménisme que seule la religion peut inspirer.

En fait, il y a plus d'églises sur ce plateau désertique où j'habite que de morpions dans le cul d'une putain mais il y a très peu de conscience dans ces lieux saints, seulement des croyances immuables et l'inflexible conviction que seule chacune de ces sectes a les clef du paradis. Toutes proclament servir le Christ sauveur. Toutes promettent un état de grâce mais leurs paroissiens préféreraient brûler en enfer que de prier tous ensemble. Les différences doctrinales qui les séparent, certaines triviales, d'autres titanesques, entravent l'avènement d'une unité chrétienne. Il est plus commode de glorifier Jésus que d'emboîter ses pas. Alors ils arrivent sur leurs lieux de culte respectifs afin de se dévisager, de s'asseoir, de se lever, de s'agenouiller, de se croiser, de baisser la tête ou d'étendre leurs bras vers le ciel en un paroxysme d'extase synchronisé. Alléluia ! Les rituels et le rabâchage renforcent l'illusion d'une harmonie unificatrice. La ferveur qu'ils exhibent leur rapporte l'estime feinte de leurs coreligionnaires et, provisoirement, la conscience nette à laquelle ils aspirent.

Les hommes sont séduits par les spectacles ; ils réagissent aux gestes, pas à la raison.

Le dimanche, revêtus de leurs fringues de fête, bien coiffés et embaumées, ces âmes pieuses débarquent de leurs voitures et se réunissent pour psalmodier d'un air absent des prières si souvent répétées qu'elles ne signifient plus rien. Une nouvelle dynastie de charlatans revivalistes s'est emparée de la psyché américaine qui se laisse dévaliser tant elle a besoin d'être bernée. Ailleurs, autour du monde, vendredi, samedi, et dimanche, les âmes pieuses et les pécheurs se réunissent dans leurs mosquées, leurs synagogues, leurs temples, leurs ashrams, et leurs gurdwaras. Ils se prosternent vers l'est, se bercent en avant et arrière recouverts de leurs châles de prière, se recueillent au son de clochettes et de tambours sous l'influence enivrante de l'encens qui s'élève vers les voûtes célestes, et méditent sans pour cela réfléchir aux mièvreries exotiques auxquelles ils sont soumis. Ils sont tous là parce qu'ils cherchent quelque chose, une vérité transcendante et rassurante qu'ils ne semblent trouver qu'en dehors de leur vie séculière.

Je me souviens avoir demandé à un prêtre bouddhiste de me dire ce qu'est la *vérité*.

— Je n'ai aucune idée, il répondit, un sourire malicieux sur ses lèvres. Si vous la connaissez, dites-le-moi, il ajouta. Le sourire malicieux de Siddhârta Gautama dit tout : Rien n'existe sauf l'irrésistible impulsion, l'élan sauvage de nous cramponner à la vie. Il en rit pour ne pas en pleurer. Je me souviens aussi d'Al-Ma'ari (973-1057), philosophe, poète, écrivain, et libre-penseur syrien aveugle depuis l'âge de quatre ans qui attaqua impitoyablement les dogmes de la religion, rejetât l'Islam et les autres croyances, et préconisa la justice sociale. Il s'en est tiré jusqu'en 2013 quand sa statue fut décapitée par des djihadistes. Seul un aveugle voit les choses telles qu'elles sont.

♦

J'achète un bouquet de roses. Leur symbolisme me ravit. Je rentre chez moi, je m'installe dans mon vieux fauteuil, et j'écoute Debussy. Les doux arômes et les harmonies parfumées flottent en l'air comme des elfes. Debussy m'enchante. Il me parle de Paris. Je classe les compositeurs selon leur don de m'ensorceler ou de me faire pleurer. Les sanglots des autres me font aussi pleurer. Je les vois pleurer à Kosovo et Kandahar, Jérusalem et Jenin, Nairobi et Nagasaki, au Soudan et en Syrie, en Birmanie et au Bangladesh. Tant de choses font couler des larmes de tristesse, d'amertume, et de colère.

CINQUIÈME ACTE

EN ATTENDANT GODOT

Jeu de Rôle

À LA DÉRIVE

J'étais stagiaire dans une revue mensuelle à New York quand je pris en amitié un vieux monsieur distingué, Daniel Moran, le directeur de publicité. Affublé de chemises en popeline, cravates de soie importées de Milan, costumes en cashmere faits sur mesure, de guêtres, et d'une cane au poignet argent monogrammé — Moran était aimable et fin psychologue. Un jour, sans le moindre préambule, il me fixa de son regard et déclara :

— Willy, si tu ne le fais pas quand tu es jeune, tu ne le feras jamais.

Il me prendra une quarantaine d'années pour me rendre compte que « jeune » est un état défini non pas par l'âge mais par l'élan vital, la force créatrice qui nous permet de descendre du tapis de course abêtissant sur lequel nous cheminons — et durant lequel le paysage ne change jamais — et de poursuivre l'itinéraire que nous nous étions tracés. Moran avait eu la prudence de ne pas préciser ce qu'il entendait par « *le* » et j'avais assez d'imagination pour saisir les indicibles virtualités d'un truisme irréfutable.

Moran m'avait souvent dit qu'il ne craignait pas la mort. Ce qui l'attristait plutôt était l'idée que la mort le priverait d'accomplir les visées auxquelles il s'était consacré.

— Il y a tant à faire, il ajouta en soupirant.

Il mourût un mois plus tard d'un infarctus foudroyant. Il avait soixante-deux ans. J'en avais à peine vingt-quatre. Source d'inspiration et de malaise, valable à tout âge, le testament de Moran est clair : Le temps et la marée n'attendent personne.

♦

Pendant plus d'un demi-siècle, je me suis penché sur la vie et la mort des autres. Passionné, souvent bagarreur, mon style de journalisme—les ennemis de la vérité me qualifieront de fouille-merde—se fixera sur les folies, les ignominies, et les absurdités du drame humain. En 1991, quand mes missions me conduiront en Amérique Centrale, je dédierai mes reportages et analyses à une dissection *in vivo* des graves maux sociaux dont elle souffre encore. Je montrerai d'un doigt accusateur les dynasties de régimes militaires et cliques ploutocrates civiles qui tuent des enfants de rue, qui manigancent l'assassinat des chefs de tribu autochtones, qui exproprient—et vendent—leurs terres ancestrales à des promoteurs étrangers, des régimes rongés par la corruption, l'incompétence, des régimes insensibles à la misère, des régimes qui ressusciteront les escadrons de la mort, des régimes mensongers et frauduleux dont les membres continueront à tendre la sébile tout en vivant dans un luxe Babylonien. J'élargirai bientôt mes visées et me pencherai sur les États Unis, sur ses abus, ses chicanes politiques et ses supercheries, sa convoitise, sa suffisance grossière, son aventurisme militaire prétendu essentiel à sa sécurité nationale ou à « l'implantation de la démocratie » dans des pays qui n'en veulent pas ou ne sauraient qu'en faire. La satire politique n'a de valeur que quand elle expose les méfaits d'une classe dirigeante qui s'efforce à se soustraire du regard des dirigés.

J'avais la cinquantaine et j'étais involontairement « retraité » quand j'entrepris de narrer ma propre histoire. Satirique, politiquement incorrect, dépourvu de rationalisations simplistes, ce que je compilerai pendant vingt ans de travail, de révisions, et de doute est un vivat au journalisme, un hommage à ma famille, et un aveu par lequel je mets mon âme à nu sans pédanterie ou fausse modestie. Non, je n'étais pas sous l'influence d'une andropause narcissiste ou d'un exhibitionnisme purgatif ; je n'aspirais guère à un triomphe littéraire. Au contraire, j'étais poussé par la nécessité impérieuse de tout dire avec la même candeur frondeuse qui avait animée mes premières compositions d'école, de raconter une histoire intime qui couvre huit décennies et quatre continents, et qui réunit sur un canevas non verni les êtres, les lieux, et les événements qui marquèrent ma vie. Je n'ai pas mâché mes mots ; je n'ai épargné personne ; je n'ai pas pris de prisonniers. Je pense avoir fait presque tout ce que mon imagination avait prévue. J'ai voyagé, vécu dans plusieurs pays, et me suis immergé dans de nombreuses cultures. J'étais marin. J'ai obtenu un brevet de pilote. Je dois espérer que mon travail, inspiré par la définition de George Orwell de la liberté — « *le droit de dire aux gens ce qu'ils refusent de savoir* » — a touché, ému, enflammé peut être, sûrement exaspéré quelqu'un, quelque part. Il faut croire que la couronne funéraire placée contre la porte de ma chambre d'hôtel au Guatemala en témoigne le succès. Ma plus grande victoire fut celle de l'auto-conquête, de l'indépendance émotionnelle et spirituelle, du rejet formel des croyances absurdes qui nous emmurent et nous empoisonnent.

Entamé en 1992, *Jeu de Rôle* subira plusieurs mutations, réincarnations, et changements de titre : *Méandres* ; *À la Dérive* ; et *L'Estuaire*, là où le fleuve se livre à l'océan. La confluence de ces deux plans d'eau marque la fin d'un voyage et le début d'un autre. Le fleuve symbolise la vie ; l'océan évoque l'inconnu. J'intitulerai un premier avatar, *Jamais Loin de l'Arbre* afin de souligner qui je suis — l'ensemble de mes parties individuelles : En moi s'immiscent les atomes recombinés de mes parents et grands-parents, et le code génétique de leurs aïeux.

J'ai dit tout ce que j'avais à dire sur une multitude de sujets et, à contre-cœur, me suis retenu d'en dire beaucoup plus. Ce qui reste inexprimé a souvent été le fond d'une affaire et la cerise sur le gâteau.

◆

Il existe à mi-chemin entre la raison et le délire un espace étroit où l'heure est encore jeune. Le temps suspend son vol et je me retrouve au centre d'un éternel printemps, entouré de jonquilles et de renoncules, mes yeux remplis d'arcs-en-ciel alors que des contes de fées dansent dans ma tête. Je suis enfant. Je joue à cache-cache avec mon ombre. Mais l'enfance est un état d'esprit que l'esprit trahit. L'illusion est courte. C'est à travers les yeux du souvenir que je me retrouve. Je me vois naître. Tout est baigné de blanc — l'obstétricien dont les grosses mains velues m'arrachent de mon repaire utérin ; la sage-femme ; les murs et le plafond ; les grandes portes battantes ; et le lait nauséabond qu'un sein s'efforce de me faire avaler. Même ma première haleine est imprégnée d'une blancheur suffocante. Je ferme les yeux afin de me séparer de son accablante monotonie.

— Fétus ! Je m'interpelle. Qu'est-ce-que tu attends ? Plonge. Le courant fera le reste. J'y pense.

— Peu importe, je réponds. Je suis le produit de ma propre optique. Il ne peut y avoir d'ordre sans chaos, de beauté sans laideur, de silence sans tumulte, de plaisir sans peine.

Je me cramponne à cet argument comme à une bouée de sauvetage tout en craignant de sombrer sous le poids de son insignifiance. Je ferme les yeux. La traversée prend fin. La métamorphose est révolue. Quand je rouvre les yeux la réalité se concrétise comme un soleil levant. Je redeviens conscient du temps. En état d'apesanteur dans le vide du sommeil, maintenant réveillé et conscient, mon corps se livre à la gravité.

Je pense à Paris et à Mouloudji, et aux petits coquelicots. Je scrute les hautes montagnes arides qui m'entourent et me privent d'un horizon au-delà duquel, je m'efforce de croire, la délivrance m'attend. Mes yeux se lèvent vers un ciel qu'un astre brûlant a blanchi. Mes chaussures sont recouvertes de poussière.

Comme Vladimir et Estragon, je reste figé sur place en attendant Godot. Faire le pied de grue endort la volonté et paralyse toute action. Alors je …

« ALL THE WORLD'S A STAGE ... »

Le monde entier est un théâtre. Tous, hommes et femmes, y sont acteurs ... Et notre vie durant nous jouons plusieurs rôles, Shakespeare remarque dans *Comme Il Vous Plaira*. Depuis la chaire du prédicateur jusqu'aux bancs d'école on justifie le lien entre l'ordre de la nature et la structure de la société. Il existe, on nous dit, une hiérarchie cosmique, avec Dieu au sommet, suivi des anges, des saints, ensuite des hommes, et des bêtes. On nous laisse deviner que, simultanément, il existe aussi une échelle sociale dominée par les monarques, talée par les aristocrates, leurrée par le clergé, escroquée par la petite noblesse commerçante, dévalorisée par la populace, et rachetée par ceux qui ne sont redevables à personne. Tout est mise en scène. Nous nous levons tous les matins et nous grimpons sur les planches. Épouses et conjoints miment des rôles pour lesquels ils sont inaptes. Les enfants jouent à être fils et filles, cowboy et indien, gendarme et voleur. Les instituteurs se prennent pour des pédagogues. Contraint par « Dieu, » Moïse, impitoyable inquisiteur, autocrate sanglant qui invoqua les plaies et les feux de l'enfer sur tous ceux qui revendiquent le droit de communiquer directement avec YAHWEH, incarne le légiste vengeur. Enfiévré par l'exaltation messianique que l'invasion romaine suscite parmi les Juifs de l'ancien royaume davidique, Jésus s'octroie le rôle de « Sauveur. » Ponce-Pilate joue gouverneur de la Judée ; Tibère joue l'empereur. Les Croisés et les inquisiteurs montent des tueries épouvantables ; leurs victimes sont des figurants anonymes que les metteurs en scène relèguent à l'arrière-plan. Les prophètes, les mystiques, les papes, et les « princes » de l'Église sont les protagonistes d'un absurde spectacle qui les mettent à l'écart des simples mortels. Les rois et les reines, tous des pillards, usurpent les droits du peuple et jouent au suzerain ; leurs sujets s'amusent à être leurs vassaux. Tandis que Vincent Ferrer et l'apostat Salomon Halevi personnifient les chrétiens dévots qui convertirent des Juifs par des moyens louches et souvent cruels, le clan Guzmán de Burgos, marranes involontaires et leurs descendants de Worms, jouent la comédie de Juifs pieux qu'ils n'avaient jamais cessé d'être. Hitler joue Hitler et Mussolini interprète Mussolini. Staline et Mao et Pol Pot et Ceausescu et Saddam Hussein et la dynastie Kim grimpent sur les tréteaux de leurs convictions diaboliques. Joseph McCarthy, un ivrogne et un menteur débordant de haine pour tous ceux qui, selon lui, ne se soumettent pas à la métaphysique américaine — capitalisme effréné, racisme, xénophobie, christianisme moralisateur fanatique, et « patriotisme » antisocialiste — prétend être sénateur. Norma Jean, l'adorable jeune femme violée quand elle était encore enfant, joue tous les rôles qu'Hollywood lui attribua quand on la renomma Marilyn Monroe, sauf le sien ; elle en mourra. Les historiens jouent avec le passé — et le modifie souvent. Les soldats jouent à la guerre ; les policiers et les forbans exercent des rôles qui se confondent. Les politiciens font la comédie tout en prétendant représenter le peuple tandis qu'ils l'écorchent et se vendent au soumissionnaire le plus offrant. Même les filles de joie ont plus de pudeur. Les banquiers jouent au Monopoly avec l'argent des autres, le prêtent à des termes usuriers et payent des intérêts fesse-mathieux. Le clergé rédempteur berne les croyants qui jouent le jeu des âmes-sauvées. Les pharaons se prenaient pour des dieux. Sourd, muet et aveugle, « Dieu » continue à jouer à cache-cache dans son fief imaginaire. Papa joua au médecin, maman à la femme de foyer. À leur mort, les membres du cortège funèbre jouèrent au deuil. Les en-deuil rentrèrent chez eux, soupèrent, dormirent, déféquèrent, baisèrent, et jouèrent à la vie jusqu'au jour où ils moururent à leur tour. Nous avons affûté l'art du meurtre, et la bête sauvage que nous sommes rugit avec de plus en plus de férocité. La race humaine est une hydre dont la seule raison d'être est de se reproduire et, le jour venu, de se dévorer. Tout ça c'est une immense, cocasse, déchirante, sordide, affreuse mise en scène, une fête foraine où règnent les jongleurs, les illusionnistes, les funambules, les contorsionnistes, et les monstres.

♦

Dans le sanctuaire des pompes funèbres où la dépouille de mon père repose, nu, emmailloté d'un suaire dans un cercueil de pin, son visage rayonne avec la sérénité d'un enfant endormi. Les sillons de l'âge, de la souffrance, et de la désillusion ont disparus. Un vague sourire narquois semble relever les coins de sa bouche. Je l'entends presque dire :

— Ne te laisse pas démonter. Tout ça ce n'est qu'une putain de feinte, une ruse, un trompe-l'œil, un sinistre vaudeville, un gigantesque simulacre. Il faut en rire pour ne pas en pleurer.

— J'en ai marre de faire la comédie, papa. Je me barre vers les coulisses.

— Ne cherche pas midi à quatorze heures. Vis le personnage que tu t'es forgé et fais ton jeu, mon fils, fais ton jeu sinon…

— J'arrive à peine à jouer le rôle que la vie m'inflige.

— Sinon tu risques d'être méprisé, banalisé, mis à l'écart, martyrisé.

Tout ce que nous savons ne nous appartient que par osmose. Nous n'inventons rien; nos raisonnements sont très rarement inédits; nous répétons comme des perruches ce que papa et maman nous disent, ce que nos instituteurs nous bourrent dans la tête, les sottises que le clergé nous débite en prétendant sauver nos âmes, ce que nous distillons sous l'influence de préjugés ou d'idées fixes qui ne sont pas les nôtres, d'une histoire que nous n'avons pas vécu, ce que nos cultures exigent si nous voulons y appartenir, ce que les politicards veulent nous faire croire, et ce que la société nous oblige d'avaler si nous désirons ne pas en être exclus.

J'avais cinquante ans.

Après son enterrement dans le secteur Juif d'un grand cimetière de Long Island, à New York, où seuls les morts semblent avoir abandonnés leurs affectations sectaires, et pendant les prochains vingt ans, je jouerai au journaliste parce que je n'avais pas de talent pour jouer au docteur comme mon père, à l'avocat comme mon oncle, ni même au modeste fabricant de bougies comme mon grand-père paternel dont le suif et celui de sa femme et deux fils sera transformé en savon dans un des camps d'extermination du Troisième Reich. Je me dirai tout simplement que le journalisme exige un mélange d'arrogance et de modestie—l'arrogance de croire que je sais ce que les autres ne savent pas, et la modestie de reconnaître que je ne sais au fond pas grand-chose. Je me fierai à l'arrogance en avançant mes supputations, et à la plus grande humilité en divulguant des vérités que personne ne veut ouïr. Je renierai la mise en garde de mon père—ne pas chercher les choses là où elles ne sont pas. J'aurai aimé croire qu'il n'avait pas fait allusion à un coin précis de l'univers mais à une abstraction qui n'existe pas en dehors du soi. Son injonction contenait une ambiguïté qui anathématisait d'emblée la séduisante invitation, « Cherche et tu trouveras » qui m'obligea d'y renoncer. L'exhortation de mon père me privait d'un demi-tour, temporel ou transcendant ; elle devint sa propre parodie. Personne ne sait où les « choses » sont. Si je ne cherche pas là où elles ne sont pas, je risque ne jamais les trouver.

Quand on marche en arrière on risque de trébucher sur l'avenir. Alors je chemine en avant tout en me recherchant, tant j'ai peur de me perdre.

La vie est un ouvrage inachevé.

SUR LES TRACES DU BATAILLON

En Octobre 2018, après une absence de presque quatre-vingts ans, et après avoir contacté des Frères francs-maçons gersois, j'effectue un court voyage à Auch—on le qualifiera de « pèlerinage » -- la ville que j'ai connu quand j'étais tout petit et qui avait tant impressionné mon père qu'il en parlera le restant de ses jours.

— Je n'oublierai jamais l'altruisme, la bienveillance, le courage des gersois que j'ai eu l'honneur de connaitre et avec lesquels je me suis lié d'amitié. Il m'avait parlé de plusieurs personnes ; je ne retiendrai que quelques noms—Abadie (ou Labadie), Parisot, Laborde, de Lamaestre, Luino (voir page 161), les d'André,[2] l'abbé Glasberg[3] et la famille Girard.[4]

Fils de maquisard et de franc-maçon, moi-même un initié de longue date, je suis, dès mon arrivée à Auch, le bénéficiaire de l'extraordinaire hospitalité, de l'amour inconditionnel dont mon père avait été l'objet dans les années 40.

---

[2] Henri et Simone d'André, propriétaires du Château de Bégué à Cazaubon entreprennent des travaux et mettent cette résidence à la disposition des Amitiés chrétiennes par l'entremise de Monseigneur Pierre-Marie Théas, évêque de Montauban pour en faire un centre d'accueil. Ce centre est le troisième ouvert par l'équipe de l'abbé Alexandre Glasberg en octobre 1942.

[3] D'origine Juive, Alexandre Glasberg (1902-1981) se convertit dans sa jeunesse et exerce la prêtrise en France. Il joue un rôle actif dans la Résistance contribuant au sauvetage de nombreux Juifs, et se consacre à l'accueil de fuyards de la zone occupée, notamment au Château de Bégué où l'auteur et ses parents furent hébergés pendant un certain temps. Glasberg s'investit après la guerre dans la mise en place de réseaux d'exfiltration des Juifs vers Israël.

[4] « Au cours de l'hiver 1943-44, » se souvient Henri Girard, « ma grand-mère logea une famille Juive dont le père était docteur en médecine. Antérieurement, ils résidaient au Château de Bégué. Ils avaient un fils âgé de cinq ans. »--Pierre Cames, *Cazaubon : Chroniques des Années de Guerre 39-45*.

Jeu de Rôle

Chaleureusement reçu par le maire, Christian Laprébende — il m'escortera au Musée de la Résistance et de la Déportation où nous fumes guidés par Jean-Claude Pasqualini, adjoint au maire — et choyé par mes frères, j'aurai l'inoubliable honneur de faire connaissance du Dr. Jean Laborde, héro de la Résistance, député du Gers, et ancien maire d'Auch. Cette rencontre providentielle sera le sujet d'un reportage par Marc Centène paru le 16 Octobre 2018 dans La Dépêche du Midi. Intitulé, « **Il revient sur les traces du Bataillon** » et sous-titré, « *Son père avait soigné les maquisards pendant la guerre : il revient des USA et retrouve un acteur de l'épopée du Bataillon d'Armagnac, Jean Laborde,* » le reportage se penche sur nos mésaventures et sur le rôle que mon père joua dans le maquis gersois. Un encart recapitule, « Jean Laborde a rencontré Willy Edmond Gutman, hier après-midi. L'ancien parlementaire et maire d'Auch n'en parle guère, mais il fut l'un de ceux qui composèrent le Bataillon de l'Armagnac, comme Armin Gutman, le père de Willy Edmond. « *On a évoqué des souvenirs, confie l'ancien élu. Le bataillon avait un médecin attitré, mais nous avions recours à l'assistance de praticiens amis, qui venaient à l'occasion prêter main-forte.* » « Les deux hommes ont pu discuter, avant que Jean Laborde ne lui dédicace un exemplaire du livre Le Bataillon de l'Armagnac. »[5]

Une interview avec Jean Pierre Espiau, correspondant du Journal du Gers, passera à la télé le même soir.

Visite éclair. Quatre jours à Auch. Quatre nuits à l'Hôtel de France — suprême ironie pour un Juif de troubler le sommeil des fantômes allemands qui l'avaient transformé en Kommandantur. La réception tapis-rouge d'une commune qui s'est spontanément épanouie devant le fils prodige, cette brebis égarée que je symbolise tout en l'incarnant. Quelques courtes randonnées au cœur du sublime terroir gersois. Je retournerai aux Etats Unis, le

---

[5] Le Bataillon de l'Armagnac : La Gascogne en Résistance. Général Jacques Lasserre. © Éditions Privat, 2018, Toulouse.

cœur gros, mais nanti de souvenirs qui coïncident et s'ingèrent parfaitement à ceux de mon père. Les souvenirs sont des épées à double tranchant : ils enchantent mais ils raniment aussi les regrets, ceux que l'on ensevelit consciemment dans la bourbe de l'oubli et ceux qui, en lisière du subconscient, ne cessent de nous hanter.

*L'auteur (gauche) s'entretient avec
le Dr. Jean Laborde, héro de la Résistance.*
Photo par Jean Pierre Espiau, correspondant du Journal du Gers.

Á l'âge de quatre-vingt-un ans je retrouve dans le Gers l'enfant que j'étais.

HOMMAGES

Je suis tout premièrement redevable à mes parents pour avoir éveillé en moi un amour des livres, de la musique, et de l'art, pour m'avoir immunisé contre la fumisterie et l'hypocrisie de la religion, et pour avoir toléré mes excentricités. À ma mère, une femme cultivée, discrète, et pleine de tendresse, je dois mon goût pour la beauté et la symétrie, ainsi que mon égard envers la nature, surtout les animaux. De mon père, médecin de campagne, homme de souche modeste, affectueux, généreux, et incorruptible qui détestait la gloriole et les minauderies, j'appris que l'amour-propre, un travail bien fait, et le respect pour la vérité accordent bien plus de récompenses que l'argent ou la renommée.

Je salue mes professeurs, ceux que j'ai rendu fiers et ceux, bien plus nombreux, à qui j'ai donné du fil à retordre. Leur savoir et leur patience de saint envers l'élève oisif, volage, et rebelle que j'étais m'ont permis d'ériger poutre par poutre la charpente d'une vie désormais comblée de débuts sans fin.

Je dois aussi noter l'immense influence qu'un grand nombre d'écrivains, poètes, et philosophes auront sur le personnage que je deviendrai ; ils m'ont aidé à changer l'histoire de ma vie. Leur prose, leurs vers, leurs thèses, leurs défis, et leurs aveux résonnent aussi vivement aujourd'hui qu'ils le firent quand je les découvris pour la première fois. La plupart étaient français. Parmi eux fut un penseur à qui on refusa un enterrement chrétien pour avoir écrit des tracts antireligieux; quatre furent emprisonnés, l'un pour avoir dénoncé la bestialité du colonialisme; un autre, fils de prostituée, pour les délits de « vagabondage, actes obscènes, et autres infractions contre la décence publique »—crimes qu'une France qui se vautrait sans gêne dans la promiscuité trouvait avilissants; le troisième pour avoir dépassé les limites de la décence dans des œuvres où s'immiscent un érotisme rêche et l'insoumission civile. Le dernier pour avoir défendu le prolétariat et plaidé avec une vaillance exceptionnelle contre les abus du gouvernement, le dévergondage du clergé, et la décadence de l'établissement militaire. Trois étaient russes. L'un d'eux, romancier, essayiste, et journaliste, explorait la psychologie humaine dans le milieu social, politique, et spirituel de son temps. Ses œuvres sont peuplées de névrosés et de lunatiques, le genre qui se font roi, dictateur, tyran, césar, président. Le second, impitoyable satiriste, confère au surréalisme et au grotesque un caractère insolite de normalité. Le troisième, celui qui m'a le plus frappé, était franc-maçon [comme mon père, et plus tard comme moi], « révolutionnaire professionnel, » et théoricien de l'anarchisme influencé par la pensée Hégélienne.

Mes autres gourous composeront en allemand, anglais, arabe, espagnol, flamand, et sanskrit. Trois étaient originaires d'Irlande. Le premier ne survivra pas le puritanisme sournois de son milieu victorien. Le deuxième est mort fou, comme tous ceux qui s'abritent contre la réalité dans le havre de la démence. Le troisième fut excommunié pour avoir tenté de résoudre le conflit entre le dogme religieux et les connaissances profanes, et pour s'être écarté de la pensée aristotélicienne en soulignant la profondeur de l'ignorance des hommes. Tous étaient libres penseurs, frondeurs, défenseurs du libre arbitre, tous décédés depuis longtemps mais dont l'hétérodoxie et les idées réformistes inspirent encore des nouvelles générations de résistants, de héros, et de martyres.

C'est avec autant de révérence que je remercie les quelques amis, peu nombreux, et mes Frères gersois, attentifs et fidèles, dont l'encouragement et l'amour m'ont soutenu pendant des moments difficiles d'introspection et d'autocritique durant la gestation de cet ouvrage.

En dernier, je dois aussi saluer certains lecteurs, surtout les blogueurs et les fanas des médias sociaux qui m'agressent lâchement tout en se dissimulant dans l'anonymat et dont le mépris, parfois même la haine que mes écrits réveillent en eux, renforcent ma conviction que les opinions n'ont en elles-mêmes aucune valeur et que seule la vérité, incontestable, pénible, désagréable, et souvent blessante, doit prévaloir

Quand on méprise la vérité, on encourage l'histoire à récidiver.